생태복지사회로 가는 길

생태복지사회로 가는 길

한상진 지음

정의로운 회복력
Just Resilience

커먼즈
Commons

포스트성장
Postgrowth

생태사회적 웰빙
Ecosocial Wellbeing

탈성장
Degrowth

사회적 가치
Social Value

생태사회적 경제
Ecosocial Economy

한국문화사

Road to EcoWelfare Societies

서언

'생태복지'에 대한 관심이 높아지고 있다. 글로벌 경제위기를 맞이했던 21세기 초 성장과 분배의 선순환이 화두였듯이, 기후 및 감염병 위기의 일상화에 따라 2020년대 중반에 접어들면서 생태환경과 인간사회의 행복한 공존이 더욱 중요해지고 있는 탓이다. 이 책은 2018년 이후 저자의 관심을 보여주는데, '생태복지'를 둘러싼 정의로운 회복력(just resilience), 탈성장(degrowth), 커먼즈(commons) 등의 관점을 살피고 생태계의 사회적 가치(social value), 생태사회적 경제(ecosocial economy)에 대한 가능성을 탐색하고 있다. 그리고 생태복지사회로 가기 위한 사례로는 숲가꾸기와 먹거리에 초점을 맞추어 검토한다.

이 책은 생태복지국가를 비롯한 생태복지체제가 생태복지사회라는 맥락에서 구체화되어야 함을 지향한다. 여기에서 '생태복지사회로 가는 길'의 경로탐색 도구로 삼는 회복력, 커먼즈, 환경정의, 생태사회적 경제, 생태사회적 전환 등의 범주는 모두 인간과 자연 간 공존을 향한 중범위 개념이다. 특히 회복력, 커먼즈의 범주는 그 자체로 생태적 가치와 사회적 가치를 융합하는 특성을 지니고 있어서, 저자가 주장하는 생태사회적 통합 관점에 적합하다고 볼 수 있다.

한편 이 책에서 숲, 먹거리 등을 사례로 삼은 까닭은 생태복지의 핵심이 인간과 인간너머 존재 모두의 웰빙에 있으므로, 이와 관련된 쟁점으로 호흡 및 섭생의 생명활동 기반에 대한 관심이 적절하다고 판단하기 때문이다. 생태복지사회는 인간적 웰빙이 탐욕스런 성장 추구의 경로에서 전환하여 생태환경의 보전 방향으로 재정향하는 것을 필요로 한다. 이는 자본주의 시장 메커니즘에 대한 비판은 물론, 경제성장에 기반을 둔 복지국가 체계에 대한 정밀 검토 및 대안의 모색을 요청한다. 이 책은 생태복지국가의 작동에 관한 구체적 분석에는 미치지 못하지만, 생태복지사회라는 경로에 대한 다양한 지향들을 다루고 있다.

또 서언에서 언급하고자 하는 바는 생태복지사회로 가는 길의 주요 나침반인 탈성장에 대한 주장이 자본주의 시장에 대한 전면 거부라기보다, 포스트성장(postgrowth)이라는 성장 이후의 대안으로 채워질 필요가 있다는 점이다. 21세기의 4반세기가 경과하면서 저성장(low growth)은 한국은 물론 주요 국가의 피할 수 없는 대세가 되어 왔다. 따라서 탈성장 자체가 생태복지사회의 목표가 될 수 없으며, 저성장에 따른 사회적 문제들을 포스트성장의 관점에서 어떻게 생태사회적 웰빙(ecosocial wellbeing)으로 연결할 것인가를 따져야 하는 것이다.

그리고 5장과 9장을 제외하고 이 책에 실린 글들은 다음의 출처에서 수정, 보완된 것임을 밝힌다.

제1장 "탈성장시대 지속가능발전 목표의 정의로운 회복탄력성으로의 전환", 《NGO 연구》, 2020, 15(1): 79-95.
제2장 "중강도 지속가능성을 향한 탈성장 접근의 전망", 《강과 사람》, 2018, 7: 47-61.
제3장 "기후 및 감염병 위기에 맞서는 생태복지체제로의 전환 – 탈식민 사회정책의 접근", 《한국민족문화》, 2022, 83(1): 161-188.
제4장 "생태사회적 커먼즈를 향한 성찰과 관련 사례들", 《ECO》, 2018, 22(2): 77-100.

제6장 "공동자산의 사회적 가치 평가 시론", 《ECO》, 2019, 23(2): 43-65.

제7장 "사회적 가치와 지속가능성", 박명규 외, 《사회적 가치와 사회혁신》, 2018, 한울 중 13장.

제8장 《사회-생태계의 공동관리를 위한 성찰과 사례들》, 경제인문사회연구회, 2018 중 55-77쪽.

제10장 "생태사회적 경제 모델에 의거한 울주형 산림일자리사업의 회복력 기여에 대한 평가 : 사회적 경제의 생태화와 그린뉴딜 거버넌스 사이에서", 《ECO》, 2021, 25(2): 97-123.

제11장 "울산 '사회적 임업'의 묘목을 심다", 《울산학연구》, 2023, 18호: 179-207.

제12장 "먹거리 체계의 생태사회적 전환을 향한 먹거리 정의의 접근", 《ECO》, 2021, 25(1): 7-36.

이 책의 발간 후 저자는 탈식민성과 생태복지의 연계가 갖는 현실가능성을 탐색하는 데 좀 더 치중할 계획이다. 그리고 6년 전 '글로벌 제3의 길'에 대한 한국적 해석을 시도한 연장선 위에서, 한국형 탈식민문화의 원형을 찾아보고자 한다. 마지막으로 이 책의 발간을 위해 연구비를 지원한 울산대학교와 편집과정에 애쓴 한국문화사에 감사한다. 또 개인적으로 두 번째 맞이하는 갑진년에 그 동안의 삶을 더욱 가치있게 만들어 준 사랑하는 가족들과 함께 이 결실을 나누고자 한다.

2024년 봄에
저자 씀

목차

서언 5
그림 목차 10
표 목차 11

1부 정의로운 회복력이 있는 탈성장 생태복지체제로의 전환 모색

제1장 지속가능발전 목표의 정의로운 회복력으로의 전환 •15
제2장 한국형 제3의 길을 넘어 탈성장 접근으로 •30
제3장 기후 및 감염병 위기에 맞선 탈식민 사회정책과 •43
      생태복지체제로의 전환

2부 커먼즈 돌아보기

제4장 생태사회적 커먼즈를 향한 성찰과 사례 •73
제5장 커먼즈 관련 논의에 근거한 '행성적 제4의 길'의 탐색 •96
  - 커머너 모빌리티, 커머닝 인클로저, 퍼블릭–커먼즈 거버넌스 등의 개념과 사례
제6장 커먼즈의 사회적 가치 평가 •122

3부 사회적 가치와 생태사회적 경제

제7장 사회적 가치와 생태적 가치, 그리고 생태사회적 지속가능성 •143

제8장 도시/자연의 커머닝을 향한 환경의식과 환경행동 분석 •165

제9장 동남권 생태사회적 경제의 구성과 발전 전망 •190
　- 부산, 울산, 경남을 중심으로

4부 생태복지사회를 향한 산림경영과 먹거리 안전의 사례

제10장 생태사회적 경제 모델에 의거한 울주형 산림일자리사업의
　　　 회복력 기여 평가 •211

제11장 울산 '사회적 임업'의 묘목을 심다 •233
　- 한독산림경영사업 50년, 울산 숲 거버넌스의 함의

제12장 먹거리체계의 생태사회적 전환을 향한 먹거리 정의의 접근 •262

5부 결론

제13장 결론에 대신하여 •289
　- 생태복지사회를 향한 구상

참고문헌　312
찾아보기　326

그림 목차

⟨그림1⟩ 물에 잠겨있는 여성 발달장애인 가족의 반지하주택 ········· 44
⟨그림2⟩ 사회정책의 교차 영역과 복합위기 간 관계 ········· 56
⟨그림3⟩ 5장의 연구 전략 ········· 99
⟨그림4⟩ 커먼즈의 범주화 ········· 102
⟨그림5⟩ 퍼블릭-커먼즈 거버넌스의 형성 경로 ········· 115
⟨그림6⟩ 사회적 가치 평가의 이념형 ········· 131
⟨그림7⟩ 사회적 가치 평가모형의 스펙트럼 ········· 132
⟨그림8⟩ 도시 커먼즈의 사회적 가치 평가모형별 접근 사례 ········· 134
⟨그림9⟩ 디지털 커먼즈의 사회적 가치 평가모형별 접근 사례 ········· 134
⟨그림10⟩ 생태적 커먼즈의 사회적 가치 평가모형별 접근 사례 ········· 134
⟨그림11⟩ 브론펜부르너의 생태체계 모델 ········· 148
⟨그림12⟩ 사회-생태 다층진단법 ········· 149
⟨그림13⟩ 사회-생태계의 시론적 범주 설정 ········· 150
⟨그림14⟩ 세계-지구체계의 도넛 경제 ········· 194
⟨그림15⟩ 9장의 분석틀 ········· 197
⟨그림16⟩ 총 종업원수 대비 고용형태별/취약계층 비율 추이(2019-2021) ········· 203
⟨그림17⟩ 울주군 한독사업 시행지역 ········· 246
⟨그림18⟩ 울주군 산림경영 협업체의 대상면적 및 대상산주 대비 가입비율 ········· 247
⟨그림19⟩ 울주군 산림경영 협업체별 숲가꾸기 면적과 공동기금 액수(단위: ha, 만원) ········· 250
⟨그림20⟩ 울주군 산림경영 협업체별 숲가꾸기 중 조림 및 간벌 면적(단위: ha) ········· 250
⟨그림21⟩ 한국에 적합한 숲 거버넌스의 얼개 ········· 258
⟨그림22⟩ 지속가능발전에 관한 세 개의 기둥 모델 ········· 269
⟨그림23⟩ 먹거리 체계에 대한 기능주의적 모델 ········· 269
⟨그림24⟩ 지속가능발전에 관한 중첩된 원 모델 ········· 272
⟨그림25⟩ 먹거리-에너지-물의 넥서스 모델 ········· 272
⟨그림26⟩ 지속가능발전에 관한 내포된 영역 모델 ········· 275

표 목차

〈표1〉 시장의 이윤추구 접근과 생태사회적 커먼즈 접근의 비교 ······ 84
〈표2〉 1999년, 2018년 조사 자료의 사회인구학적 특성 비교 ······ 166
〈표3〉 지역사회에서 가장 불편한 사항 ······ 169
〈표4〉 환경문제로부터의 가장 큰 피해 ······ 170
〈표5〉 울주군 원전 유치에 대한 찬반 이유 ······ 170
〈표6〉 환경문제의 여러 측면에 대한 의식(집단별 평균분석 결과) ······ 172
〈표7〉 재활용분리 수거에 대한 참여 정도 ······ 173
〈표8〉 재활용제품 구입 경험 ······ 173
〈표9〉 무공해 농산물 구입 정도 ······ 173
〈표10〉 협동조합 가입 후 무공해 농산물 구입 의향 ······ 174
〈표11〉 도시공원 일몰제 이후 대책에 대한 의식 ······ 175
〈표12〉 젊은 세대의 환경 관련 공론화위 참여비율 증가에 대한 찬반 정도 ······ 177
〈표13〉 '경제성장을 늦추더라도 CO_2가 감소되어야 한다'에 대한 찬반 정도 ······ 178
〈표14〉 간월재까지 로프웨이가 필요하다는 명제에 대한 찬반 정도 ······ 180
〈표15〉 재생에너지 개발에서의 본인투자 의향 정도 ······ 182
〈표16〉 태화강의 유희시설(에어보트, 집 라인 등) 설치에 대한 찬반 정도 ······ 183
〈표17〉 울산광역시청의 환경관리 능력에 대한 평가 ······ 185
〈표18〉 지역 환경문제 해결을 위해 믿을만한 집단의 분포 ······ 186
〈표19〉 녹색당에 대한 지지 정도 ······ 187
〈표20〉 동남권 생태사회적 경제의 기본 특성 ······ 199
〈표21〉 동남권 지역별 생태사회적 경제기업의 특성 ······ 200
〈표22〉 동남권 지역별, 기업유형별, 업종별 주요 협력기관 ······ 202
〈표23〉 동남권 지역별, 기업유형별, 업종별 고용형태 및 취약계층 비율 ······ 204
〈표24〉 동남권 지역별, 기업유형별, 업종별 공동체 참여에 대한 기여 평가 ······ 205
〈표25〉 동남권 지역별, 기업유형별, 업종별 환경문제 해결에 대한 기여 평가 ······ 206
〈표26〉 지역임업(community forestry)에 대한 다양한 개념화 ······ 241
〈표27〉 한국의 사유림 소유구조 ······ 244
〈표28〉 한국의 산림경영 협업체 가입실적(1984, 1995) ······ 251
〈표29〉 울산과 울주군의 산림면적 감소 추세(2010-2020) ······ 256
〈표30〉 울산의 영급별 산림 면적, 구성비, 축적(2020) ······ 256

1부

정의로운 회복력이 있는
탈성장 생태복지체제로의 전환 모색

제1장

지속가능발전 목표의
정의로운 회복력으로의 전환

1. 생태사회적 배제의 현실은 탈성장을 요구한다

이 장은 생태복지사회로 가는 길을 열기 위해 '생태사회적 배제(ecosocial exclusion)'라는 프리즘으로 인류세(anthropocene) 등장 이후 탈성장 시대의 임박한 도래를 다루고자 한다. 또 종종 '개발'과 혼용되는 발전이라는 개념과 관련하여, 탈성장의 지향이 탈근대적 발전(postmodern development)인지, 아니면 탈발전(de-development)인지 검토한다. 이어 지속가능발전 목표(Sustainable Development Goals; 이하 SDGs)가 탈성장 시대에 걸맞지 않는 지속불가능한 환영(mirage)임을 주장하고 정의로운 회복력의 구체화를 그 대안으로 제안한다.

탈성장은 원하든 원하지 않든 21세기 새로운 20년대의 화두이다. 탈성장은 하나의 입장이지만, 다른 한편으로 최근의 세계적 코로나 사태에서 보듯이 일상적 현실이 되어가고 있다. 한겨레신문(2019.10.25., "하반기에도 회복 안 되는 경제… '1%대 성장' 현실이 되나")은 2019년 한국의 경제성장률이 2009년 세계금융위기 후 처음으로 1%대에 머무르리라는 전망을 비관적 논조로 다루면서도, 성장률 2%와 1.9%는 GDP 1조 8천억원의 차이로 개인 삶에 미치는 영향이 그리 크지 않음을 인정하고 있다. 뒤에 볼 2장에서는 서구의 탈성장 접근을 영어권 정상상태(steady-state) 경제론, 독일의 포스트성장 담론, 프랑스 및 남유럽에서의 탈발전 논의 등으로 구별하고 있는데, 앞의 두 접근은 이 장에서의 탈근대적 발전 지향으로 아우를 수 있다.

돌이켜보면 1972년 유엔이 '성장의 한계'라는 보고서를 낸 직후 1973년 중동에서 발생한 1차 석유위기가 세계경제를 뒤흔들었다는 것은 의미심장한 사건이었다. 이전까지 경제성장을 위한 원료로 취급되었던 석유가 자연생태계의 한계 속에 존재한다는 사실이 인지되면서, 빈곤을 해결하기 위한 서구의 복지국가 실험이 신자유주의적 민영화에 의해 저지되고 서구, 비서구 가릴 것 없는 사회적 배제의 심화가 시작되었기 때문이다. 저자는 1970년대 초부터 21세기 초까지의 시대적 특징을 〈근대화 및 지속가능 발전 담론에 의한 생태사회적 배제의 악화〉로 규정한다.

17세기 인류세 등장과 서구에서의 지리상 발견 이후 인간 및 동식물에게 영향을 미치는 생태적 배제의 과정이 시작되었지만, 1970년대에 들어서야 사회적 배제가 인간 빈곤의 기제로 주목받게 된 것과 비슷하게, 생태적 배제는 '인간의 자연에 대한 정복'이라는 이름 아래 오랫동안 은폐되어 왔다. 이 시기 미국에서 벌어진 아메리카 원주민의 생태사회적 멸종과 흑인 아프리카 출신 노예에 대한 동물 수준의 대우를 생각해 보라. 어쨌든 시대 구분을 해 보면 17세기 이후 대략 19세기 중반까지는 〈인류세 등장 이후 서구 중심의 성장과 생태적 배제의 시동〉을 특징으로 한다고 하겠다.

그렇다면 정통 근대라 불릴만한 19세기 중반 이후 1960년대까지는 어떤 특성을 갖는가? 이 장은 이 시대를 〈비서구의 식민지 근대화에 따른 사회적 배제의 글로벌화(서구의 성장과 생태적 배제는 지속되는 가운데)〉로 파악한다. 물론 서구적 관점에서 보면 이 시기 후반기에 발생한 사회주의 혁명과 양차 대전, 그 후의 사회민주주의 복지노선 등이 빈곤과 불평등에 맞서는 포용의 과정이었다고 파악될 수도 있다. 그러나 서구에 의한 비서구 식민화가 생태적 배제의 가속화 속에서 글로벌 차원의 사회적 배제를 촉발해 온 것은 분명하다.

여기서 주목할 것은 1970년대 초 '성장의 한계'가 세계적으로 확인되었음에도 불구하고, 서구 선진국은 탈성장 노선을 고민하기보다 '지속가능발전' 개념을 고안하게 되었다는 점이다. 한편 소수의 목소리였지만, 리우회의에서 이 개념이 공식화된 시점인 1992년에 캐나다 퀘벡주에서 개최된 '발전에 대한 문화적 대안 국제 네트워크' 선언은 다음과 같은 대안을 제시하면서 '발전의 종식'을 요구했다(라투슈, 2015: 89-91).

그것은 첫째 발전 프로젝트를 위해 남반구 국가들이 진 모든 빚을 1년에 20%씩 점진적으로 탕감할 것, 둘째 북반구 국가의 1인당 소득을 1960년 수준으로 축소할 것, 셋째 적절한 수단을 통해 석유의 무제한 사용을 중지할 것, 넷째 10만년 만기의 모든 핵발전소를 취소가능한 속도로만 사용하여 전력량을 줄일 것, 다섯째 문화적, 자연적 환경과 조화로운 지역공동체 교육체계를 활성화할 것, 여섯째 남반구 엘리트를 대상으로 발전 및 국내총생산(Gross Domestic Product; GDP)의 허구성이나 재생가능 에너지에 대한 잘못된 이해를 바로잡도록 교육할 것, 일곱째 발전을 지원하는 담당 부처를 지방분권화된 협동조합으로 변모시킬 것 등이다.

이러한 권고는 이미 30여년 전에 탈성장 노선이 급진적으로 모색되기 시작했음을 시사한다. 하지만 1970년대 중반부터 서구에서 비서구 전체로 확대되어 간 시장 중심의 경제성장 교의는 이 같은 목소리를 '지속가능'이라는 모호한 수식어로 덮어 버렸다. 또한 1990년대 말 일자리에 주목하여 주창된 '제3의 길'이 생태복지 전략을 주요한 행동강령으로 포함시켰다면, 현재 수준의 생태사회적 배제는 어느 정도 저감될 수 있었을 것이다. 이 장에서는 현재의 기후위기가 근본적으로 지구 스케일을 능가하는 시장의 글로벌화에서 비롯되었다고 파악한다. 그렇지만 탈성장이 발전의 종식(탈발전)일지, 근대화론에 근거한 지속가능발전 노선으로부터의 탈각(탈근대적 발전)일지는 논쟁의 여지가 있다.

2. 탈성장은 탈근대적 발전인가, 탈발전인가?

근대화 담론은 1960년대 이후 한국의 '조국 근대화'로부터 현재에도 맹위를 떨치는 생태근대주의(ecomodernism)에 이르기까지 삶의 저변과 대안적 환경 담론을 아우르는 실체이다. 근대화는 산업화, 도시화와 맥을 같이 하는 서구화의 과정이며 근대경제학의 성장 신화와도 불가분의 관계에 있다. 칼리스(Kallis, 2017: 52-58)는 생태근대주의의 오류에 대해 다음과 같이 말한다.

> (생태근대주의는) 도시가 농촌보다 물질적 욕구의 효율적 제공과 환경적 영향의 감소를 더 잘 수행한다고 말한다. 그러나 여기서 효율성은 스케일[1]과 혼동되고 있다. 도시는 생산물 단위당 자원을 덜 사용할지 몰라도, 총체적으로 더 많은 자원을 생산, 사용한다. (..) 자본주의 아래 자연은 방

---

1   데일리(2016: 95)에 의하면, 스케일이란 '인구×1인당 자원 사용'으로 측정되는 생태계 내 인간존재의 물질적 규모, 또는 크기의 약식 표현이다.

치되지 않는다. 자연이 일시적으로 방치되어 저렴해지면, 소비 측면의 혁신, 광고 등에 의해 새로운 욕구가 창조되어 잉여 자연이 관광 등 이윤창출적 용도에 노출된다.

나아가 센(2013: 83-85)은 발전을 둘러싸고 더 많은 피와 땀, 눈물을 동반하는 난폭한 과정이라는 시각과 그 과정이 조화롭고 본질적으로 우호적이라는 시각이 병존함을 지적한다. 전자의 개념화로는 라투슈(2015: 26-28)의 '탈발전' 논의가 대표적이다. 그에 의하면, '인간들로 하여금 자신의 개성을 개발하게 해주고 자신들에 대한 믿음을 가지며 존엄하고도 개화된 삶을 가능하게 하는 이행과정'으로서의 발전은 세계 그 어디에서도 이룩된 적이 없다. 라투슈는 '발전' 자체가 세계의 서구화나 훌륭한 성장 등을 포장하는 일종의 개념적 사기라고 보는 셈이다. 반면에 센은 후자의 용법을 선호하여, 발전에 대해 사람들이 향유하는 실질적 자유가 확장되는 과정이라 파악하고 있다. 특히 그는 자유의 구성적, 도구적 역할을 구별하면서, 자유와 권리가 경제발전에 효율적으로 기여한다는 도구적 주장이 아니라 인간의 삶을 풍요롭게 만드는 실질적 자유의 구성적 측면에 관심을 갖는다.

센의 관점은 경제적 용이성이라는 도구에 초점을 맞추는 '근대적 발전관'과 달리 인간 자유의 내재적 중요성을 발전의 최우선적 목표로 강조하는 '탈근대적 발전'의 입장이라고 이해할 수 있다. 2020년대의 시점에서, 생태사회적 배제에 대응하는 탈성장 노선은 탈발전보다는 탈근대적 발전에 우선순위를 두어 탐구해야 한다는 것이 저자의 생각이다. 그럼에도 저자는 포스트성장의 관점에서 성장 이후 대안적 발전을 우선적으로 모색하는 것이 타당하나, 이를 위한 정상상태 경제의 적극적 실행이 지체될 경우 원하든 원치 않든 탈발전이 현실화될 수 있다는 점도 인정한다.

조효제(2019)는 한국의 발전국가 지향이 제1세계 케인즈주의형 복지국가와 제2세계 국가사회주의형 산업국가의 장점을 취하기 위한 국민경제 기획이었다고 하면서, 개발주의에 맞서 대안적 발전권을 모색하는 차원에서 '지속가능발전'을 도출하고 있다. 그는 지속가능발전에 대해 경제성장 자체가 아니라 경제환원주의와 서구 중심주의를 거부하는 것이라고 긍정적으로 평가한다. 하지만 대안적 발전권에 대한 그의 제안은 경제성장 자체의 지구적 한계를 간과함으로써, 탈근대적 발전 논리에 미치지 못하는 근대적 접근에 머무르고 있다. 그는 경제개발과 경제성장이 가치중립적이라고 보는 실증주의 관점을 비판할 뿐, 지속가능발전 담론이 결과하고 있는 '서구 수준 환경보전에 이르기 위한 비서구에서의 성장을 향한 질주'의 문제점에는 관심을 기울이지 않는다.

한편 저자(한상진, 2018b)는 '복지에서 노동으로(from welfare to work)'를 주창해 온 서구 중심의 제3의 길 담론에 반대하여 '한국형 제3의 길(Korean third way)'을 탐색한 바 있다. 한국을 포함한 비서구의 경우 애초에 일자리 초점으로 전환시킬 복지국가 경험이 부재하므로, 일을 통한 복지의 세계화는 서구적 근대화가 아닌 복지와 노동의 동시적 추구라는 새로운 발전을 지향해야 한다는 것이다. '한국형 제3의 길'의 경로는 보편적 복지와 사회적 경제의 결합, 제3섹터 주도의 숙의 민주주의, 좌와 우를 넘어서는 녹색 대안 등으로 요약된다. 이는 '글로벌 제3의 길'의 한국 버전이면서 동시에 전 세계에 걸친 탈근대적 발전을 향한 문제제기라고 이해 가능하다.

먼저 '보편적 복지와 사회적 경제의 결합'은 한국과 같은 비서구에서 일자리 부족의 대응이 복지 확대와 병행되어야 함을 강조한다. 이를 탈근대적 발전 요소와 연결해 본다면, 생태사회적 배제가 지방적, 국가적, 세계적 차원의 정의로운 재분배를 통해 극복되어야 함을 부각시키고 있다. 또

'제3섹터 주도의 숙의 민주주의'는 지구 전체에 걸쳐 국가도 시장도 아닌 커먼즈(commons)의 주도 아래 공(公)-사(私)-공(共) 협치의 절차적 정의가 확립되어야 하는 측면이다. 이와 함께 '좌와 우를 넘어서는 녹색의 대안'은 근대화론의 양대 축인 국가 사회주의와 시장 자본주의 둘 다를 지양하는 제3의 길을 의미한다.

생태사회적 배제라는 생태적, 사회적 배제의 동시화는 근대화론에 입각한 지속가능발전이 더 이상 현실적으로 타당하지 않음을 입증해 왔다. 이 장에서는 탈근대적 발전 전략을 구체화하려는 차원에서, SDGs의 발상이 지속불가능한 환영에 기반하고 있음을 쟁점화하고자 한다. 그리고 저자는 제3섹터 주도의 녹색 대안이 사회적 경제, 보편적 복지라는 주류 정치의 의제로 침투되지 않는다면, 제1세계, 제3세계 할 것 없이 시간이 흐를수록 탈발전의 득세에 직면하리라 예측한다. 탈발전의 경로는 1990년대 소련 붕괴 이후 쿠바의 탈석유에 대한 적응과정에서 실험된 바 있어서, 비현실적이라 치부할 수 없는 현 실태이기도 하다.

3. SDGs는 지속불가능한 환영이다?

1) 지속가능발전 개념의 지속불가능성

칼리스가 언급한 생태근대주의의 '효율성과 스케일의 혼동'은 지속가능한 재생산 차원에서 음미할 필요가 있다. 18세기까지, 또 현재에도 제3세계에서는 농민들이 자연의 포식자가 아니라 환경과 조화를 이루며 살아왔고 또 살고 있다. 근대경제학은 '투입 대비 산출 증가'로 정의되는 효율성을 둘러싸고 투입 감소가 아닌 산출 증가라는 규모의 경제 측면에만 몰두해 왔다. 근대화의 환상은 경제 바깥에 존재하는 환경이라는 경계선을 간과한 채, 지구 스케일을 넘어서까지 효율적 성장이 가능한 것처럼 오도한다.[2] 경제적 투입이 어디서 오고 폐기물 산출이 어디로 가는지를 현실적으로 인지하는 순간, 경제학의 희소성 인식은 비유하자면 '어선'에서부터 '바다에 남아있는 물고기 수'로 전환될 수밖에 없다(데일리, 2016: 24).

고전파 경제학자인 밀(Mill)은 자본과 인구의 정상상태가 인류 발전의 정상상태가 아니며 오히려 인간 정신이 지속적 성장이라는 집착에서 벗어날 때 삶의 방식이 향상될 것이라고 생각했다(데일리, 2016: 16). 그에 의하면, 정상상태란 인구와 물적 자본이 제로성장 상태이지만 기술과 윤리는 지속적으로 향상되는 상태이다. 이와 같은 논법은 센의 실질적 자유로서의 발전이라는 발상과도 비슷하다. 그 연장선 위에서 데일리(2016: 20)는 1992년 세계은행의 '개발과 환경' 보고서가 환경악화의 주요 원인을 빈곤으로 파악하여 더 많이 성장할 때 지속가능발전의 물적 기반이 확보된다는 잘못된 가정을 배태했다고 갈파한다.

한편 탈발전의 관점에 서 있는 라투슈(2015: 56)는 데일리가 발전 개념을 정상상태 경제, 또는 제로성장에 의거해 접근하려는 것에 대해 비판적이다. 그는 데일리의 스승인 제오르제스쿠-로에겐의 "지속(가능) 발전은 그 어떤 경우에도 경제성장과 분리될 수 없다. 발전이 성장과 반드시 연루될 필요가 없다고 그 누가 생각할 수 있을까?"라는 언급을 인용하면서, 탈근대적 발전의 전망에 반대하고 있다. 라투슈(2015: 55)의 입장은 "오늘날까지 모든 국가가 따르는 발전 모델은 지속(가능) 발전이라는 개념을 둘러

---

[2] 데일리(2016: 13)는 진정한 지속가능발전을 위해 인구 및 생산의 성장이 자원 재생과 폐기물 흡수라는 지속가능한 환경의 역량을 넘어서는 안 된다고 강조한다. 만약 그 지점에 도달한다면 생산 및 재생산은 사용한 것을 대체하는 수준에서만 이루어져야 한다. 즉 질적 향상은 지속되어야 하지만 물질적 성장은 멈춰야 한다는 것이다.

싼 궤변과는 달리 근본적으로 지속불가능하다"라는 국제기후 전문가 그룹 회원의 인용구로 대변된다. 물론 그는 지속가능하다는 것이 인간 활동이 생태계의 재생 능력보다 더 높은 오염 수준을 만들어내지 말아야함을 의미한다고 인정하기는 한다.

김민재 외(2018: 10-12)는 현재의 지배적인 구조 및 제도가 지속가능성 전환을 가로막는 '지속불가능성의 정치'에 의해 악화되고 있다고 언급한다. 그들은 지속가능발전 개념의 모호성을 인정함에도 불구하고, 개념의 모호함 자체가 정치적으로 중요한 역할을 한다는 다소 모호한 주장을 펼치고 있다. 또 그 대안으로 제시하는 지속가능성 전환이란 '지속가능한 저탄소 사회를 목표로 하는 과학기술, 사회, 경제 및 정치의 장기적 전환 과정'이라고 정의되는데, 이는 '탈탄소 전환'(Vincens, 2016)으로 부르는 것이 타당하다. 이 장에서 저자는 김민재 외(2018: 11)가 인용하듯 '지속가능성이 무엇을 의미하고 어떤 실천이 바람한지에 대한 해석은 일련의 정치적 과정'이라는 데 동의하지만, 그러한 정치적 과정이 선진국과 선진도시 등 근대화 수혜지역에 의해 주도될 우려가 있다고 판단한다.

2) SDGs에서 발견되는 근대화론의 영향

한겨레신문(2019.10.7., "한국형 지속가능발전 목표 어디쯤 가고 있나")에 따르면, 2015년 유엔이 권장한 17개 SDGs와 관련하여 한국은 2018년 말에야 K-SDGs를 수립하는 등 뒤늦게 대응해 왔다. 이 기사는 환경부가 조직한 K-SDGs의 목표별 민간 이해관계자 그룹 124명 가운데 삼성, 포스코 외 기업의 참여가 없음을 비판한다. 그런데 외국의 모범적 기업참여 사례인 구글, 알리바바 등이 수행하는 SDGs 이행에 필요한 데이터 취합이나 개발도상국의 글로벌 데이터 작업에 대한 지원은 다른 한편으로 장기적 이윤 창출의 시도로 해석될 수 있다. 앞서의 라투슈 입장에서 보면, 기업은 원천적으로 지속가능 성장을 보장하지 않는 기후변화 대응, 생태계 보전 등에 우호적일 수 없기 때문이다.

탈근대적 발전의 전망에서 볼 때, 17개 SDGs 중 근대화론의 영향이 두드러지는 지표는 빈곤퇴치, 기아종식, 양질의 일자리와 경제성장(이하 일자리성장), 산업혁신 및 사회기반시설(이하 산업기반), 지속가능한 생산과 소비 등으로 식별된다. 이들 지표는 나머지 12개 지표와 종종 부(−)의 관계로 나타나는데, 예컨대 빈곤, 기아의 경우 불균등한 경제성장의 결과로 볼 수 있는데도 그 해결을 위해 경제성장이 다시 제시되는 자기모순에 빠지고 있다.

물론 빈곤과 기아는 생태사회적 배제의 주요 결과로서 생태계 회복과 함께 극복되어야 할 과제임이 분명하지만, 그것은 경제성장과 근대화라는 위로부터의 서구적 관점이 아닌 아래로부터의 다양한 생태적 접근을 필요로 한다.[3] 근대화론의 발상이 더욱 명확한 일자리성장, 산업기반 등 두 가지 SDGs의 세부 목표들을 검토해 보면 다음과 같다. 일자리성장과 관련한 세부목표 가운데 "나라별 상황에 맞추어 1인당 경제성장을 지속화하고 특히 최빈국에서 GDP 증가율을 연간 7% 이상으로 지속"한다든지 산업기반 세부목표 중 "포용적이고 지속가능한 산업화를 추진하고 2030년까지 국가별 상황을 고려하여 고용 및 GDP에서 공업의 비중을 획기적으로 높이고 최빈국에서 공업의 비중을 2배로 증가"하겠다는 설정(통계개발원 외, 2016에서 재인용)은 생태사회적 배제에 대응하는 탈성장의 전략과 전

---

[3] 빈곤을 뛰어넘어 내핍을 적극적으로 수용하는 '실질적 자유'는 자본주의를 살아가는 시민에게 체질화되기는 어려운 것인가? 오수길(2019)이 서울 거주 시민 1,000명을 대상으로 조사한 결과, 17개 SDGs 중 우선순위와 목표의 중요도 면에서 '양질의 일자리와 경제성장'이 각각 46.9%, 40.8%로 압도적 1위를 차지하고 있다. 이는 이 책 8장의 울산시민 조사 결과에서도 확인된다.

면으로 배치된다.

펠로우(Pellow, 2018: 274)는 지속가능성 담론이 사회정의에 근거한 학제적 맥락, 역사, 행동 및 대화 내에서 상황지어지지 않는다면, 그것의 실행을 목표로 하는 노력이란 제한적일 뿐이며 실제로 지속불가능하다고 밝힌다. 그에 의하면, 지속가능성을 가능케 하는 것은 민주주의, 사회정의 및 다양한 지식습득 방식의 포용성이다. 현재 지구 곳곳에서는 이들 간 연계와 관련된 '상황 지어진 지속가능성(situated sustainability)'을 간과하는 파국적 상황이 빈발하고 있다. 그 예로는 미국, 남미 등의 국립공원 조성 차원에서의 보전 추구가 원주민의 추방을 낳는 것이나, 군사적 국가관행 및 기업의 생명지지 체계에 대한 주된 위협은 차치한 채 인구 증가가 생태계에 대한 최대 위협임을 내세워 저소득 노동계급 이민자에게 화살을 돌리는 것 등을 들 수 있다.

4. 회복력 개념과 정의로운 회복력의 지향

1) 회복력에 대한 개념적 검토

회복력은 1973년 홀링(Holling)이 생태학의 맥락에서 처음 소개한 용어로, 체계 내 관계의 지속성, 또는 변화와 교란을 흡수하고 변수들 사이에 동일한 관계를 유지하는 능력으로 정의된다. 이러한 회복력 개념은 이 책의 10장에서 다시 논의될 것이다. 워커 외(2015)에 따르면, 회복력의 가치는 다양성, 생태적 변이, 모듈화, 느린 변수의 인정, 견고한 피드백, 사회자본, 혁신, 다중 이해당사자 거버넌스, 생태계 서비스 등을 지향하고 있다.

이 때 다양성이란 모든 형태의 생물적, 지리적, 사회경제적 다양성을 증진, 지탱함을 가리키며, 생태적 변이를 둘러싸고는 통제, 감소의 대상이라기보다 수용적으로 공동보조를 취하는 것이 권고된다. 또 모듈화란 한 구성 요소가 나머지 요소와 모두 연결될 필요는 없다는 전제 아래 과잉연결 체계 대신 자율성의 유지에 초점을 맞춘다. 느린 변수의 인정은 사회-생태계(Social-Ecological System; 이하 SES) 붕괴를 방지하는 하한(threshold)의 관리를 통해 교란을 더 많이 흡수하여 바람직한 체계의 공간을 확장하기 위한 것이다.

견고한 피드백이란 문턱을 넘어서기 전 그것을 알아차릴 수 있는 환류 과정으로서 기후위기 등을 방지하는 효과를 지닌다. 또한 사회자본은 구성원 간 신뢰, 잘 형성된 사회관계망, 적응적 지도력의 증진과 관련되며, 혁신이란 새로운 학습, 실험을 통한 자체적 규칙 설정과 변화에 대한 수용을 의미한다. 나아가 다중 이해당사자 거버넌스는 하향식 협치보다 공/사를 포괄하는 복합 개념으로서의 커먼즈 접근의 맥락에 있다. 끝으로 생태계 서비스란 사회체계가 생태계에 대해 갖는 자원관리의 댓가로 자연생태계가 인간 사회를 쾌적하게 만드는 각종 서비스를 일컫는다.

빅스 등(Biggs et al., 2015)은 SES의 생태계 서비스를 지속하기 위한 회복력 원칙으로, 첫째 다양성과 여분(redundancy)의 유지, 둘째 연계성의 관리, 셋째 느린 변수 및 피드백의 관리, 넷째 복합적 적응체계 사고의 증진, 다섯째 학습의 격려, 여섯째 참여의 확장, 일곱째 다중심적 거버넌스 체계 촉진 등을 적시하고 있다. 저자가 보기에, 회복력의 지향은 지속가능발전 개념에 비해 SES라는 인간사회와 자연생태계의 상호작용 관점이 더욱 명확하며, 지구의 문턱을 위협하는 경제성장에 대해서도 뚜렷한 규제적 입장을 나타낸다. 현재 세계적으로 알려진 회복력 지표로는 록펠러 재단이 2015년에 공표한 도시 회복력 틀(City Resilience Framework; 이하 CRF)이 대표적이다.

CRF 가운데 생태사회적 회복력과 관련된 목표로는 노출 및 균열의 감소, 핵심 서비스의 효과적 공급, 신뢰할만한 커뮤니케이션 및 모빌리티 등이 있다. 우선 노출 및 균열의 감소를 위해서는 환경지킴이 정신(stewardship), 적절한 하부구조, 효과적 토지이용 계획, 계획규제의 실행 등의 지표가 요구된다. 또 핵심 서비스의 효과적 공급을 위한 지표로는 다양한 공급과 적극적 관리, 생태계 하부구조의 유지, 우발적(contingent) 계획 등이 거론되고, 신뢰할만한 커뮤니케이션 및 모빌리티의 지표에는 다양하고 풍부한 다중모드 교통체계 및 정보통신기술망 등이 포함되어 있다. 록펠러 재단은 서울특별시를 포함한 세계 100개 도시와 협력하여 회복력 틀을 실제 도시정책에 적용하려는 노력을 기울여 왔다. 그러한 시도 자체는 선구적이고 유의미한 것이지만, 특히 커뮤니케이션 및 모빌리티를 지나치게 강조하는 사회−기술체계에 대한 신자유주의적 접근의 한계 때문에 불평등과 같은 사회적 불의를 가중시킬 수 있다고 우려된다.

2) SDGs와 정의로운 회복력 개념의 대비

펠로우(Pellow, 2018: 275−276)는 생태계 위기가 심화될수록 불의한 회복력의 시도도 빈번할 것이므로 그것과 구별되는 '정의로운 회복력'의 개념화가 중요하다고 말한다. 그에 의하면, '불의한 회복력'은 오히려 사회적, 생태적으로 불평등하고 차별적인 관행, 관계를 악화시킬 수 있다. 한편 정의로운 지속가능성이란 환경정의와 지속가능성을 개념적으로 접합한 것일 뿐, 현존하는 지구 위기와 위험에 직면한 지역사회의 되튐 및 재건 필요성을 직접적으로 다루지는 못한다. 글로벌, 지방적 스케일에서의 정의로운 회복력의 추구는 자연생태계 여지를 확보하기 위한 다양한 수준의 탈성장 전략과 각 전략별 분배적, 절차적, 승인적 정의의 원칙과 결합되어야 할 것이다.

물론 2015년 UN이 발표한 17개 SDGs 가운데 정의로운 회복력으로 연계될 수 있는 '포용적이고 안전하며 회복력 있는 도시, 거주지 조성', '기후변화와 그 영향에 대처한 긴급조치 시행', '해양자원 보전과 지속가능한 사용' 등과 같은 목표들(통계개발원 외, 2016)도 포함되어 있는 것이 사실이다. 하지만 그 세부목표를 검토해 보면, "국가와 지역 수준에서 개발계획을 강화함으로써 도시-근교도시-지방 간 경제, 사회, 환경에 걸친 긍정적 영향을 확대"한다든지 "소규모 어업의 해양 자원 및 시장으로의 접근을 확대"하는 등의 성장지향적 근대화론 발상이 지배적임을 알 수 있다.

나아가 기후변화 대처 조치라는 SDGs의 세부 목표로서 "모든 국가에서 기후관련 위험과 자연재해에 대한 회복력과 적응역량을 강화"한다고 표방하고 있음에도 불구하고, 그러한 회복력의 생태사회적 구축 전략이 정의로운 분배, 절차, 승인 차원으로 접맥되고 있지 못하다. 한국의 경우 UN의 SDGs에 입각하여 2018년에 국가 SDGs가 확정되고 서울, 광주, 경기, 충북, 충남 등 지방 SDGs까지 수립, 실행되는 추세이지만(양준화, 2019), 탈근대적 발전 지향과 회복력 역량에 바탕을 둔 참여가 활성화되는 것이 아니라 형식적인 신자유주의적 거버넌스의 문제점이 여전하다고 볼 수 있다.

이상헌(2018: 70-71)은 서울시 에너지, 교통, 폐기물 등의 전환 정책에 대해, 사회-기술 체계의 미시적 수준에서 부분적 성과가 있었지만 거시적, 중범위 수준의 구조적 변화에는 미치지 못했다고 평가한다. 그로 인해 더 큰 스케일에서의 정책 거버넌스 체계와 연결하지 못함으로써, 기존의 신자유주의적 정책에 따른 불평등을 심화시킬 위험성을 지적하고 있다. 즉 정의로운 회복력의 지향은 탈근대적 전망에서 선진도시, 후진도시를 막론하고 거시적, 중범위적, 미시적 수준을 넘나드는 생태사회적 전환

(ecosocial transition)의 목표 및 지표, 실행 프로그램 등으로 구체화되어야 하겠다. 또 이는 제3세계와 빈곤층(및 지역)에 상대적으로 집중된 생태적 위험의 재분배와 함께, 인간너머 존재까지 포괄하는 커먼즈에 의한 국가(및 지자체)의 승인적 절차에 따른 재구성을 반드시 필요로 하는 것이다.

제2장

한국형 제3의 길을 넘어 탈성장 접근으로

1. 너무나도 미약한 지속가능성 추구의 결과들

요즘 여름의 무더위는 전무(前無)했지만 후무(後無)하지는 않을 듯하다. 기후변화에 따른 이변 속출이 멈출 것으로 예상되지 않기 때문이다. 〈재생에너지 3020 계획〉[4]으로 화석연료 비중을 점차 줄여나간다고 미세먼지나 온난화가 가시적으로 완화되기도 어려울 것 같다. 더욱 급진적인 탈성장에로의 패러다임 전환이 거론되어야 하는 이유가 여기에 있다. 한편 최근의 대한민국에서 최대 관심사는 막대한 일자리 예산 투입에도 불구하고 늘지 않는 고용의 위기 상황이다. 공공부문의 고용 확대는 세금수입의 증가에 의지해야 하는데, 그것을 가능케 하는 스모킹 건은 결국 경제성장일 것이다. 복지국가나 사회적 경제 역시 성장하는 경제 속에서 시장과 우호

---

[4] 2030년에 전체 에너지 생산 중 재생에너지 비율을 20%로 하겠다는 계획을 말한다.

적 관계를 맺을 때 생존 가능한 것들이다.

생태복지(ecowelfare)를 상정할 때 생태계 일부로서의 인간의 웰빙 추구는 필수 요소다. 경제성장은 소득증가와 일자리 창출을 낳음으로써 삶의 질에 기여할 수 있다. 하지만 우리의 주관적 웰빙은 경제성장에 의해서만 좌우되는 것이 아니라, 미세먼지 없는 건강한 환경, 미래에 대한 지속가능한 설계, 민주적 의사결정과 같은 또 다른 조건들을 필요로 한다.

이 시점에서 '약한 지속가능성'의 추구가 심화시켜 온 지구생태계 위기를 감안한다면, 우리에게 절실한 것은 경제성장률이나 GDP 규모에 집착하는 '생산주의'로부터의 탈피다. 지속가능성 담론은 UN 브룬트란트 위원회가 1987년에 '미래세대의 욕구에 부응하는 능력을 훼손하지 않는 현 세대 욕구의 충족'으로 정의한 것에 입각해 왔다. 그러나 이 규정은 모호한 것으로, 인간이 만드는 수요가 무한한데 착취할 수 있는 자원이 현실적으로 유한하다면 성립될 수 없다. 이후 많은 논의들(이재열 외, 2016 등)은 지속가능발전을 경제성장, 사회발전, 환경보전의 균형이라고 선험적으로 가정함으로써, 경제성장과 지속가능성이 정(+)의 관계를 갖는 것처럼 왜곡시켜 왔다.

약한 지속가능성의 관점은 환경기술 개선, 생태 투자와 같은 공급 측면의 '생태근대화'에 주력한다. 즉 이 접근은 인간 수요를 심층적으로 성찰하기보다 자원 소비의 증가에 따른 균열을 감소시키는 데 치중하고 있는 것이다. '강한 지속가능성'의 시각에 입각해 볼 때, 이 입장은 인간에게 가치를 부여하는 자연 및 제조된 자본의 속성이 단일하고 공통된 척도, 즉 화폐로 환원되어야 한다는 경제결정론의 편향이다. 또한 자연세계의 경제생산에 대한 기여(자연자본)와 제조된 자본의 기여가 대체 가능하다고 보아, 총자본 스톡의 유지에만 관심을 기울이고 있다(Gowdy, 1999: 165).

1972년 로마클럽이 '성장의 한계'를 선언한 이후 50년이 지났는데도,

경제성장의 신화는 근본적으로 도전받지 않은 채 사회적 삶을 더욱 지속불가능하게 만들고 있다. 정상상태 경제학(Steady State Economics; 이하 SSE)을 주장하는 데일리(Daly, 1990; Sachs, 1999: 30에서 재인용)는 양적 성장이 생태적 측면에서 존속될 수 없으며 지속가능한 경제성장 자체가 모순 어법이라고 강조한다. 이와 같은 강한 지속가능성 노선은 사회의 수확률이 재생가능 자원의 재생률과 동일해야 하며, 폐기물 발생률 또한 폐기물이 방출되는 생태계의 자연동화 능력과 동등하게 유지되어야 함을 전제로 한다. 이 관점은 심층생태주의와 비슷한 맥락에서 자급자족적 자치전략에 기반한 수요의 억제 방안을 장기적으로 제시하고 있다.

2. 한국형 제3의 길의 의미

저자는 경제성장 지상주의에 매달려 있는 현 시점에서 무매개적 탈성장의 구호보다 현실가능한 전략화가 시급하다는 입장이다. 현재의 기후변화와 생태계 파괴는 강한 지속가능성에 입각한 수요 억제와 아울러, 약한 지속가능성에 근거한 생태투자, 환경기술 개발까지도 병행해야 하는 시간적 촉박함을 보여주기 때문이다. 여기서는 생소한 용어지만 '한국형 제3의 길'의 의미에 의거하여 이러한 입장을 반추해 보기로 한다.

원래 제3의 길은 신자유주의에 적응하기 위한 유럽 사회민주주의의 혁신 노선으로서, '복지에서 노동으로'를 추구하는 노동연계복지를 내용으로 하는 것이다. 위의 1장에서도 다루었듯이 한국형 제3의 길의 첫 번째 의미는 유럽과 달리 복지국가를 경험하지 못한 한국의 상황에서 '일을 통한 복지'가 복지와 노동의 동시 추구, 달리 말해 보편적 복지와 사회적 경제의 결합으로 추진된다는 데에 있다.

한국형 제3의 길이 갖는 두 번째 의미는 저자와 맥코브(Hahn and McCabe, 2006)가 주장한 '글로벌 제3의 길'의 재정의 방식에 따른 것이다. 앞서 지적한대로 노동연계복지를 내용으로 하는 제3의 길은 복지국가의 신자유주의적 개혁이라는 유럽 맥락에 특정한 것이지, 다른 나라에서는 통용되기 어렵다. 그러므로 서구 사회민주주의 복지국가와 같은 제1의 길은 제1섹터(공공부문) 주도의 노선, 기업 주도 신자유주의로 대표되는 제2의 길은 제2섹터(시장부문) 주도의 노선, 지역사회 자원조직의 협치를 특징으로 하는 제3의 길은 제3섹터(비정부/비영리부문) 주도의 노선으로 재규정될 수 있다. 이렇게 본다면 한국형 제3의 길의 두 번째 의미는 제3섹터가 주도하는 민주적 의사결정에 초점이 맞추어진다. 이것이 굳이 '한국형'인 까닭은 2016년의 촛불항쟁이 보여주듯 한국의 제3섹터가 세계적으로 유례없는 역동성을 지니고 있기 때문이다.

끝으로 한국형 제3의 길이 갖는 세 번째 의미는 지구상 유일한 분단국가라는 조건에서 비롯된다. 20세기말 블레어나 기든스가 차용하기 전까지 제3의 길은 통상 자본주의의와 사회주의를 뛰어넘는 제3의 대안을 의미하곤 했다. 그런 맥락에서 한국형 제3의 길이 갖는 마지막 함의는 남북한 상호교류와 공존 논리로서의 녹색 웰빙 전략을 가리킨다. 그 내용은 아직 미완의 상상력과 창의력을 요청하는 것으로, 탈성장의 명실상부한 지속가능성을 담보하는 방향이 될 것이다.

3장에서 다룰 것이지만, '한국형 제3의 길'은 글로벌 노동연계복지 담론의 연장선 위에 있어서 녹색 웰빙의 노선으로 구체화하는 데 제약이 있는 것이 사실이다. 이 장에서는 탈성장 접근의 다양한 개념화를 통해 다음 장에서 제안하는 '행성적 제4의 길(planetary fourth way)'을 향한 경제적, 문화적 도구들을 도출하고자 한다.

3. 탈성장 접근의 세 가지 흐름

탈성장 접근은 2000년대 초반 프랑스에서 학문적 관점이자 사회운동으로 출현한 이후, 서구에서 주로 거론되다가 2010년대 들어 세계적으로 확산되어 왔다. 이를 대별해 보면, 영어권 SSE의 무성장론, 남유럽권 논의 흐름, 독일어권의 포스트성장(PostGrowth; 이하 PG) 관점으로 구분될 수 있다(Borowy, 2017: 174-188).

1) 영어권 SSE 접근

SSE 접근의 선구자인 데일리(Daly, 1973; Borowy, 2017: 178에서 재인용)는 생태경제학의 핵심 쟁점이 인구 및 경제의 성장에 대한 생물리학적(biophysical) 제약, 궁극적 가치를 향한 재정향과 정상(定常) 상태에 대한 조정 등이라고 파악한다. 그의 SSE 개념은 시기적으로 변화되기는 했으나 물질, 에너지의 안정적인 최소 처리량(throughput)과 안정화된 인구 등을 강조해 왔다. 또 최근의 저작에서 그(Daly, 2014: 131)는 경제성장의 두 가지 의미를 구별하는데, 하나는 경제가 물리적으로 더욱 커지는 것을 뜻하는 반면 다른 하나는 어떤 활동의 성장이 비용에 대비한 편익의 더 빠른 증가를 야기하는 경우를 가리킨다. 그는 첫 번째와 두 번째의 경제성장 용법이 절대적으로 다름을 지적하면서, 전자의 의미가 후자 맥락에서는 '비경제적 성장(uneconomic growth)'과 논리적으로 일치한다고 간파한다. 성장은 편익보다 더 빠르게 비용을 증가시켜 인간을 더 가난하게 만드는 데도, 더 큰 경제가 항상 인간을 부유하게 만든다는 순전히 혼동된 가정을 범하고 있다는 것이다.

SSE가 준수하는 무성장의 규칙과 목표들은 다음과 같다(D'Alisa, 2014:

49-50). 첫째 궁극적으로 자원스톡이 0이 되도록 추동하지 않게끔, 재생가능 자원의 착취는 재생률을 초과할 수 없다. 둘째 그렇지 않을 경우 쓰레기 스톡과 그것이 야기하는 해악이 계속 증가할 것이므로, 쓰레기 방출은 쓰레기 흡수역량을 초과할 수 없다. 셋째 현재의 기술로는 화석연료와 같은 비재생 자원 없이 현재 인구의 기본 욕구를 충족시키는 것은 거의 불가능하다. 즉 사회가 비재생 자원을 소비하는 비율은 재생가능 대체물을 개발하는 비율을 초과할 수 없다. 넷째 자원착취나 쓰레기 방출이 인간 생존에 필수적인 생태계 기능을 위협할 수는 없다. 다섯째 인구는 안정적이어야 한다. 이 때 앞의 네 가지 목표를 성취하는 가장 명백한 접근은 처리량에 한계를 의무화시키는 것이다. 하지만 다섯째 규칙인 안정적 인구를 어떻게 성취하는가의 문제는 신맬더스주의를 둘러싼 논란에서처럼 더욱 논쟁적이다.

2) 프랑스 및 남유럽의 논의

탈성장 개념을 규범적 의미로 처음 사용한 고르(Gorz)는 "물질적 생산의 무성장, 또는 심지어 탈성장을 필요조건으로 하는 지구 균형이 자본주의 체계의 생존과 양립 가능한가?"라는 현 시점에서도 근본적인 질문을 던졌다. 프랑스에서 탈성장이라는 용어는 생태주의, 반소비자주의, 비폭력 아나키즘 계열을 중심으로 논의되던 가운데, 1990년대 후반 클레망탕(Clémentin), 셰네(Cheynet) 등의 '지속가능한 탈성장' 개념으로 구체화되었다(Borowy, 2017: 182). 이후 남유럽으로 확장된 탈성장 담론은 학문적 대상에 그치지 않고, 자동차 없는 도시, 식량협동조합과 같은 사회운동, 반세계화 활동, 대규모 개발에 대한 항의 등의 해석 프레임이 되어 왔다. 특히 프랑스와 이태리에서는 탈성장운동의 틀로 경제주의, 공리주의에 대한 인류학적 비판이 핵심 역할을 수행하여, 성장을 경제목표로 정당화시키는 데 저항하는 사회문화적 패러다임으로 구실하고 있다.

한편 스페인을 배경으로 2008년부터 격년제로 국제학회를 개최해 온 '연구와 탈성장(research and degrowth)'에 의하면, 지속가능한 탈성장은 지구의 생태조건과 공평성을 제고하는 생산 및 소비의 다운스케일링으로 정의된다. 또 그것은 사회가 그 생태적 수단 내에서 새로운 민주적 제도 형태를 통해 더욱 평등하게 분배되는 개방적이고 지방화된 경제 및 자원으로 생활하는 미래를 요구하는 것이다(https://degrowth.org/definition-2). 나아가 라투슈(Latouche, 2001; Borowy, 2017: 183에서 재인용)는 발전에 대한 서구 모델의 패권화가 도구적 합리성의 식민지 수출을 통해 호혜성과 관계적 의존이라는 또 다른 형태의 사유를 대치, 위협해 왔다고 지적한다. 이러한 도구적 합리성 논리에는 목적과 수단이 도치되어 있어, 더욱 효율적인 서비스 배분에 치중하는 합리성 형태의 추구는 다양성과 자율, 더 나아가 민주적 힘을 감퇴시킬 뿐이라는 것이다. 그에 의하면, 탈성장 노선은 경제성장이라는 이름의 종교로부터 벗어나 소비라는 관례와 화폐에 대한 숭배를 포기하는 자유로운 비판의 길이다(라투슈, 2014: 239-246).

3) 독일에서의 PG 접근

독일의 PG 접근은 1970년대 노동조합, 녹색당의 논쟁에서부터 '빌레펠트학파'로 알려진 유물론적 생태여성주의[5]를 거쳐, 최근에는 SSE 접근

---

5 빌레펠트 학파는 가부장제 자본주의의 재생산 노동, 자연, 그리고 지구 남반부 경제에 대한 착취를 분석함으로써 사회적, 생태적 위기에 접근하고자 했다. 1970년대 초 GDP 설명에 대한 여성주의 비판에 근거하여 이 관점은 성장 패러다임이 모든 비시장적 노동형태들을 어떻게 가치 절하시켜 왔는지 밝히면서 생명 자체를 지탱하는 데 필수적인 생계활동이 경제 및 사회의 핵심이라는 점을 강조한다(Borowy, 2017: 186).

과 남유럽 논의를 인간 웰빙의 차원에서 통합시키려는 하나의 흐름으로 자리잡아 왔다. 뷕스와 코흐(Büchs and Koch, 2017: 2-3)에 따르면, 독일어권의 PG는 SSE와 남유럽 논의를 아우르는 것으로 인간 웰빙의 유지와 개선을 핵심적 목적으로 하는 개념 틀이다. PG를 지지하는 학자들은 이 같은 목적 성취에 대해 위의 두 접근보다는 낙관적인 편이지만, PG와 웰빙의 관계에 대해서는 더욱 비판적이고 경험적 근거에 입각한 논의를 강조하고 있다. 이 입장은 '이스털린의 역설'(Easterlin's Paradox)[6]에서 보듯 GDP 감축이 웰빙을 저하시키지 않을 수 있으며, 오히려 무성장이나 마이너스 성장이 더 많은 시간을 제공함으로써 지지적 관계, 여가를 위한 시간과 의미 있는 노동, 공동체 관심에 대한 인간 욕구 등을 번영시키는 기회가 될 수 있다고 주장한다.

독일에서는 1970년대 초 정당, 노동조합, 교회 등 다양한 정치적 스펙트럼에서 경제성장에 대한 반성이 이루어졌는데, 당시 쟁점들인 탈산업화 시대 노동 분배, 반권위주의적 자기결정, 기술 및 전문가 지배제도의 극복, 환경보전 등은 이후 PG 접근의 주된 문제의식으로 계승되었다. 특히 1983년 독일 녹색당의 경제 프로그램은 25년 후 본격화될 PG의 의제를 이미 다루고 있어, 예컨대 산업성장의 이득이 생태적 피해에 의해 압도당하는 현실을 지적하고 대규모 기술, 성별 분업 및 부불노동의 가치 절하 등을 비판하기도 했다.[7] 비슷한 시기에 빌레펠트학파는 예방, 협동, 생명 지탱에 필요한 것을 향한 지향이 핵심적이라고 보면서, 인간 욕구에 직접

---

[6] 미국의 경제사학자인 이스털린(Easterlin)에 의해 개발된 명제로, 소득이 증가해도 주관적 행복감이 마찬가지로 성장하지는 않는다는 역설을 가리킨다. 네이버 지식백과 참조.
[7] 그러나 1990년대 독일 녹색당은 대부분의 서구 생태운동과 보조를 맞추어 정치권력을 장악하려는 노력의 맥락에서 경제성장을 넘어서는 정책 및 입법의 추구를 포기하고 지속가능발전이나 생태근대화 노선을 지지하기 시작했다(Nishida, 2005; Borowy, 2017: 187에서 재인용).

관계되는 돌봄 노동의 중요성을 강조한 바 있다(Borowy, 2017: 186-187).

PG 접근에 속하는 엘우드(Ellwood, 2014: 152-178)는 성장을 뛰어넘는 대안 활동으로서 노동자 여가 증대, 계획된 노후화, 협동조합의 해결책 등을 추천한다. 첫째 '만국의 노동자여, 휴식하라'의 구호는 현재 서구 기준 주당 35시간인 노동시간을 주당 21시간으로 줄여, 가정생활, 여가 선용, 창의성 재발견 등으로 빈부격차의 완화, 여유로운 삶의 기준, 시간에 대한 기업 통제의 감소를 가능케 한다. 둘째 계획된 노후화란 기업, 시장과 경제성장이 강요하는 짧은 수명의 신규 소비에 중독되지 않고 가정과 지역사회 내 재활용, 수리, 수선에 익숙해지는 실천을 가리킨다. 셋째 협동조합은 자본주의를 몰아낼 수는 없지만, 적어도 사람이 자본을 통제하는 민주주의적 공간의 확장에 기여할 수 있다.

4. 탈성장 접근에 근거한 개념 도구들

여기서는 결론적으로 탈성장 접근의 프리즘을 더 구체화시키려는 차원에서, 시론적 수준에서나마 저자가 제안하는 '정상상태 조건의 메타역량 재분배', '승인적 절차의 문화적 확산', '탈성장의 성장을 통한 다운스케일링 전략'이라는 개념 도구들을 검토하기로 한다.

1) 정상상태 조건의 메타역량 재분배

SSE는 메타역량의 정상상태를 유지하기 위한 재생가능 자원의 확대와 비재생자원의 감축을 지향한다. 이는 현재 수준에서 제조된 자본 위주 비재생자원의 오염 역량을 억제하는 메타역량의 재분배를 의미하는 것이기도 하다. 이를 위해서는 무엇보다 국가 스케일에서의 SES의 회복력, 적응력(adaptability) 증진, 자율분산적 에너지 수급을 통한 메타역량의 유지 등이 요청된다. 후자와 관련해서는 지속가능한 에너지 메타역량이 감안된 제조된 자본(핵발전, 화력발전 등)과 자연자본(풍력, 태양광 등) 간 적정배분 비율의 설정이 과제라고 할 수 있다.

문제는 선진국의 메타역량이 정상상태로 안정되는 경우에도 세계적으로 탈성장이 보장되는 것은 아니라는 데 있다. 전사회적 물질대사(societal metabolism)의 입장은 서구에서의 탈성장운동이 자국 내에서 자원, 에너지, 자본에 대한 소비 감축에 성공하더라도, 중국, 인도, 브라질 등 신흥 개발도상국에서의 인구 및 소비성향 증가가 이를 상쇄하고도 남을 수 있음을 지적한다(Sorman, 2014: 43-44). 이 관점은 생물유기체가 그들이 기능하는 체계 안에서 일련의 복합적인 화학반응을 요구하듯이, 사회구조의 기능과 재생산 역시 에너지 및 물질의 플로우 패턴으로 표현될 수 있다고 주장한다. 이론적 수준에서 전사회적 물질대사의 함의를 연계시켜 본다면, 비재생자원에 의존하는 제조된 자본보다는 재생가능한 자연자본을 계속 활용함으로써 지구적 SES의 메타역량을 지속가능한 회복력, 적응력의 상태로 관리하는 것이 중요하다.

따라서 메타역량의 재분배는 지구 스케일에서 물, 에너지, 식량 뿐 아니라 인구 자체의 정상상태를 향한 노력과 병행될 필요가 있다. 정상상태는 자원 착취로 인해 생긴 쓰레기가 100% 재활용되는 것을 전제로 하나, 현실은 북반구의 자원 과소비와 남반구의 빈곤 및 기아라는 심각한 양극화로 위협받고 있다. 이를 개선하기 위한 메타역량의 글로벌 재분배는 에너지 정의, 식량 정의 등 인간 웰빙에 영향을 미치는 '정의로운 메타역량 상태'를 구체화시켜야 할 숙제를 제기한다. 인구문제와 관련해서는 신맬더스주의의 절대적 증가에 대한 저지보다는 제3세계 인구의 저출산 선진국으로의 이주 촉진으로 인한 상대적 과잉인구의 조절이나 탈빈곤을 통한 자발적 인구 감소의 노력이 더욱 바람직할 것이다.

2) 승인적 절차의 문화적 확산

탈성장 접근은 '승인적 절차'의 확장을 통한 현재 시점의 수요 감축을 선호한다. 그런데 '승인적 절차의 문화적 확산'에 필연적으로 수반될 금욕, 희생에 대한 호소는 개인의 도덕성에 초점을 맞추기보다 호혜적 상호견제의 활성화에 근거할 때 더욱 효과적이다. 최정규(2017: 38-44)는 행동경제학 실험의 결과, 사람들은 타인도 자신과 마찬가지의 성향을 갖고 있다고 확인되는 경우에만 협력적 행동을 지속하는 경향이 있어 호혜적 생활태도가 타인이 어떻게 행동할 것인가에 대한 기대와 연계되어 있음을 밝히고 있다. 주트(Judt, 2011: 173)에 따르면, '더 나은 삶'이란 물질적 부를 뛰어넘는 것으로 그것을 향한 변화의 첫 단추는 공적 대화의 재구축에서 찾아야 한다. 이를 '승인적 절차'의 문화운동에 적용해 본다면, 관계적 자아로서의 자신에게 자신감을 갖는 사람들이 정책적 결정이 현 세대의 욕심 탓에 미래세대와 비인간동물의 권리를 침해할 때 잘못되었다고 저항하는 것이 필수적이다.

이에 덧붙여 '민주적 희생(democratic sacrifice)' 개념이 승인적 절차를 촉진하는 데 어떤 유용성이 있는지 살피기로 하겠다. 메이어(Meyer, 2010: 13-16)는 '희생'을 시민 행동이 더 나은 미래를 개척할 수 있다는 민주적 희망의 흐름에서 재해석하여, 계몽된 자기이해(自己利害), 환경지킴이 정신 등과 같은 민주적, 자발적 측면을 강조한다. 그에 따르면, 희생은 이타성과 동일시되는 자기이익의 부정이라기보다 숭고한 이해관계를 추구하는 행위인데 그 이유는 다음과 같다. 첫째 미래세대의 지속가능성을 승인하는 맥락에서의 희생은 아동 및 청소년의 향후 삶의 질을 보장하여 기성세대가 노후를 맞이할 때 경제적, 정서적 안정을 확보할 수 있게 한다. 둘째 인간도 동물이기 때문에, 동식물을 포함한 자연에 대한 방어로서의 희생은 먹이사슬에 있는 생명체를 보존함으로써 인간의 건강과 (재)생산노동에 도움을 준다는 점이다.

3) '탈성장의 성장'을 위한 다운스케일링 전략

탈성장은 무성장, 마이너스 성장일 뿐만 아니라 지속불가능성의 탈피를 위한 대안적 삶의 성장·성숙이라는 역동적 과정이다. 따라서 지구 북반부에서 지속되고 있는 저성장을 정상상태로 이끌려는 기조 아래, 재생에너지와 사회적 경제, 생태관광 등의 활성화가 요구되고 있다. 영성경제학에 기반한 헬머쓰(Helmuth, 2012: 33-34)는 탈성장, 무성장 등이 각각 상반되는 것이 아니라 다음과 같은 세 가지 생태경제적 위기에 대한 연관된 반응이라고 주장한다. 첫째 석유 채굴에 대한 에너지 투자 대비 수익률의 저하로 해당 형태의 에너지를 공급하는 시장경제는 궁극적으로 종식될 것이다. 둘째 비축된 것으로 알려진 모든 석유, 가스의 연소를 안전하게 도모하기에는 대기권 열 용량(thermal capacity)이 너무 불충분하다. 셋째 현재 모든 국가의 누적 부채를 청산하기에 글로벌 스케일의 전체 소득이 불충분하다.

헬머쓰는 지속적 경제성장이 셋째의 위기를 해결할 수 있다는 희망은 첫째, 둘째의 경향과 모순적이라고 언급한다. 이는 결국 재생에너지의 착한 성장을 통한 SSE의 지향으로 극복되어야 하는데, 그에 따르면 무엇보다 석유를 대량 소모하는 글로벌 교역이 지방적 제조에 의거한 자급구조로 변환되는 것이 시급하다. 이러한 다운스케일링은 착한 성장, 달리 말해

'탈성장의 성장'을 촉진시킴으로써, 송전의 누출 여지를 줄이는 지방적 에너지수급 관리 등 주민 웰빙을 위한 자율분산적 의사결정의 제도화로 연결되어야 한다. 한편 '착한 성장' 개념에 대해서는 칼리스(Kalis, 2017: 155-157)는 태양광 패널 또한 에너지 및 자원집약적 투입에 의존하는 생산연쇄의 최종생산물일 뿐이라고 비판하고 있다. 하지만 시장경제에 길들여진 21세기 호모 에코노미쿠스에게 무성장을 설교하는 것보다는, 탈성장의 다양한 접근을 동원하여 상대적으로라도 윤리적인 대안을 제시하는 것이 더 바람직할 수도 있을 것이다.

제3장

기후 및 감염병 위기에 맞선
탈식민 사회정책과 생태복지체제로의 전환

> 진정한 생태적 접근은 언제나 사회적 접근이어야 한다. (중략) 정의의 문제를 환경에 관한 논쟁에 포함함으로써 지구의 외침과 가난한 자들의 외침을 동시에 경청해야 한다. (중략) 특히 지구 북반구와 남반구 사이에는 진정한 '생태적 채무관계'가 존재한다(프란치스코 교황, 2015, 『찬미받으소서 (LAUDATO SI)』, 환경회칙 중).

1. 기후 및 감염병 위기가 던지는 문제

2022년 8월초 한 시간 141mm의 이례적 집중호우로 서울 신림동 반지하주택에 살던 여성 발달장애인과 면세점노조 전임자인 여동생 A씨, 그리고 A씨의 딸이 익사했다(〈그림1〉 참조). 서울장애인부모연대 대표는 "기사를 찾아봐도 이번 재해로 희생된 발달장애인의 서사는 찾을 수 없고 장애를 가진 가족을 가족이 책임져야 하는 나라에 우리가 살고 있다"고 지적했다(한겨레신문, 2022c). 또 민주노총 백화점면세점 판매서비스 노조 입장문을 통해 "코로나19 재난으로 인한 면세점 노동자들의 소득 저하는 더욱 반지하가 아닌 다른 주거 형태를 선택하기 어렵게 했을 것이다. 그분들의 생명과 안전을 지키기 위해서는 더 나은 주거 형태를 선택할 수 있도록 국가가 나서야 한다"고 밝혔다(한겨레신문, 2022b).

〈그림1〉 물에 잠겨있는 여성 발달장애인 가족의 반지하주택

출처 경향신문(2022.8.9.).

반지하주택 거주자도 2020년부터 공공주택에 입주할 수 있는 '주거상향 지원'을 받게 되었는데, 문제는 그 대상자가 정해진 소득 기준 이하인 동시에 '무주택자'여야 한다는 점이다. 기후위기로 인한 집중호우로 참변을 당한 신림동 일가족은 없는 살림에 전월세 난민이 되는 것은 피하고자 침수된 주택을 7년 전에 매입해 살아 왔다. 이렇듯 반지하 '자가살이'를 택한 가구는 소득수준이나 주택가격에 무관하게 주거상향 지원제도의 밖으

로 밀려나 있다(한겨레신문, 2022d).

2022년 늦겨울부터 초여름까지 한국에서는 산불이 빈발했다. 2019년 말에는 호주, 미국 서부에서 극심한 산불이 발생한 후 중국 우한에서 '코로나19'가 보고되었다.[8] 기후 불확실성과 코로나19 대유행은 생태계 파괴와 더불어 과소비, 탐욕, 자연/사람에 대한 착취 등에 연결되어 있다(Nesmith et al., 2021: 105). 고쉬(2021: 189)는 기후변화가 "그 자체로 위험이라기보다 기존의 분열을 더욱 심화하고 수많은 갈등을 한층 부추기는 위협 승수"라고 지적한다. 기후위기는 초국적, 국가적, 지방적 스케일에서 신자유주의의 냉혹성과 결합하여, 생태계 파괴는 물론이고 계급, 인종, 성, 세대 등과 관련한 사회체계 내 차별과 혐오를 부추기는 경향이 있다.

한편 "코로나19 대유행은 한 시대의 멍에가 관용정신으로 가벼워져야 할 또 다른 시대를 열었다"(Solnit, 2020; Williams, 2021: 173에서 재인용). 코로나19는 기후변화를 체현하는 위험이지만, 경쟁적 소비자주의와 개인주의를 초월하는 상호부조, 연대, 친절, 공감 역시 배태해 왔다. 이 장은 기후 및 감염병 위기의 배경으로 15세기말 이래 식민주의에 눈길을 돌림으로써, 서구 복지국가의 맥락에서 분배적 특성에 치우쳐 논의되어 온 복지레짐(welfare regime) 접근을 넘어 생태사회적인 것(the ecosocial), 탈식민성(decoloniality)[9], 사회정책의 교차성(intersectionality) 등에 바탕을 둔 생태복

---

[8] 동물로부터 사람에로 새로운 코로나 바이러스가 최초로 전염된 곳이 중국의 습윤한 시장이라고 비난하는 것은 서구의 편의적 주장으로, 코로나19 대유행의 근본 문제에 대한 부정직하고도 도움이 못되는 평가이다(Nesmith et al., 2021: 107).

[9] 탈식민성은 포스트식민성(postcoloniality)과 혼용될 수도 있으나, 이 장에서는 명백히 의미가 다른 것으로 사용한다. 즉 후자는 식민지 지배 이후의 인종, 민족에 치중하지만, 전자는 인종, 민족 외 성, 연령, 장애, 인간너머 존재의 관계 등을 동등하게 다루는 차이가 있다. 윌리엄스(Williams, 2021: 183)에 의하면, 포스트식민성은 2차 대전 이후 유럽에서 복지국가 담론의 일환으로 과거 식민지였던 곳으로부터 이주한 소수민족에 대한 복지 주제로 확립되었다. 반면에 탈식민성은 유럽의 정복 역사로부터의 탈피이며, 식민화, 자본

지체제[10](ecowelfare system)로의 전환 방향을 모색한다. 이 때 생태복지체제로의 전환을 매개하는 전략은 탈식민 사회정책(decolonial social policy)과 행성적 제4의 길로 설정한다.

생태복지체제는 생태사회적 배제를 극복하기 위해 인간과 비인간 생명체의 권리를 동시에 확보하는 생태사회적 웰빙의 경로이다. 차크라바르티(Chakrabarty, 2007; 고쉬, 2021: 159에서 재인용)는 "계몽주의 시대 이후 철학자들은 인간이 어떻게 다른 인간이나 인위적 제도가 억지로 떠안긴 불공정, 억압, 불평등, 획일성 등에서 벗어날 수 있는지에 관심을 기울여 왔다"고 말한다. 환경이라는 족쇄를 벗어던진 인간만이 역사적 행위 주체성을 부여받은 존재로 취급됨에 따라, 비인간의 힘이나 체제는 자유의 셈법에서 고려되지 않았다는 것이다. 그런데 최근의 기후변화 및 인수공통 감염병이라는 복합 위기는 문화 및 상상력의 위기(고쉬, 2021: 19), 나아가 '사회체계론의 위기'를 불러오고 있다.

박순열(2022: 23)은 체제가 몇 개의 체계, 제도, 개념 등으로 구성되어 있어, 체제변화를 이를 구성하는 체계, 제도, 개념(일부)의 변화나 그 관계들의 변화라고 규정한다. 저자는 이 정의에 대체로 동의하나, 인간예외주의에 입각하여 사회(체계)와 자연(환경)을 이분법적으로 다루는 것에는 이의를 제기한다. 인류세, 자본세 등을 거론하지 않더라도 생태계와 사회체계의 착종 현실은 신유물론[11]의 문제의식에서 보듯 '생태사회적인 것'의 실재성을 강화해 왔다. 따라서 기후 및 감염병 위기에 맞서는 시대적 과제는

주의, 가부장제 및 근대성에 대한 포괄적 비판에 관계되어 있다.
10 체제에 대한 개념정의에 대해 저자는 '체계화된 제도'라는 말뜻 자체를 중시하는 입장이다. 이런 관점에서 체제는 경로(path)와 동의어로 취급될 수 있다.
11 신유물론은 유물론이 인식론으로부터 존재론과 물질의 고유한 능동성에 관한 인식으로의 이동에 기반하는 비인간중심주의적인 실재론을 포용한다는 의미에서 새로운 유물론으로 합의되고 있다. 갬블 등(2019) 참조.

사회적 쟁점과 생태적 쟁점을 분리하는 것이 아니라, 계급, 인종, 성, 세대 등과 비인간 생명체를 연계하여 정책적, 실천적으로 대응하는 데 있다고 하겠다.

이 장에서는 1절 이후 2절에서 생태사회적인 것, 탈식민화, 교차적 사회정책 등을 개념적으로 검토한다. 3절에서는 돌봄, 인종. 생태 등의 위기와 관련하여 기후 및 감염병 위기의 특성을 서술한다. 4절은 기후 및 감염병 위기에 대처하는 탈식민 사회정책, 그리고 '일을 통한 복지' 흐름에서 논의되어 온 '글로벌 제3의 길'과 차별화되는 '행성적 제4의 길'[12]을 톺아보면서, 생태복지체제로의 전환에 관해 전망해 본다.

2. 생태사회적인 것, 탈식민화와 사회정책의 교차성

1) 생태계/사회체계의 관계적 인식

1930년대 이후 도시사회학의 시카고학파로 알려진 인간생태학 모델은 도시라는 사회체계가 침입-경쟁-지배-계승이라는 생태계 논리와 비슷하게 작동함을 발견했다. 또 사회복지실천 분야의 생태체계이론은 위의 문제의식을 사회체계론과 결합하여 클라이언트에게 개입할 때 해당 개인과 그(녀)의 사회환경(가족, 친구, 이웃 등)에 대한 이중적 초점을 유지하도록 강조해 왔다. 이 두 가지 접근은 인간예외주의의 근대적 한계를 드러내

---

12 '글로벌'은 인간중심적 표현이지만, '행성적'은 인간의 세계(world)와 인간너머 존재까지 포괄하는 지구(earth) 간 공존을 강조한다(주윤정, 2022). 또 '글로브'가 민족국가의 결합에 초점을 두는 반면, '행성성(planetarity)'은 행성적 통로라는 다중 스케일의 공간체제를 강조하는 경향이 있다. 한편 '제4의 길'은 제1의 길, 제2의 길, 제3의 길의 중도가 아니라, 국가, 시장, 노동 등을 생태사회적으로 재편하는 새로운 노선을 가리킨다.

지만, 실상 자연에 대한 인공적 약탈과정인 도시화를 자연생태계의 약육강식으로 비유한다거나 개인 중심의 사회복지실천이 아니라 생명체로서의 인간의 관계 맺음에 주의를 기울임으로써 사회체계론보다는 진일보한 것이었다.

사회체계론, 인간생태학, 생태체계이론 등은 인간 주체의 의미를 강조하는 사회적 구성주의에 의해 도전받았다. 그러나 후자의 입장 또한 전자와 다를 바 없이 인간예외주의에 바탕을 둔 것이다. 그럼에도 후자는 사람의 생활세계에 미치는 자연생태계의 영향까지 포괄하는 생태사회적 구성주의(ecosocial constructionism)로 확장될 경우, 자연과 사회 간 상호의존성 증대에 상대적으로 용이하게 접근케 할 수 있다. 이에 반해 사회체계 실재론에 기초하여 '생태사회적인 것' 자체를 관념론으로 치부하는 입장은 극단적 사회학주의의 문제점을 지닌다. 사회학주의의 체계변동 개념은 사회체계와 생태계의 관계적 범주인 생태사회적 체계를 부정함으로써, 기후변화 및 감염병에 맞서는 체제 전환의 생태적 차원을 포착하지 못하기 때문이다.

생태사회적인 것에서 '생태적인 것'은 인간에 제한되지 않는 복잡한 종(種)의 역동적 생태계를 포함한다. 그것은 행성 중 하나인 지구 위에 생명이 존재할 수 있게 하는 실제적 생태계를 가리킨다. 따라서 '생태적인 것'은 진화되고 진화 중이며 끝없이 재생산하는 과거, 현재, 미래의 수많은 종으로 구성되고 있다.[13] 또한 '사회적인 것'은 스스로와 다른 종이 살고 재

---

13 쟁점이 되는 것은 한 세대로부터 다음 세대로, 하나의 역사 시기에서 다른 시기로 생명 가능성을 감당하는 실제의 생물리적 장소에서 함께 살고 죽는, 그리고 그들을 둘러싼 생물/비생물적 세계와 상호작용함으로써 형성하(되)는 유기체와 종(種)이다. 20만년전 진화했던 호모 사피엔스 이래 인간은 특히 식민주의 발생 이후 지역적, 행성적 스케일에서의 영향력을 증대시키면서 지방적 생태계를 형성하는 동시에 그것에 의해 형성되어 왔다(Krieger, 2021: 19).

생산하며 죽는 기간에 영향을 미치는 종 내부, 그리고 종 상호간 생명체의 사회성이다. 인간의 경우 그것은 사회의 (비)공식적 규칙과 함께 사회가 일부를 구성하는 생태계에 대한 영향을 다양하게 구조화, 존중, 통제, 폄하, 도전하는 거버넌스와 관념 등이다(Krieger, 2021: 20).

기후변화나 인수공통 감염병의 대유행은 생태계, 사회체계 간 실재적 관계성을 입증하는 사례이다. 생태계, 사회체계 간의 상호연계는 기후, 건강, 도시농업, 숲 가꾸기, 플라스틱 쓰레기에 의한 해양오염 등에서 뚜렷이 발견된다. 나아가 젠더, 인종, 세대, 장애 등을 둘러싼 차별과 배제 역시 자연의 식민화와 같은 흐름에 있는 생태사회적인 문제로 평가되어야 한다. 환경, 사회, 경제 간 지속가능발전을 둘러싼 세 접근인 세 개의 기둥 모델, 중첩된 원 모델, 내포된 영역 모델(이 책의 12장 참조)을 놓고 해석한다면, '생태사회적인 것'은 환경, 사회, 경제 등을 별개로 취급하지 않고 그 중첩성의 확장을 통해 사회체계를 생태계에 내포된 영역으로 끌어들이는 입장이라고 할 수 있다.

크리이거(Krieger, 2021: 23-34)는 질병 분포의 생태사회적 이론과 관련하여 생태사회적인 것으로 취급될 수 없는 접근에 대해 다음과 같이 식별한다. 첫째 모델, 프레임워크 등의 인과관계만 추론하여 패턴 발견, 유형화에 그치는 경우이다. 둘째 사회적, 생물적, 생태적 과정의 역동성을 종합하지 않으며 생물학적 체현 역시 간과하는 사회이론이다. 셋째 생태학을 무시할 뿐더러 과거의 우생학적 사회생물학을 연상케 하는 생물사회적 접근이다.

2) 식민주의와 탈식민화

근대 식민화의 역사는 유럽이 아메리카, 아프리카, 아시아, 오세아니아 등을 지리상으로 발견한 15세기부터 시작되었다. 근대화를 당연시하는 관점에서는 아메리카, 아시아, 아프리카의 식민화가 어떤 자연적 목적도 없는 장기지속적 함의를 갖는 진화적 실험으로 보일 수 있다.[14] 하지만 200년 동안 유럽인과 접촉한 아메리카에서만도 5,500만명의 원주민이 학살되었고, 그 결과 대량의 농업용 토지가 방치되었다. 식민주의의 목표인 사적 이윤은 인간의 노예화, 현금성 작물 생산, 자연자원 채굴 등을 통해 성취된다.[15] 특히 19세기 중반 이후에는 화석연료를 식민지에서 채굴하도록 하여, 환경오염이 폭넓게 배가되어 왔다.

유럽에서 봉건제의 자본주의로의 이행은 대내적으로 인클로저(enclosure) 운동, 대외적으로 중상주의를 배경으로 한다. 후자가 백인에 의한 기타 인종의 식민화라면, 전자는 대자본에 의한 소규모 경작지 몰수라는 자연의 식민화로 해석된다. 토지에 대한 사적소유의 집중과 유색인종, 여성, 노인, 장애인 등에 대한 차별 및 억압은 식민주의의 양날이다. 식민화란 사람들이 타인은 물론 생태계와의 핵심적 관계를 무시하는 세계관 및 관

---

14 차크라바르티(2014: 502-503)는 서구 중심주의에 의거하여 식민주의를 근대화로 포장하는 관점에 대해 '유럽을 지방화하기'라는 기획으로 근본적 비판을 가한다. 그에 의하면, 유럽 중심주의를 넘어서는 길은 또 하나의 중심을 내세우는 길도, 안티-중심에 함몰되는 허무주의의 길도, 복수의 중심이라는 상대주의의 길도 아닌 탈중심적인 중심을 모색하는 길이다.

15 유럽 식민주의의 공격성은 저항에 직면했으나, 백인 식민자들은 선진적 군사역량으로 통제 권력을 장악하는 데 결국 성공했다. 피식민 원주민이 한번 통제를 받게 되면, 지방 자원은 채굴되었고 먹거리 작물은 현금성 작물로 대치되었고 사람과 자연은 착취되었다. 아울러 유럽에 의한 식민화는 전통 공동체, 가족, 문화 및 영성의 파괴를 가져왔다. Nesmith et al.(2021: 108-109) 참조.

행의 확산 과정이기 때문이다(Nesmith et al., 2021: 110). 역사적으로 식민화된 토지는 제국의 권력 확장에 필수적인 자원 확보를 위해 탈취, 점거되어 왔다. 식민주의자는 토지에 대해 사람과 자연의 관계를 북돋우기 위한 것이 아니라 착취될 자원으로 파악한다.

식민주의는 그 정치적 지배가 끝난 20세기 중반 이후에도 폭력과 억압에 의해 생명의 소비 및 가치화를 자극하는 행성적 자본주의의 논리로 잔존해 있다. 이러한 신식민주의의 부정적 결과는 원주민이 식민지에서 경험한 것보다 더 높은 빈곤율과 폭력에 노출하게 만든다. 식민주의의 이윤에 대한 탐욕은 대량학살, 강제적 동화, 타인의 비인간화 등으로 피식민지 민중의 공동체 및 정치적 실체를 파괴하고, 생태계 오염과 자원고갈을 가져왔다(Nesmith et al. 2021: 109-110). 식민주의는 사람과 자연 모두를 통제, 조작되는 대상으로 보아, 인간 상호간은 물론 인간과 자연 간 관계를 왜곡시킨다. 즉 자본주의가 지구적으로 구조화된 사회경제적 불평등을 낳아 왔다고 한다면, 식민주의는 서구의 억압적 근대성에 의해 비서구 세계가 주체성, 정체성 및 문화적 구성의 왜곡을 경험하게 만들어 왔다.

식민주의와 자본주의는 오랜 기간 동반자 관계를 유지해 왔지만 똑같은 것은 아니다(Liboiron, 2022: 13). 맑스는 소수만 생산수단을 소유하는 체계에서 도약하려면 타인보다 더 많은 자본을 가져야 하므로 '본원적 축적'이라는 토지수탈 과정이 자본주의로의 이행에 초석이 된다고 주장한다. 왜냐하면 토지를 우선적으로 빼앗지 않는다면 자본을 만들거나 감추어둘 수 없기 때문이다. 라이보이런(Liboiron, 2022: 13)은 공해를 수반하는 자본주의 생산의 쳇바퀴가 더 많은 토지를 계속 요구하므로, 오염과 자원 몰수가 자본주의의 필수적, 내재적 요소가 된다고 강조한다. 지구를 가로지르는 외래종 수송이 토착 동식물을 멸종시키는 침입 종으로 구실하는 것과 마찬가지로, 식민화는 생태적 악화, 자원고갈, 사람 및 문화의 파괴를 동시에 결과한다.

식민주의로부터 벗어나는 길은 지리적 정치주권의 회복과 상관없이 문화의 회복을 핵심으로 한다. 식민주의자는 원주민에게 열등감의 메시지를 주입하여 전통을 거부하고 자국 문화에 동화되도록 끊임없이 시도하지만, 식민지 민중은 회복탄력적 특성을 갖고 있다. 아프리카, 아시아, 오세아니아 등지 원주민의 세계관은 사람을 균형이 필요하게끔 서로 연계되어 있는 생태계의 일부로 파악한다(Nesmith et al., 2021: 114). 그러므로 탈식민화[16]란 열등의식을 거부하고 인간과 환경의 관계를 존중하는 지방적 원주민의 전통적인 존재양식 가치를 인정하는 과정이다. 탈식민성 또한 식민적 복종은 물론 식민지 민중의 마음과 몸, 토지에 대한 착취를 거부하는 데에 뿌리를 둔다. 이처럼 식민주의의 극복은 유럽 근대의 지구화에 의해 부인되었던 자아와 세계에 대한 앎의 다양한 방식을 재활성화하는 것을 요구한다.

3) 교차적 사회정책

사회정책은 노동정책, 분배정책, 보건정책, 주택정책, 환경정책, 문화정책 등과 연결되는 넓은 의미와 노동 및 분배정책을 주로 다루는 사회복지정책의 좁은 의미로 구분된다(김영모, 1999: 19). 전자의 관점에 서 있는 니스미스 등(Nesmith, et al., 2021)은 사회정책이 환경정의, 기후변화, 공동

---

16 래누이(Laenui, 2006; Nesmith et al., 2021: 114에서 재인용)는 탈식민화의 5단계에 대해, 첫째 문화의 재발견과 회복, 둘째 식민화/착취로부터 결과한 상실의 애도, 셋째 전통 가치를 통합하는 미래 사회, 정치, 경제 구조의 구상, 넷째 비전을 향한 헌신, 다섯째 구상을 현실로 만들기 위한 행동으로 식별한다. 두 번째 단계인 식민화 결과에 대한 애도와 관련하여, 자마일(2022)은 애도란 아주 작고 평범한 것에 대한 감사하는 마음으로 잃어버리고 있는 것을 예우하는 방식이라고 정의한다.

체, 웰빙 등의 여러 생태사회적 쟁점을 가로지르는 특성을 갖는다고 파악한다. 토마스(Thomas, 2022)는 이러한 광의적 사회정책의 하위 부문으로 교차적 환경주의(Intersectional Environmentalism; 이하 IE)를 주창하는데, 이는 사람과 지구 행성 둘 다를 보전하려는 포용적 접근이라고 한다.

IE는 사회적, 환경적 정의가 서로 결합되어 있으므로, 그 상호 관계를 간과하는 환경주의란 불완전할 뿐더러 유해하다는 입장이다. 이 접근은 젠더, 종교, 인종, 연령, 신체능력 및 계급 등 인간을 억압하는 체계가 지구라는 행성에 대한 착취와 연결되어 있음을 부각시킨다. 예컨대 에코페미니즘과 겹쳐지는 환경주의는 젠더, 가부장제가 어떻게 환경에 부정적 영향을 끼치는가에 관심을 두고 사회적 불의로 인해 주변화된 집단의 공간 창출에 주력한다.

이에 비해 후자의 좁은 의미의 사회정책 예로는 노동 및 분배 특성에 주안점을 두는 복지레짐 논의가 대표적이다. 에스핑–앤더슨(Esping-Andersen, 1990)은 서구의 개별 복지국가를 비교하기 위해 복지레짐을 유형화하면서, 젠더, 장애, 세대 등 여타 사회적 분화와 인종, 이민 등 초국적 쟁점을 다루지 않았다. 그가 젠더 변수를 놓치고 있는 점은 '여성의 무급노동에 대해 어느 정도 인정하고 가치부여를 할 것인가'라는 여성주의의 비판을 촉발시켰다(Lewis, 1992; Williams, 2021: 17에서 재인용). 복지 레짐 논의는 가내 돌봄을 둘러싸고 여성주의의 문제제기를 받았을 뿐 아니라, 관료 및 전문가의 지배가 아닌 복지 서비스에 민주적으로 참여해야 할 장애인, 아동, 노인의 현실을 설명하지 못해 왔다.[17]

---

17 윌리엄스(Williams)의 네 개 사회정책 영역 중 가족과 일에 초점을 맞춰 복지레짐 접근을 비판해 보면 다음과 같다. 20세기 중반 케인즈주의를 해체하기 위해 등장한 포스트포드주의는 가족이라는 사적 공간에서 무보수 노동으로 수행되는 서비스를 중심으로 노동시장을 재구조화해 사적인 것을 일로 만들었다. 즉 생산과 재생산 사이의 경계를 지우는 대신 재생산 영역을 돌봄 서비스로 가공해 시장에 내놓도록 한 것인데, 복지레짐 담론은 이러한

반면에 광의의 사회정책 개념에 기초한 교차적 사회정책의 관점은 계급 외에 젠더, 인종, 장애, 세대, 생태계 등이 개별적 중요성을 가지면서 서로 결합된다고 본다. 윌리엄스(Williams, 2021: 53)는 사회정책의 조직화 원리가 애초에 가족, 민족, 일(work)[18], 또 최근에는 자연을 포함하는 네 영역이 서로 교차됨으로써 구성된다고 제안한다. 이들 네 개 이념형은 제도, 문화적 유산, 경로의존성, 권력관계 등에 따라 나라마다 다른데, 복지국가란 각 영역이 변화의 도전을 받을 때 다른 영역과 교차하여 조직, 조건, 사회관계 등을 공고히 재해결하려는 핵심적 방식이다(Williams, 2021: 217).

가족 영역은 돌봄, 친밀성을 대표하며, 독립적이거나 상호의존적인 (비)가족 돌봄과 친밀한 장소, 실천 등에 내재하는 다중적 사회관계에 관련된다(Williams, 2021: 217). 이에 대한 논쟁에는 양육 및 동거, 남성성과 여성성, 성애(sexuality), '경멸(존경)받는 가족이 자연적인 것으로 보여지기' 등이 있다. 이와 함께 민족 영역은 민족국가 뿐 아니라 식민주의와 제국주의, 이주 및 정착, 전쟁과 내전 등 민족성을 정의하는 체계의 형성, 조직, 조건 등에 부수하는 사회관계이다. 이 영역에는 우생학, 동화와 분리, 다문화주의, 이주민 배척 형태, 혐오 범죄, 구조적·제도적·일상적 인종주의, 장애 및 연령 차별을 둘러싼 배제, 주변화 및 포용의 과정 등이 공존한다.

한편 일이라는 영역이 만드는 생산조직, 사회관계의 조건 및 형태에는 자본축적, 시간·돌봄·병가 등의 노동조건, 사회보장과 상품화, 유무급 노동, 핵심·임시 노동간의 구별, 교육·훈련·숙련의 과정, 고용계약·혈

변화를 적절히 포착하지 못하고 있다. 쿠퍼 외(2022) 참조.
[18] 가족, 민족, 일은 사회적으로 구성된 표상이어서 시간, 장소에 따라 그 형태와 의미가 변동된다. 이는 복지, 교육, 법률 등의 정치행위자를 통해 촉진되는 제도 정책, 정부 기능 및 관행 뿐 아니라 사회운동, 캠페인 등 여타 사회적 힘을 통한 시민사회 주장은 물론 물질적 조건, 권력관계, (경쟁하는) 담론, 서로 다른 사회문화 규범, 신념 및 실천 등에 의거해 구성된다(Williams, 2021: 55).

연 노동, 노예, 이주노동 등이 있다. 이와 함께 일과 관련된 계급, 성, 세대, 인종, 장애 등을 둘러싼 사회집단은 유급노동으로부터의 배제 뿐 아니라 임금소득에 부착되는 급여로부터의 배제에 저항하기 위해 동원된다. 끝으로 자연 영역은 인간과 비인간 생명세계 및 생물유기체 간에 새로이 발생하는 권력의 사회적 관계에 관한 것이다. 또 가족, 민족, 일과 상호 교차하는 자연의 과정은 토지 및 자원에 대한 인간의 지배, 인간에 의한 인간 배제에 관련되는 자본주의, 식민주의, 제국주의, 가부장제 등과 긴밀히 제휴되어 있다.

3. 복합위기 양상 속 기후 및 감염병 위기의 심화

1) 돌봄, 인종 및 생태를 둘러싼 위기의 복합화

기후 및 감염병 위기는 일, 가족, 민족, 자연이라는 영역에 걸친 금융, 돌봄, 인종, 생태환경 등의 위기와 서로 얽혀 있다. 윌리엄스(Williams, 2021: 54)는 교차적 사회정책과 이들 복합위기의 관계를 〈그림2〉와 같이 나타낸다. 여기서 금융화된 자본주의 위기는 임금과 생산물의 가치 절하로 인해 신용, 저당 등의 대출을 통해 삶이 유지될 수밖에 없는 경제적 파탄 상황을 가리킨다. 또 돌봄의 위기는 노동력을 사회화시켜 생산에 충원하는 사회적 재생산 노동이 여성의 자연적 성향으로 분리되거나 가치절하 당하는 것에서 비롯된다. 무급의 돌봄은 경제를 위한 불가결한 투자이지만 국가 계정에서는 가시적이지 않은 것으로 취급되며, 유급의 돌봄 또한 저임금, 비숙련 노동이라고 낮게 평가된다. 돌봄은 지불 여부에 상관없이 계급화, 인종화, 세대간 불평등 등이 겹쳐 있는 가부장제 권력관계를 통해 유지되어 왔다(Williams, 2021: 42-44).

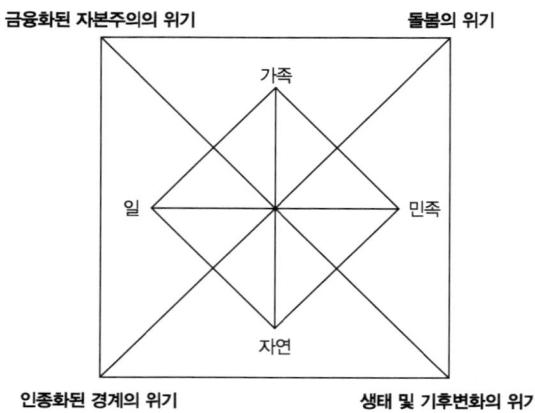

〈그림2〉 사회정책의 교차 영역과 복합위기 간 관계

출처 Williams(2021: 54).

한편 인종화된 경계의 위기는 전쟁, 인종갈등, 경제 붕괴, 환경재난에 따른 이출 및 지정학적 불평등에 대한 것이다. 이주민을 위험, 불법성, 갈등, 테러리즘과 결부시키는 시각은 민족국가의 강제적 국경통제, 억류, 국외추방정책을 단계적으로 강화시켜 왔다. 이민자의 불법화나 난민 위기에 찬성하는 것은 이동을 비자연적 상태로 보는 방법론적 민족주의의 편견이다(Williams, 2021: 46-51). 제국주의로부터 글로벌 자본주의에 이르는 식민화 과정의 자연에 대한 착취 관계를 고려할 때, 착취 받는 사람의 입장에서 보면 인류세는 '인종적 자본세(racial capitalocene)'에 다름 아니다.

생태 변동은 인구 및 지역을 가로질러 세대 간에 걸친 공평성, 평등 및 정의의 문제를 제기한다. 예컨대 석유를 대체하는 생물연료 생산은 주변화되는 농토에 대한 경쟁을 격화하게 만들고 원주민 여성의 생계를 위협한다. 1990년대에 최초로 환경정의운동을 촉발한 환경인종주의는 유색인종이 유독성 폐기물 근처에 살거나 깨끗한 공기와 물 등에 접근할 수 없는 상황을 폭로해 왔다. 그 일환으로 앤서니(Anthony, 2017; Williams, 2021: 45에서 재인용)는 젠트리피케이션, 축출 및 소수민족 공동체에 타격을 가하는 물·폐기물 등의 탈규제 방식이 인간과 지구 둘 다의 식민화에서 비롯됨을 논증함으로써 인종적, 환경적 불의가 어떻게 병존하는지 보여준다.

금융, 돌봄, 인종, 생태를 둘러싼 위기는 어떻게 복합화되고 있는가? 이들 위기의 공통점은 미래세대의 연대를 위험에 빠뜨리고, 가부장제적, 인종적, 생태사회적 차원의 신자유주의와 그 결과인 생산, 재생산, 소비, 축적, 상품화 및 성장의 방식에 도전한다는 데 있다. 윌리엄스(Williams, 2021: 51-53)에 의하면, 금융위기는 노동 불안정성과 사회지출을 엄격하게 삭감시켜, 돌봄 욕구 및 돌봄 서비스 노동에 가장 많이 관계하는 여성을 집중 타격한다. 또 대부분의 선진국은 돌봄 서비스의 노동비용을 낮게 유지하기 위해 이주노동자에 더욱 의존하면서 그들의 권리를 계속 박탈하고 있다. 특히 글로벌 금융위기의 동인인 부채는 선진국에서 주택소유 접근을 제한하고, 개발도상국에서는 농민의 토지가 에너지 신산업에 잠식되도록 만든다.

2) 기후변화와 인수공통 감염병의 위험

건강, 질병, 출생, 죽음 등은 모든 단일한 생명체에게 행성 중 하나인 지구 위에서의 존재의 체현된 진실을 구성한다. 사람과 다른 모든 생명체는 생명이 발생하는 사회적, 생물리적, 생태적 맥락에 의존하며 동시에 그것을 형성한다. 사람의 경우 건강 불평등을 포함하는 인구 건강의 패턴은 모든 인구와 행성인 지구가 어떻게 적절한가에 대한 살아있는 기록이다. 기후변화는 생태사회적 위험의 범위나 내용을 직간접적으로 변화시켜 왔다. 2024년 현재 지구 행성의 북반구 또한 폭염, 산불 등의 피해를 입고 있으나 남반구의 경우 빈곤, 농토 상실 및 주민의 건강 악화가 더욱 심각한 실정이다.[19]

기후영향의 지배적, 직접적 효과는 지리적 불공평성을 더욱 크게 만든다. 빈곤국의 홍수나 사막화와 같은 재난은 돌봄 및 생계 책임 모두를 악화시킴으로써 여성을 최악의 상황으로 내몬다. 더욱이 이동이 점점 제한되는 세계 속에서도 기후위기에 따라 기후난민이 속출하는데, 예컨대 남아시아에서는 해수면 상승 및 태풍으로 수백만명이 고향을 떠났다. 그 밖에 기후위기의 간접적 효과는 사회적 압력과 불평등을 변동시키는 데서 찾을 수 있다. 기후변화 적응 및 경감의 조치는 에너지 안전, 깨끗한 대기, 건강영향, 고용창출 등과 같은 잠재적 공통편익을 낳는 반면, 사회적 비용의 불균등한 분포로 말미암아 불안정 무산계급(precariat)의 웰빙을 훨씬 저하시키고 있다.

기후변화와 마찬가지로 코로나19는 불규칙하고 예측 불가능한 위험을 대표한다. 감염병 위기는 상대적으로 예측가능한 위험에 맞추어 설계된 복지국가의 기초에 도전하고 있다. 기후위기에 따라 영구빙하가 점점 더 많이 녹게 되면 부가적 위험이 발생하는데, 인간이 면역력을 갖추지 못한 고대 병원균의 방출도 그 중 하나이다. 더욱이 경제의 글로벌화와 세계인구 68%가 거주하는 도시의 고밀도화는 전염병의 온상이 되어 왔다. 또한

---

19 물론 기후변화와 사회적 취약성 간 연계는 부유한 나라에서도 뚜렷하다. 복지체제 아래 새로운 사회적 문제 및 압력에 대응할 역량을 지닌 선진국들도 멀지 않아 지구에서의 환경변동과 기후위기가 불러올 일련의 사회적 위험에 직면하리라 예상된다. Johansson(2016) 참조.

전쟁이나 전염병 등의 대규모 재난은 사회변동에 큰 영향을 끼쳤는데, 예컨대 2차 대전의 상황이 복지국가 건설을 가능케 했고 스페인 독감은 사회의학에 대한 근대적 관념을 형성하게 만들었다(주윤정, 2021: 239).

감염병 대유행은 방역은 물론 인권 및 생태계에 대한 취약성을 드러냄과 동시에, 현존하는 불평등을 더욱 복합화시킨다.[20] 코로나19는 계급이나 국경에 상관없이 노인 및 육체적 취약집단의 사망률을 높이고 사회경제적 불이익집단, 인종적 소수집단 등의 웰빙을 불비례적으로 악화시켜 왔다. 특히 선진국들은 신자유주의 원칙을 포기하고 봉쇄령(lockdown)으로 인한 노동자 임금 및 기업 손실을 보조하는 차원에서 공적 차입을 증가해 왔다. 신종 감염병은 돌봄 시장의 약점과 돌봄 이용자 및 돌봄 노동자의 취약성을 모두 드러낸다. 그리고 50만명의 코로나19 사망자가 기록될 즈음, 경찰에 의한 흑인 사망도 덩달아 늘어났다(Nesmith et al., 2021: 105). 지속되는 경찰의 야만성과 폭력, 체계적 인종주의와 불평등 등에 분노, 고통을 표현하기 위해 대유행 기간 동안 많은 사람은 그들의 집을 떠났다.

감염병 위기에 대한 사회정책의 해법은 그것이 기존 사회적 위험과 다른 성질의 것이면서도 그것과 착종되어 있음을 분별하는 데서 출발한다. 자연과 상호작용하는 식민주의 방식이 근본적으로 변화하지 않는다면, 인수공통 감염병의 잦은 대유행은 막을 수 없을 것이다. 코로나19의 대유행은 총체적 불평등 뿐 아니라 그것과 건강 돌봄, 환경악화 간 연계를 고려하는 새로운 복지체제를 요구한다. 이와 함께 중요한 것은 취약한 공적

---

20 한국경제연구원의 '코로나19가 취약계층 직장유지율에 미친 영향'은 한국에서 코로나19 대유행 첫 해인 2020년의 직장유지율 하락이 중위소득 50% 미만 하위층의 경우 8.4%로 가장 컸고 중위소득 50-150%인 중위층은 3.2%, 중위소득 150% 초과 고소득층은 유의미한 변화가 없는 것으로 보고하고 있다. 또한 이 보고서에 따르면, 해당 연도의 성별 직장유지율은 남성의 경우 유의미한 영향이 없으나 여성의 경우에는 3.5% 하락하는 것으로 나타난다. 한겨레신문(2022.8.4) 참조.

돌봄과 인종주의의 폐해는 역설적으로 인간에게 잠시 멈추고 삶 자체를 위협하는 지구의 위기를 자각하도록 만든다는 점이다. 이 멈춤은 과거와 현재에 대한 성찰을 통해 자본주의, 식민주의 체제의 모순에 관심을 촉발할 수 있다.

나아가 주목할 만한 것은 감염병 트라우마에도 불구하고, 또 그러한 트라우마 때문에 위기는 새로운 형태의 이웃, 지방공동체 간 연계망과 시민사회조직 간 상호성이 움트고 있다는 점이다. 특히 돌봄 및 건강 관계자 등 핵심 작업자의 가치에 대한 인식이 높아지고, 봉쇄령에 따라 교통혼잡과 환경오염이 급감함으로써 깨끗한 공기와 녹지공간이 재평가되고 있다. 민족주의나 불평등을 불식하는 지구적 협력 및 지도력에 대한 욕구 또한 점증해 왔다.[21] 코로나19는 계급, 지역, 직업 등 사회경제적 불평등과 젠더, 인종, 민족, 연령, 장애라는 탈식민적 쟁점이 현실적으로 연계되는 사회정책의 전환 계기를 만들고 있다.

기후변화와 코로나19 감염병 위험은 생태위기의 일환이라는 공통점을 갖지만, 남북문제의 측면에서 차이가 있다. 전자의 경우 북반구 선진국에 의한 탄소 배출이 남반구 빈곤국에 더욱 큰 피해를 남기는 데 반해, 후자는 부유한 나라의 웰빙도 마찬가지로 타격하는 식민주의의 부메랑을 뚜렷이 보여준다. 돌봄 및 인종의 위기와 착종된 감염병 위험에 직면하여 모든 지구인들은 자본주의의 경쟁적 개인주의에 반감을 갖기 시작했다. 많은 활동가와 사상가는 감염병이 창궐하는 지금이 서식하기를 원하는 종류

---

21 미국과 한국은 코로나19가 같은 날에 최초로 발생되었지만, 이후의 상황은 대조적 양상을 보였다. 이는 지도력, 문화, 제도 등의 차이로 설명될 수 있는데, 당시 미국 트럼프 대통령의 경우 건강, 생명보다 경제를 보호하는 데 더 큰 관심을 표출했다(Nesmith et al., 2021: 119). 이에 비해 한국은 정부대책에 대한 시민참여와 공동체 책임이 결합되어 집합적, 전략적으로 적절하게 대응했다고 볼 수 있다. 또 이를 뒷받침한 것은 한국의 민주주의와 돌봄 윤리, 보편적 건강보험 체계 등으로 해석될 수 있다.

의 세계를 접합할 적당한 때임을 주장한다. 대중적 슬로건이 된 '더 나은 재건(Build Back Better)'은 미국으로부터 유럽에까지 확산되어 온 '흑인 삶이 중요하다(Black Lives Matter)' 저항에 의해 근본적으로 재정의되고 있다(Williams, 2021: 173).

에콰도르 원주민의 '부엔 비비르(Buen Vivir)' 운동은 사람과 자연의 조화로운 관계를 위해 공간과 시간을 단일한 스펙트럼에 위치시킨다. 비슷한 흐름에서 탈식민 사회정책은 '개인적인 것이 정치적'임을 인정하면서, 무엇보다 차이와 다양성을 존중하는 재분배를 추구한다. 윌리엄스(Williams, 2021: 188)는 탈식민성의 핵심인 인간-인간 간, 인간-자연 간 관계를 다음과 같이 강조한다. 첫째 상호의존 관계는 인간과 비인간 존재 및 생명유기체의 생태계 간에 적용된다. 둘째 상호의존은 현재의 아동 및 청소년 권리 뿐 아니라 이 행성을 이어받을 미래세대에 대한 세대 간 의무를 강조한다. 셋째 그것은 물질적, 도덕적 배상을 받아야 할 탈인간화된 인종적 고통에도 관련된다.

4. 탈식민 사회정책을 통한 생태복지체제로의 전환

1) 탈식민 사회정책과 행성적 제4의 길

생태사회적 배제는 탈식민주의 관점에서 사회정책의 여러 영역을 '생태사회적인 것'으로 재주조(再鑄造)하려는 취지에서 저자(한상진, 2017: 90-91)가 만든 신조어이다. 이는 식민화에 따라 지구 곳곳에서 외래종 수송으로 토착 동식물이 멸종됨과 동시에 사회적 배제집단의 문화 또한 말살되어 왔음을 부각시킨다. 식민주의가 여성, 미래세대, 노인, 장애인, 이주 난민, 비인간 생명체 등에게 웰빙의 위기를 초래한다는 점에서, 3절에서 다룬 탈식민성과 교차적 사회정책은 동전의 양면이다. 즉 탈식민 사회정책은 자본주의 계급에 근거한 노동 및 분배에 대한 관심을 성, 인종, 연령, 신체능력, 생태환경 등 탈식민적 쟁점과 접합하여 생태복지체제로 전환하는 다양한 경로를 준비하게 만들 수 있다.

유색인종, 빈곤여성 및 장애인 등이 비인간 생명세계와 '밀접'한 것으로 인지됨에 따라, 자연은 오랫동안 인종위계 담론에 의해 정당화되어 왔다. 또 시장의 혁신적 해결책에 의존하는 시장환경주의, 더 많은 규제와 조세 인센티브를 도입하는 지속가능 자본주의 등은 지구라는 행성의 자원 규모를 초과하는 진보, 이윤, 생산, 성장이 가능하다는 환상을 부추긴다(Williams, 2021: 219). 신자유주의 패러다임에서 녹색기술이나 돌봄 시장은 역동적이고 유연한 해결책이라 포장되나, 단기적 관점에 치우쳐 현존하는 불평등이나 분배적 불균형을 제대로 다루지 못하는 경향이 있다. 탈식민 사회정책의 접근은 기후 및 감염병 위기가 시장 자본주의, 돌봄 및 인종의 위기와 어떻게 영향을 주고받는지에 주목하여, 자연은 물론 유색인종, 여성, 장애인, 아동 및 노인 등 사회적 취약계층이 복합위기에 대응해 어떻게 연대할 수 있는지를 드러낸다.

요컨대 감염병 위험을 비롯한 현대의 복합위기에 근본적으로 맞서는 탈식민 사회정책으로의 전환은 다음과 같은 원칙에 의거해야 할 것이다. 첫째 원주민, 여성, 장애인, 미래세대, 이주난민 등의 권리를 인정한다. 둘째 원초적 경관의 서식지와 토지, 물 등이 연계되어 보전되도록 인간과 자연의 조화를 추구한다. 셋째 일, 가족, 민족, 자연의 교차영역에서 발생해온 복합 위기를 극복하기 위해 인간-인간 간, 인간-자연 간 연대에 주목한다. 넷째 가부장제 자본주의가 초래하는 불평등과 불의에 맞서 돌봄, 인종차별 반대, 인간너머 존재 등의 가치를 승인한다.

다른 한편으로 '하나뿐인 지구에서 다른 세계'가 가능할까? 니스미스 외(Nesmith et al. 2021: 108)의 짧은 대답은 "그렇다"이다. 하지만 좀 더 길게 대답하려면, 현 상황이 위기이며 그 해결책은 인간이 자연 및 다른 인간과 어떻게 관계 맺을 것인가에 대한 프레임의 전환 필요성을 인정해야 한다. 어쨌든 금융, 돌봄, 인종화된 경계, 생태환경 등을 둘러싼 복합위기가 탈식민 사회정책을 필요로 하므로, 서구적 의미의 복지가 행성적 차원의 웰빙으로 확대되어야 함은 명확하다. 따라서 식민주의가 생태, 사회 및 인간에 미쳐 온 영향을 천착하여, 생태복지체제의 전환 전략, 그리고 그 전략에 근거한 자연세계와 인간 사회간 호혜적 프로그램들을 궁리해야 할 것이다.

이제 행성적 제4의 길을 전망하기 위해, 윌리엄스가 제안한 사회정책의 네 개 영역을 중심으로 제1의 길부터 제3의 길까지의 역사적 과정을 평가해 보자. 먼저 제1의 길은 민족 영역과 관련되며, 비서구에 대한 식민 지배를 바탕으로 한 서구 사회민주주의의 제1섹터(정부) 주도 복지국가 노선이다. 그리고 제2의 길은 가족 영역과 관련되는데, 신자유주의적 제2섹터(기업) 역할과 아울러 여성의 가내 무급돌봄에 중요한 의미를 부여하기 때문이다. 한편 20세기말에 대두한 제3의 길이란 일 영역을 중심으로 제3섹터(지역사회 비영리조직)와의 거버넌스에 초점을 둔다. 저자는 가설적으로 제4의 길을 자연 영역에서 발생하는 도전적 변화에 대응하는 제4섹터(제1, 제2, 제3의 섹터에 포괄되는 않는 잔여적 섹터로서의 여성, 유색인종, 장애인, 미래세대, 노인, 인간너머 존재 등 생태사회적 배제집단)의 정책 및 실천 연대로 파악한다. 그런데 제4섹터는 고정불변의 대상이라기 보다는 가변적이고 유연한 관계적 범주로 이해될 수 있다.

그렇다면 제4의 길은 왜 행성적 스케일에 의거하는가? 한상진 외(Hahn et al., 2006)는 글로벌 제3의 길을 서구 경험에 기초한 '복지에서 노동으로'

프레임으로 이해하는 대신, 비서구에도 적용할 수 있는 제3섹터 주도의 일자리 거버넌스로 설정했다. 저자는 제4의 길을 민족, 가족, 일의 영역과 교차하면서도 자연의 위기에 초점을 두는 탈식민화 사회정책의 경로로 정의하기 때문에, 생태사회적 웰빙의 감시자이자 주체가 활동하는 스케일은 지구보다는 행성이 적합하다고 볼 수 있다. 이 때 유의할 점은 행성적 제4의 길이 식민주의의 피해자를 집합적 주체로 부각시킨다고 해서, 정부, 기업, 제3섹터 등과 적대적으로 투쟁하는 대립 노선만은 아니라는 것이다.

기후 및 감염병 위기의 재난적 성격은 식민주의의 피해 집단이 서로 협동하는 것과 함께, 정책 및 경제의 의사결정을 좌우하는 정부와 기업의 해결 노력도 긴급하게 요청한다. 한국에서 신자유주의 체제의 재등장은 기후정의, 탈핵 등을 둘러싸고 제3섹터의 저항을 활성화시키겠지만, 정부권력과 환경운동이 대치하는 동안 생태환경 파괴는 지속될 것이므로 바람직한 상황은 못될 것이다. 글로벌 제3의 길을 향한 '일을 통한 복지'에서 제1, 제2, 제3섹터 간 협치가 요구되어 왔듯이, 제4섹터로 명명된 집단과 나머지 섹터들 역시 정부권력 및 정당정치의 생태사회적 전환, 그리고 탈식민 사회정책을 향한 공생적 협업에 나서야 할 것이다.

2) 생태복지사회를 향한 전망 – 생태복지국가에서 생태복지체제로

복지국가는 항상 국가나 복지 이상의 것이다(Williams, 2021: 219). 국가, 복지에 부착된 의미와 조건은 시간, 공간에 따라 변동한다. 사람들은 스스로의 욕구에 부응하기 위해 복지의 원천으로 공동체 결사체, 이웃, 가족, 친구, 작업장, 인터넷, 자조적 상호부조 집단 및 글로벌, 국가, 지방 스케일의 공적, 사적, 자원적(自願的) 공급에 의지한다. 복지국가는 일, 가족, 민족을 재구성하고 다른 한편 그것에 의해 재구성되기 때문에 그 동안 〈그림2〉의 일-가족-민족 간 역동적 관계 속에서 존재해 왔다. 그런데 저자는 자연 영역의 부상에 따라 민족국가보다 글로벌, 지방의 스케일 정치가 더 활발해 지고 있어, 복지국가 범주가 지방, 국가, 글로벌 스케일을 넘나드는 복지체제로 다시 프레이밍될 필요가 있다고 본다.

이태수 외(2022: 193-224)는 녹색복지국가를 복지국가론의 기본 관점에 입각해 녹색의 담론을 포섭하는 접근으로 규정한다. 즉 복지국가의 역할과 한계를 인정함과 동시에, 인간의 웰빙에 필수적인 생태적 지속가능성을 동시에 고려하는 녹색가치와 사회민주주의를 융합하는 시도라는 것이다. 이 때 녹색복지국가는 인간의 생존을 존중하면서 자연과의 상생 관계 속에서 지키고자 하는 생태적 가치, 즉 생명가치를 바탕으로 사회보장제도를 재구성하는 새로운 복지체제로 정의된다. 이러한 녹색복지국가론은 5절에서 검토할 생태복지국가론과 거의 비슷한 한국 복지국가의 생태개혁 지향이라고 할 수 있다.

한편 강수택(2022: 278-280)은 생태연대주의 관점에서 생태복지국가의 생태복지체제로의 스케일 확장에 좀 더 적극적으로 조언한다. 그는 기존의 복지국가론이 국민국가 단위의 사회적 연대를, 생태복지국가론의 경우 글로벌 연대를 추구한다고 차별화하고 있다. 생태위기로 인한 위험이 초국적 성격을 지니므로, 사회적, 생태적 위험을 극복하기 위한 생태복지의 목표는 국제적 연대를 중시할 수밖에 없기 때문이다. 나아가 생태복지국가는 생태적 위험의 예방과 사후 대책을 위해 지역 단위의 로컬 연대를 강조하게 됨을 지적하고 있다.

서구 복지국가를 떠받쳐 온 사회민주주의가 경제성장의 산물로 생겨났다는 점에서 탈성장에 친화적인 '생태'라는 접두사가 붙은 생태복지국가론이나 생태복지체제 담론은 모순적 설정이라 할 수도 있다. 전통적 복지국가는 노동-복지의 연쇄에 주로 관심을 가져 왔지만, 생태복지체제는 생태적 회복력과 사회적 웰빙이 불가분의 관계라고 전제한다. 현단계 복지국가는 민족국가/시장의 관계라는 전통적 문제의식에서 벗어나, 별개로 존재하면서도 서로 모순적으로 얽혀 있는 사회정책의 교차영역에서 탈식민화를 실행하는 생태복지체제로 전환해야 한다.

윌리엄스(Williams, 2021: 217)의 논법을 빌려 생태복지체제를 정의하자면, 그것은 기후 및 감염병의 위기로 근본적 변화를 도전받게 된 자연을 일, 가족, 민족의 영역과 교차시켜 다중스케일(multi-scalar)의 생태사회적 포용(ecosocial inclusion)으로 나아가게 하는 정책 및 실천 거버넌스라고 말할 수 있다. 물론 이는 자연과 일, 가족, 민족 등을 횡단하는 생태복지를 향한 체제 전환에서 반드시 여성의 돌봄 위기, 이주난민의 인종화된 경계 위기, 불안정 무산계급의 금융 위기 등에 똑같은 비중을 두어야 한다는 취지는 아니다. 그렇다면 생태복지체제를 복지국가의 생태개혁 수준으로 협애하게 설정하는 것보다 사회정책의 교차영역과 복합위기라는 맥락에서 포괄적으로 접근하는 의의는 무엇일까? 이는 생태위기에 맞서는 주체를 글로벌, 국가적, 지방적 스케일 모두에서 미래세대, 비인간 생명체 뿐 아니라 계급, 성, 장애, 인종 등에 걸쳐 형성하려는 급진적 기획에서 찾을 수 있다.

이제 생태복지체제의 요점을 정리해 보자. 첫째 민족국가 스케일에서는 공적 부조, 사회보험, 사회서비스의 생태개혁이 중요한데, 각각의 사례로는 애완동물의 건강보험 대상 편입, 미래세대를 고려하는 연금개혁, 돌봄과 환경보건 서비스의 결합 등을 꼽을 수 있다. 둘째 지방 스케일의 생태사회적 커머닝(ecosocial commoning)[22]과 국가 스케일의 생태복지체제 혁

---

22 생태사회적 커머닝은 생태적 커머닝을 위한 사회적 규범 확립을 필요로 한다. 이 장의 5절에서 박승옥(2022)이 제안하는 기초자치단체 수준의 조직화도 이러한 커먼즈 거버넌스의

신, 지구 스케일의 탈식민화를 아우르는 다중스케일 정치를 추구한다. 셋째 여성, 장애인, 미래세대, 유색인종, 비인간 생명체의 이해당사자 운동을 바탕으로 각 주체가 함께 참여하는 돌봄의 윤리를 확립한다. 넷째 생태사회적 웰빙을 향한 정부, 기업, 제3섹터 및 위 이해당사자 간 공생적 협치를 지향한다.

5. 맺음말

복지국가의 생태개혁은 생태복지체제로 전환하기 위한 첫걸음이라는 의의를 지닌다. 한국에서 기후위기 대응의 맥락에서 복지국가의 생태개혁을 다루는 논의로는 남재욱(2022), 강경숙(2022), 박승옥(2022) 등이 있다. 우선 남재욱(2022)은 기후불평등에 대처하는 복지국가의 과제를 주거복지, 지역간 불평등, 노동전환 등에서 찾는다. 이 가운데 주거복지는 에너지 빈곤층의 냉난방을 위한 그린 리모델링을, 지역간 불평등은 화석연료 보조금 폐지로 타격을 받는 농촌 및 농업 대책을, 노동전환은 고탄소 산업으로부터 신재생에너지 등 신산업으로의 재구조화 과정에서 나타나는 일자리 위협에 대한 대응을 필요로 한다. 그런데 에너지 빈곤층의 난방에 대해 석탄, 석유 등 기존 화석연료가 아닌 블랙 펠릿(black pallet)이라는 재생에너지 숯으로 대체하는 방안도 요청된다.

한편 강경숙(2022)은 식량, 주거, 성 평등, 사회적 공평, 정치적 발언권, 평화와 정의, 소득과 일자리, 건강 등 '사회적 기초'만이 아니라 기후변화,

---

제도적 수단이 될 수 있다. 윌리엄스(Williams, 2021: 181)는 이러한 문제의식 아래 생태민주주의의 기획에 토지의 재생과 지방적 이용, 유틸리티와 먹거리에 대한 경제적이고 환경적인 접근, 참여예산제·채굴주의에 대한 저항 등을 포함시킨다.

대기오염, 생물다양성 손실, 토지개간, 담수 고갈과 같은 '생태적 한계'를 고려하여 복지국가의 '생태적 전환'을 이뤄야 한다고 주장한다. 특히 노동운동을 중심으로 논의된 '정의로운 전환'이 기후정의와 결합하고, 탄소예산 및 배출 제로 논의와의 접점이 넓어지는 데 주목하고 있다. 그리하여 '정의로운 전환' 과정에서 고용보장 요구가 나올 수 있는데, 그녀는 산업과 직종이 달라지는 과정에서 노사갈등이 심화되어 탄소중립의 추진에 장애가 되지 않도록 해야 함을 강조한다.

이와 함께 박승옥(2022)에 의하면, 한국에서 노동, 농민 등의 시민사회단체 영향력은 급속히 약화되어 왔으며 여성, 청년, 장애인, 소수자, 보건복지 등 부문별 사회운동 또한 각개 분산되어 있는 상태이다. 진보정당을 비롯한 지역주민운동이나 협동조합운동 역시 정치경제적 체제전환을 향한 정치력이 미약하다고 평가된다. 그럼에도 그는 느슨하게 분절된 사회운동 상황이 역으로 기후정치의 세력화를 강하게 추동할 수 있는 핵심 동인이 되리라 낙관하면서, 기초자치단체 수준의 주민조직화 전략을 대안으로 제시한다. 하지만 위의 세 논의는 노동운동의 중심성이나 지방 스케일에서의 거버넌스를 강조하고 있으나, 탈식민 사회정책의 요체인 장애인, 여성, 유색인종, 근로빈곤층, 인간너머 존재 간 연대의 근거에 대해서는 불명확한 문제가 있다.

결론적으로 이 장의 논점은 생태복지체제로의 전환을 위해 기후 및 감염병 위기와 금융, 돌봄, 인종화된 경계의 위기를 교차시켜 다양한 정책 프로그램 및 실천행동을 모색해야 한다는 것이다. 위의 세 논의가 제안하는 민족국가 스케일의 생태복지체제는 다음의 과제들과 연계된다면 다중 스케일에 걸친 가칭 제4섹터 주도의 생태사회적 통합으로 실현될 수 있으리라 기대된다. 먼저 김도균(2018)이 제기한 한국형 '자산기반 복지' 체제는 금융위기에 따른 부동산 광풍 가운데 더욱 강화되고 있다. 다양한 매개를 통해야겠지만 이러한 시장 중심의 자산기반 복지는 커먼즈의 상상력으로 공동자산화의 대안 모색을 요구한다고 하겠다.

또한 문재인 정부의 지역사회 돌봄체계나 사회서비스원 설립 등이 코로나19에 어느 정도 적절하게 대응했다고 본다면, 윤석열 정부의 신자유주의적 돌봄체제가 어떻게 감염병에 대처해 나가는지를 예의 주시해야 하겠다. 한편 조선업 등에서의 국내인력 부족 상황 속에서 필연적인 이주노동자 유입은 중국 혐오, 아프간 난민 차별 등의 분위기 속에서 어떻게 반인종주의 연대를 형성할지 지켜볼 필요가 있다. 이와 더불어 이태수 외 (2022: 342)가 적절히 검토하고 있듯이, 생태복지체제로의 전환에 소요될 복지재정 확충을 위해 탄소세 신설 등 조세체계의 개편 논의가 반드시 수반되어야 할 것이다.

지금까지 이 장에서는 기후 및 감염병 위기에 맞서기 위해, 민족국가 스케일의 생태복지국가 논의를 확장하여 탈식민 사회정책 접근에 의거하는 생태복지체제의 다중스케일 정치가 시급함을 주장했다. 특히 코로나19 대유행은 지구의 남북반구에 걸쳐 인간/인간너머 존재의 공존을 위한 생태사회적 웰빙의 연대를 가시화시키고 있다. 한국의 상황에서 보면 생태복지체제의 탈식민성은 기후변화에 따라 계속 빈발할 집중호우에 대처하여 발달장애인, 여성 감정노동자, 노인, 빈곤아동 등의 웰빙을 보장할 사회주택의 필요성과 연결된다. 더욱이 이는 인간너머 존재의 웰빙을 보전하는 서식공간의 확보가 기후 및 감염병 위기를 경감하는 핵심 전략이라는 점과 맥락을 같이 한다.

끝으로 이 장에서 제기한 '제4섹터'라는 체제전환의 주체와 '행성적 제4의 길'이라는 생태복지체제의 의미를 두 가지 사례를 통해 재음미해 보도록 한다. 먼저 2000년대 초부터 시작된 새만금 방조제 간척사업은 갯벌의 매립을 의도했지만, 남수라마을 인근의 부분적인 바닷물 재유통 이후 인근 수라갯벌이 염생식물 및 멸종위기 야생생물의 터전으로 회복되는 사례이다. 즉 새만금 갯벌에 서식하는 조개, 게, 조류 등의 비인간 생명체는 10여년에 걸친 인간의 개발로 사라진 것처럼 보였으나, 바닷물이 다시 유입되자 행성적 상호작용에 의해 제4섹터로 포괄될 수 있는 웰빙의 주체로 자리매김하고 있다.

또 다른 사례는 5장에서도 살필 송전탑을 둘러싼 밀양 주민과 울산 자동차산업 비정규직의 연대에서 발견된다. 2000년대초 10년에 걸친 밀양에서의 노인을 중심으로 한 765kV 송전탑 건설 반대와 비슷한 시기 고용유연화 전략에 맞선 울산의 비정규 노동자에 의한 철탑 고공농성은 제4섹터내 노인과 비정규직 간 이질적 조우를 빚어내었다. 이 사례는 행성적 도시화(planetary urbanization)에 따라 목표가 상이한 집단 간에도 집합적 유대가 형성될 수 있음을 시사하며, 생태복지사회를 향한 실험이 민족국가나 지방자치단체(이하 지자체)의 구획을 넘어 도시 간 제4섹터내 교류를 통해서도 가능함을 보여주고 있다.

2부
커먼즈 돌아보기

제4장

생태사회적 커먼즈를 향한 성찰과 사례

1. 머리말

2018년 5월 서울 공덕동의 경의선 광장에는 폐선 철도부지에 공유지 모델을 만들기 위한 민간협력 네트워크가 발족되어, 한국에서 도시 커먼즈(urban commons) 운동의 본격적 개막을 알렸다. 세계적으로 볼 때, 1970년대 이래 성장의 한계 속 공동의 미래에 대한 모색 차원에서 경제학, 인류학, 환경과학을 중심으로 오스트롬(Ostrom)의 공동재(common-pool resource)[1] 접근, 정치생태학 접근 등 '생태적 커먼즈(ecological commons)'에 대한 관심이 대두되어 왔다.

이후 멕시코 사빠띠스따 반군에 대한 지지 등 복합다단한 반세계화 운

---

1 정영신(2017), 최현 외(2017) 등은 common-pool resource를 커먼즈와 같은 공동자원으로 번역하고 있다. 그러나 조성찬(2017: 289-290)은 이를 커먼즈와 구분하여, 커먼즈의 재산화된 형태로서 천연자원 중 공동체가 소유하는 공동재(共同財)라고 해석한다.

동이 2011년 '월가를 점령하라(Occupy Wall Street)'로 결집됨으로써, 족쇄 풀린 신자유주의 시장의 대안으로 비물질적 의미의 '사회적 커먼즈(social commons)'에 대한 이론과 실천 역시 부상되고 있다. 후자의 맥락에서 커먼즈는 삶의 사유화, 개인화에 저항하여 함께 사는 방식에 관심을 두는 시공간적, 윤리적 형성물이라 정의된다(Dawney et al., 2016).

더니 등(Dawney et al., 2016: 6-13)은 현존 커먼즈의 다양한 종류를 환경 커먼즈, 도시 커먼즈, 법제 커먼즈, 맑스주의 커먼즈 등으로 분류하는데, 이 장에서는 생태적 커먼즈에 해당하는 환경 커먼즈를 제외한 나머지 세 형태를 사회적 커먼즈로 포괄하기로 한다. 그들에 의하면, 환경 커먼즈는 자연의 선물이자 인간의 사용대상이 되는 어장, 삼림, 목초지 등과 결합된 공간을 가리킨다. 또 사회적 커먼즈 가운데 도시 커먼즈는 생태적 커먼즈와 공유 접면이 상대적으로 많은 형태로, 도시가 인클로저와 커머닝 간 투쟁의 공간적 측면이라는 데 관심을 둔다. 한편 비판적 법학 분야에서 도출되어 온 법제 커먼즈는 '총유'라는 일본의 개념화와 유사한 용법이며, 맑스주의 커먼즈는 네그리, 하트 등의 반자본주의 관점으로서 한국에서는 정남영(2017) 등이 이와 관련한 논의를 전개하고 있다.

맑스주의 커먼즈의 대표 학자인 하트(Hardt, 2010; Bresnihan, 2016: 94 재인용)는 사회적 커먼즈, 생태적 커먼즈 각각의 담론이 갖는 차이를 다음과 같이 언급한다. 무엇보다 전자의 경우 '다른 세계가 가능'함을 주장하는 데 반해, 후자의 경우 '행성 B는 없다'는 슬로건 아래 하나뿐인 지구에 관심을 두는 차별성이 있다. 또한 커먼즈에 대해 전자는 사고, 지식과 사회관계가 포함되는 인간노동과 창의성의 산물로 고려하는 데 반해, 후자는 공기, 강, 숲 등의 생명 형태가 포함되는 지구생태계와 동일시한다. 나아가 전자는 희소성 원리 아래 작동되지 않지만 후자는 그렇지 않다. 그런데 저자는 "하나뿐인 지구에서도 다른 세계가 가능할 수 있다"는 관점 아래 두 가지 담론이 대립하는 것이 아니라, 생태사회적 커먼즈라는 틀로 포용될 수 있다는 입장이다.

저자(한상진, 2012)는 공동체를 고정된 상태의 대상으로 취급할 것이 아니라 유동적 과정으로서의 공동체화(communalization)로 파악해야 한다고 주장한 바 있으나, '생태경제적 협동조직화(Ecological and economic Cooperative Organizing; ECO)'라는 다소 추상적인 대안을 제시하는 데 그쳐 결과적으로 접맥 지점의 실종을 자초했다. 이 장에서는 애초 저자의 문제의식인 '생태와 경제의 공동체화'의 연장선 위에서 생태적 커먼즈와 사회적 커먼즈를 통합시키는 생태사회적 커먼즈의 대안에 대해 탐구하도록 한다. 그리고 그 특성을 구체화시키기 위해 생태사회적 커먼즈를 커머닝이라는 과정 초점적 개념으로 아우름으로써, 울산광역시의 산과 강, 바다에 관련된 사례를 중심으로 커머너(commoner)의 역할과 과제에 대해 전망하고자 한다.

2. 개념적 검토

1) 커먼즈, 커머닝, 커머너

생태적, 사회적 영역을 막론하고 커먼즈가 공동자원(최현 외, 2017), 커머닝이 공동자원화(한상진, 2017)로 각각 번역될 때의 난점은 그것들이 경제적 거버넌스 체제에 의해 관리되는 일종의 자원으로 여겨지는 데서 비롯된다. 그 경우 문제점은 다음과 같은 두 가지이다.

첫 번째로는 위의 용법에 의거할 경우 커먼즈 논의가 내재적 실패로 귀결된다는 점인데, 그 이유는 하딘(Hardin)의 비유처럼 자본주의 아래 공유지라는 자원은 항상 이미 비극을 내재하기 때문이다. 더니 등(Dawney et al., 2016: 14)에 따르면, 공동자원이라는 용법은 커먼즈 자체의 존재가 아닌 그것에 대해 추구되는 탈소유의 논리가 주요 쟁점이라는 사실을 모호하게 만든다. 그리하여 공유지에 대한 포획 방식이 아니라 그 포획의 가용성에 초점을 맞추게 하여, '커먼즈는 언제나 취약하다'는 프레임을 강요하게 된다는 것이다. 두 번째 문제점은 네그리 등의 신맑스주의 공통자원 논의에서도 일정하게 발견되는 것으로, 커먼즈의 주체인 커머너를 공통자원이 생산되는 상호구성적 실천의 외곽에 위치시키는 경향이다. 더욱이 커먼즈를 하나의 자원으로 다루는 입장은 결정적으로 비인간 생명체를 인간의 착취대상이라고 봄으로써, 커먼즈 생산에서의 인간과 비인간의 공동구성적(co-constitutive) 역할을 간과할 수밖에 없다.[2]

따라서 이 장에서 커먼즈는 영어 그대로 사용하고, 번역어가 필요할 경우 커머닝은 공유실천, 커머너는 공유실천가로 해석하기로 한다. 리스타우(Ristau, 2011; Dawney et al., 2016: 15에서 재인용)는 커머닝이라는 명사의 동사화가 커먼즈와 관련하여 필수적인 사회적 요소에 생명력을 불어넣었다고 평가한다. 공유실천이라는 표현 또한 커먼즈가 행해져야 하는 어떤 것으로, 관계적이면서도 세대간 연계를 필요로 한다는 함축을 내포하고 있다. 그런 흐름에서 커먼즈는 사회적 개별성이 귀착된 대상의 경험, 기억과 삶 자체를 능동적, 역동적으로 생산하는 커머닝의 과정적 산물로 이해되어야 한다. 이처럼 커먼즈를 둘러싼 커머닝으로의 강조점 전환은 커먼즈에 대해 자원 사용이나 인간의 풍부한 인지 역량에 초점을 맞추는 데서 벗어나, 몸, 물질, 경험, 사랑의 생생한 상호연쇄로 바라보는 것을 가능케 한다.

---

2 더니 외(Dawney et al., 2016: 14)는 그 배경을 맑스주의의 커먼즈 논의가 자연 커먼즈에 대해 신자유주의 극복을 위한 저항의 장소로만 이해하여, 이를 인간역량과 상상력에 의존하여 수동적으로 다루는 데서 찾고 있다.

한편 커머너에 관한 논의는 상대적으로 드문 편이나, 공유실천가라는 주체형성에 방점을 둔 어법은 커머닝이라는 과정에 대한 강조와 비슷하게 커먼즈가 공동자원으로 번역될 때의 난점을 완화시킨다. 독일의 이론생물학자인 베버(Weber)는 인간은 커머닝에 의해서만 자연, 타인과 통합을 시작하는 공유실천가가 될 수 있다고 규정한다. 나아가 커머너 범주에 동식물 생명체인 인간너머 존재까지 포괄하는 최근의 논의들(Bresnihan, 2016; Metzger, 2016 등)은 모든 동물과 인간이 몸의 체현된 실천을 통해 구성되는 이질적 공중(公衆)이며 그들의 형태는 미리 알려지는 것이 아니라 지속적 과정 중에 있다고 주장된다. 이러한 관점은 자연자원으로서의 커먼즈와 그것을 사용하는 인간으로서의 커머너라는 경직된 인간중심주의적 구분을 넘어서, 인간공동체에서 작용할 뿐 아니라 인간너머 공동체와의 체현된 관계에서도 작동되는 자기존속적 힘(self-sustaining force)으로서의 '사랑'이라는 커머닝 정신(ethos)에 초점을 맞추는 것이다(Martusewicz, 2005; Dawney et al., 2016: 20에서 재인용).

2) 생태적 커먼즈와 사회적 커먼즈

(1) 생태적 커먼즈

환경사의 흐름에서 생태적 지속가능성과 커먼즈 간 연관은 BC 4세기 아리스토텔레스에 의해 처음 언급되었다(Wall, 2017: 4). 이후 17세기 정치철학자 로크는 원주민의 토지 사용을 커먼즈의 실패 사례라고 보고 사유재산의 필요성을 강조했다. 그는 생태적 질보다는 물질적 성장을 적정 기준으로 설정함으로써, 19세기 이래 영국에서의 공유지 비판의 원조가 되었다(Wall, 2014: 42). 그 갈래들인 하딘의 '공유지 비극' 우화를 비롯한 신고전파 경제학에서의 커먼즈 비판 등은 자연환경 보전이 아니라 생산성 및 사유재산 신화에 사로잡힌 근대의 문화적, 권력적 특성을 드러내 왔다.

그러던 중 오스트롬이 1990년에 《공유의 비극을 넘어》를 출간함으로써 (신)제도주의의 시각에서 생태적 커먼즈 논의가 본격적으로 촉발되었다. 그녀는 사회-생태계(이하 SES) 모델이 공동재 및 기타 자연자원을 지속가능성의 증진에 필요한 폭넓은 사회적, 생태적 맥락 내에 위치시키는 데 유용하다고 믿었다. 오스트롬에 따르면, 비용 계산이나 정부규제 등에 매몰된 근대경제학 접근은 복합적인 SES의 유지에 부적절한 것이다(Wall, 2014: 105, 187). 이를 극복하기 위해, 그녀는 숲, 어업 및 토지 등 공동재의 관점에서 세계 곳곳에서 지속가능하게 관리되는 성공적인 집합적 규칙을 제안해 왔다. 이와 관련하여 오스트롬은 공동자원의 설계 원칙을 여덟 가지로 제시한다.

첫째 공동자원 자체와 마찬가지로 공동재를 사용하는 개인, 가구의 권리에 대한 경계가 명료하게 정의되어야 한다. 둘째 자원의 시간, 장소, 기술 및 양을 제한하는 소유규칙은 지방적 조건은 물론 노동, 물질, 돈에 대한 공급규칙과 일치해야 한다. 셋째 집합적 선택의 배열과 관련해 작동되는 규칙에 영향을 받는 개인은 그 작동규칙을 수정하는 데 참여할 수 있다. 넷째 공동재의 조건, 전유자 행태 등을 적극적으로 감사하는(audit) 감독자는 전유자에 대한 책임성이 있어야 하거나 전유자 스스로이다. 다섯째 작동 규칙을 어기는 전유자는 다른 전유자, 전유자들에게 책임성 있는 공식 인물 등에 의해 점진적 제재의 사정(査定)을 받게 된다. 여섯째 전유자와 그들의 공식 인물은 전유자들간, 그리고 전유자와 공식 인물간 갈등을 해결하기 위해 저비용의 지방적 창구에 빨리 접근할 수 있다. 일곱째 스스로의 제도를 고안할 전유자 권리는 외부의 정부기관에 의해 도전받지 않는다. 여덟째 전유, 공급, 감독, 강화, 갈등 해결 및 거버넌스 활동은 더 넓은 체계를 포함하는 다중적 층위에서 조직된다.

그녀는 '하나뿐인 지구'라는 희소성에 근거하여, 커먼즈의 비배제성, 감소성[3]에 주목하고 자연자원 남용의 문제점을 경제학적으로 폭로해 왔다. 그런데 저자는 오스트롬의 생태적 커먼즈론이 인간/자연의 관계를 분리함으로써, 공동자원의 가용성에만 관심을 국한시키는 한계[4]가 있다고 평가한다. 정영신(2017: 31)은 그 대안으로 정치생태학적 관점을 소개하는데, 이는 생태적 생활양식을 생산하는 과정과 실천을 커머닝으로 파악하여 인간/자연의 분리될 수 없는 공동공간(common space)에 대한 권리를 강조하고 있다. 정치생태학 접근에 따르면, 생태적 커먼즈의 파괴는 국가의 지원과 재가 아래 자본주의 기업이 자연적 맥락에서 가치 있는 자원을 채굴하여 시장가격으로 전환시키는 현대판 인클로저에 의해 촉발된다(Bollier, 2014: 37). 이 때 인클로저는 자원의 사적 전유일 뿐 아니라 공동체 및 그 커머닝 관행에 대한 공격으로, 자연에 대한 집합적 관리와 상호성의 체계를 사적 소유, 가격, 시장관계 및 소비자주의가 특권화된 시장 질서로 변환시키는 것이다.

역사적으로 볼 때, 생태적 커먼즈에 개입하는 국가의 역할은 인클로저를 위해 시장행위자와 협업할 때 말고는 거의 찾아 볼 수 없었다(Bollier, 2014: 159). 현대에 이르기까지 인클로저 및 경제성장은 권력, 조세수입과

---

[3] 커먼즈의 비배제성이란 다른 사용자를 배제하기 어렵기 때문에 발생하는 무임승차의 문제를 가리키며, 감소성이란 희소성으로 인해 한 사용자의 이용량 증가가 다른 사용자의 이용량 감소를 가져오는 성질을 말한다. 정영신(2017: 28) 참조.

[4] 오스트롬의 논의는 (신)자유주의 경제이론으로부터 도출된 경제환원론에 맞서 왔지만, 적절한 규칙, 규범이 없을 경우 개인이 궁극적으로 공동자원을 파괴시킨다는 하딘 등의 비극주의자와 비슷한 가정에서 출발한다. 그리하여 그녀의 공동자원에 대한 관점은 신고전파 경제학과 결합된 '방법론적 개인주의, 자기이익 추구 합리성, 규칙 인도적 행태, 극대화 전략' 등을 관철시키는 경향이 있다. 따라서 오스트롬의 접근은 비자본주의적 사회관계, 주체 및 관행들의 복합성은 물론 특정 맥락에서의 자본주의 (재)생산의 역사적 출현을 무시하면서 개별 생물경제의 주체성과 '본성'을 자연화시키는 것이라고 비판되고 있다 (Bresnihan, 2016: 94).

동일시되어 왔기 때문에, 그 논리를 해체시키려면 생태적 커먼즈에 권위를 부여하고 이를 지지하는 국가 역할의 재개념화가 요청된다고 하겠다. 이는 뒤에서 논의할 국가/시장/커먼즈라는 삼두체제(triarchy)의 제안과도 관련된다. 웨스턴과 볼리어(Weston and Bollier, 2013)는 생태적 커먼즈를 지원하는 국가의 거시적 정책 원칙과 관련하여 다음과 같은 일곱 가지 요소를 식별한다. 첫째 국가–시장에 대한 실제적 대안으로서의 커먼즈 및 권리에 기초한 생태 거버넌스, 둘째 지구가 모두에게 속해 있다는 원리, 셋째 커먼즈에 대한 인클로저를 방지하는 국가 의무, 넷째 대규모 공동재를 보호하기 위한 국가신탁 커먼즈 방식, 다섯째 공유지에 대한 국가헌장화(憲章化), 여섯째 생태계의 장기적 활력을 보증하기 위한 사적 소유에 대한 법적 제한, 일곱째 생태적 커먼즈의 확립 및 유지를 위한 인간의 권리 보장 등이 그것이다.

(2) 사회적 커먼즈

공적 및 사적 공간과 명확히 구별되는 사회적 커먼즈로서의 공동공간은 현대 도시에서 공동체를 위한 용도로 개방되나 국가나 지방정부에 의해 의존되지도 통제되지도 않는 규칙과 용도 형태를 갖는 장소이다. 특정한 도시공간은 재화, 용역이 공유되도록 정의하고 생산하는 공유실천을 통해 커먼즈로 창조된다. 공유실천은 인간 사이의 새로운 관계를 생산하며, 공유형태가 조직되고 공동의 삶이 형성되는 창조적 조우와 협상을 북돋운다. 즉 커먼즈는 커머닝에 의해 생산되는 일련의 공간적 관계인데, 그러한 관계가 조직되는 방식에는 두 가지가 있다. 첫째는 공유실천가의 공동체에 조응하는 공유공간으로 명백히 정의되는 폐쇄체계에서 조직되는 경우이고, 둘째는 항상 개방적인 커머너들의 공동체화로 재화 및 사상을 의사소통하고 교환하는 열려진 네트워크 형태이다(Stavrides, 2016: 2-3).

한국에서는 사회적 커먼즈와 관련하여 젠트리피케이션이 낳는 원주민 축출에 대한 극복 방안으로 '토지가치 공유형 지역자산화 모델'(조성찬, 2017)이 제안된 바 있다. 이 모델에 의하면, 커먼즈는 한 국가 영토의 일반 대중이 공동으로 향유하는 자원으로 정의되며, 지역자산은 앞서 오스트롬 논의에서 거론된 공동재를 의미한다. 나아가 해당 모델의 주창자인 조성찬(2017, 290-291)은 이와 관련된 새로운 유형으로 사회재(social properties)를 강조하고 있다. 그에 따르면, 지대, 개발이익 등 토지가치는 정부와 공동체 및 개인이 함께 만드는 사회적 가치라고 할 수 있으며 사회재 또한 이러한 성격의 재산을 다루기 위해 고안된 개념이다. 또 토지가치의 공유에서 중요한 것은 사적 소유로 전환된 토지에서 발생하는 토지가치 역시 사회구성원이 함께 누려야 하는 커먼즈의 요체인 사회재라는 점이다.[5]

나아가 사회적 커먼즈의 사고방식은 인간이 고립되고 원자화된 개인으로 시장에서의 효용 선호만을 갖는 아메바적 존재는 아니라는 데 핵심이 있다. 인간은 종종 개인적 공포와 편협한 자아에 이끌리는 결함이 있지만, 공평성과 사회정의에 관심을 갖고 지구라는 더 큰 재화와 미래세대를 위해 기꺼이 희생할 수 있는 자기조직가이자 협동적 주체이다. 사회적 커먼즈는 시장/국가, 공적(公的)/사적(私的) 등과 같은 데카르트 전통의 이분법을 뛰어넘어 유기적이고 총체적인 세계를 강조한다. 또 커먼즈의 창발성은 인간이 서로 공진화하며 공생산하는 존재임을 일깨우면서 살림살이가 공동체와 통합된 가치창출이 지속되는 가운데 공정분배와 책임 있는 사용을 지향하게 만든다(Bollier et al., 2012: xv-xviii).

---

5   그의 토지가치 공유형 지역자산화 모델은 기초계층, 중간계층, 상위계층에 따라 차별화되는데, 기초계층의 경우 토지가치가 조세로 환수된다. 중간계층의 경우에는 재산권 변동이 발생되어 공동재로 전환되고 상위계층의 토지자산은 사회투자금융과 지역화폐로 화폐화된다. 조성찬(2017: 292-293) 참조.

아울러 사회적 커먼즈와 관련해 신맑스주의 입장에서 제기되어 온 '커먼즈화(commonization)'라는 용어에 주목할 필요가 있다. 커먼즈 운동은 국가 위계나 자본의 불의에 저항할 뿐만 아니라, 사회적 재생산에 관련되는데도 공적, 사적으로 장악되어 있는 기능들의 커먼즈화를 추구한다(De Angelis, 2017: 340). 커먼즈화는 공사(公私) 영역의 사회적 활동에 대응하여, 모든 종류의 커머닝을 증가시키기 위한 커머너의 제약, 비용, 보상 등에 대한 민주적 관리 과정이다. 이런 탈자본주의적 전망은 생태적 정의의 추구와 결합될 경우 생태사회적 커먼즈의 한 축으로 연계될 잠재력을 갖는다. 다만 저자의 관점에서는 국가와 시장(자본)을 동등하게 비판하는 것보다, 생태사회적 배제의 주요 측면인 자본의 시장 논리를 제어하는 국가-커먼즈 협치의 내실화 전략이 우선될 필요가 있다. 커먼즈화는 국가에 저항하는 권력투쟁의 일환일 수 있으나, 공유지(共有地)를 박탈당한 사회적 약자와 생물학적 약자(동식물)의 커머닝에 의해 국가와의 공존을 추구하는 탈(脫)종획운동이기도 하다.

3) 생태사회적 커먼즈

저자(한상진, 2018)는 '생태사회적 배제'를 개념화함으로써 지구환경의 악화라는 생태적 배제와 신자유주의적 양극화에 따른 사회적 배제가 동시에 발생되는 기제에 대해 묘사한 바 있다. 이 장은 이를 극복하기 위한 생태사회적 포용의 모색 차원에서 생태사회적 커먼즈가 생태사회적 인클로저에 대한 저항(자연상태 공유지의 보전 등), 사회적 배제 대응의 생태적 결합(사회적 경제 중 생태적 커먼즈와 관련된 조직화 등), 생태적 배제 대응의 사회적 결합(에너지협동조합, 산림일자리발전소 등) 등 세 형태로 전개될 수 있음을 제시한다.

한국의 경우 도시공원 일몰제(이하 일몰제), 택지공급을 위한 그린벨트 해제 등 공유지(公有地)의 사유화를 촉진하는 토건국가 관행이 강력한 관계로 공유지(共有地) 자체가 발견되기 힘든 현실이지만, 서울의 경의선 지하화에 따른 공터 활용, 제주의 곶자왈 보전 사례 등에서 보듯이 커머닝과 커머너의 역할이 오히려 더욱 중요하다.

공유실천가로서의 인간은 SES의 이중적 영향을 받는 가운데 그 자체로 창조적이고 독특한 존재이다. 생태사회적 커먼즈는 SES 개념이 생태계와 사회의 교류를 내포하듯이 자연과 도시, 정보, 문화 간 커머닝의 산물로 규정된다. 그러므로 생태적 커먼즈와 사회적 커먼즈 각각의 논의는 공유실천가에 의해 사회-자연 간 공유실천으로 현실화됨으로써, 생태사회적 커먼즈로 수렴될 수 있다. 또한 〈표1〉에서 참조할 수 있는 것처럼, 그 접근은 시장 논리와 구별되는 가운데 지속가능성을 향한 국가와 커먼즈 간 실질적 협치를 특징으로 한다. 즉 생태사회적 커머닝은 비인간 생명체의 이해(利害)를 고려하는 커머너의 개입으로 상향식 공-공(公-共) 거버넌스를 새롭게 구축하는 과정이라 할 수 있다.

볼리어와 웨스턴(Bollier and Weston, 2012: 344-345)는 국가-시장 거버넌스의 대척점에 있는 커먼즈 및 권리에 기반한 생태 거버넌스를 '녹색 거버넌스'로 지칭한다. 이와 함께 커먼즈 및 권리 기반 녹색 거버넌스가 정착되려면 공-사 파트너십의 경제적 가치에 대한 종속을 타개하고 생태사회적 웰빙에 근거한 윤리적, 전략적 인권의식이 대두되어야 할 필요성을 지적하고 있다. 그러나 21세기 국가가 시장과의 심층적 정치동맹 아래 강력한 경제적 유인을 갖고 민영화, 상품화, 지구화를 추구해 왔기 때문에, 공유실천가와 국가-시장 사이에는 끊임없는 구조적 긴장이 배태되어 왔다. 그들(Bollier and Weston, 2012: 350)은 이러한 긴장을 개념적으로 해소하기 위해 국가/시장/커먼즈라는 삼두체제의 필요성을 제기한다. 이 체제

〈표1〉 시장의 이윤추구 접근과 생태사회적 커먼즈 접근의 비교

	이윤추구 패러다임	(생태사회적) 커먼즈 패러다임
자원	희소성이 주어지거나 창출됨 (장애와 배제를 통해)	경합자원에 대해서는 공유를 통해 모두에게 충분하며, 비경합자원에 대해서는 충족됨
자원전략	효율적인 자원배분	사회관계 강화가 자원의 공유와 지속가능한 사용을 확보하는 데 결정적임
개인에 대한 생각	개인은 스스로 이익을 극대화한다	인간은 협동적인 사회적 존재이다.
자연과 타인에 대한 인간의 관계	분리(개인주의 대 집합주의, 인간 사회 대 자연 등)	상호관계성(개인과 집합은 상호 강화시키는 가운데 서로 연계되어 있음)
변동의 작인	정부에 초점을 둔 강력한 정치로비, 이익집단과 제도화된 정치	주변에서 비롯되는 해결책과 함께 네트워크 분포로 작동되는 다양한 공동체들
초점	개인적 이니셔티브, 혁신, 효율성 등으로 성취되는 시장교환과 성장 (GDP)	사용가치, 공동의 부, 지속가능한 살림살이와 기업의 보완
핵심 질문	무엇이 사고 팔릴 수 있는가?	살기 위해 내(우리)가 무엇을 필요로 하는가?
의사결정	위계적 하향식 명령 및 통제	자원 사용에 대한 수평적 분산의 상향식 자기조직, 감독과 조정
의사결정의 원리	다수의 통치	합의

출처 Helfrich(2012: 35).

아래서 국가는 시장부문과 마찬가지로 커먼즈 부문에 대해서도 '파트너 국가'의 역할을 할 수 있도록, 시장에 대한 과잉의존으로부터 견인되어 생태사회적 지속가능성에 복무하도록 해야 한다.[6]

끝으로 국내외에서 진행되어 온 생태사회적 커머닝의 사례로 스페인의

---

6 물론 이것이 가능하려면 이론적 노력 외에, 다양한 생태적, 사회적 커먼즈를 확산시키는 아래로부터의 공유실천으로 국가의 역할 변동을 이끌어내는 공유실천가의 역량이 중요할 것이다.

카탈루냐 통합협동조합(Cooperativa Integral Catalana; 이하 CIC)[7]과 밀양, 울산의 송전탑 반대 연대에 대해 살피기로 한다. CIC는 탈성장 원리를 확산시키기 위한 자전거 투어 등의 이벤트 이후 2010년에 활동가 중심으로 발족되었으나, 2014년 현재 다양한 계층의 2,600명 조합원이 참여할 정도로 성장했다. 이 조직은 국가와 시장 외부에서 건강, 교육, 식량 등 생태사회적 쟁점과 관련된 다양한 실행집단들이 프랙털[8] 구조로 활동하는 자기조직적 체계를 갖고 있다. 이는 위계적 구조에서는 불가능한 조직화 형태로서, 어떤 실행집단이 하나의 맥락에서 전체를 대표하는 동시에 다른 맥락에서는 전체의 일부가 될 수 있는 방식이다(Serra et al. 2015: 268). CIC의 프랙털 조직이 갖는 의의는 직접민주주의, 생태적 통합성, 다양성 속의 평등, 통합혁명 및 자발적 단순성 등의 원리에 기초하여 특정한 시점의 특정한 집단에게 최적의 의사결정을 가능케 한다는 데에 있다.

한편 밀양 송전탑 사례의 경우 작업장으로서의 일터도 삶의 현장 가운데 하나이므로, 신자유주의에 의해 가속화되는 사회적 배제가 울산의 현대자동차 근처 송전탑 위에서 농성했던 비정규직 노동계급을 송전탑 건설로 인해 생활공간이 뿌리뽑힌 밀양 주민들과 연계하도록 만들었다. 핵발전소의 건설로 송전탑 피해를 입게 된 밀양 주민 중에는 농민도 있지만 전원생활을 위해 이주한 퇴직 중산층도 있다(이 책의 5장 참조). 따라서 생태사회적 커먼즈의 형성은 정보화, 글로벌라이제이션 등으로 협소해지는 노

---

[7] CIC 중 통합성의 의미는 생산, 소비, 융자 및 교역과 같은 기본적 경제요소를 결합하고 식량, 주거, 건강, 교육, 에너지, 수송 등 삶의 기초에 필요한 모든 활동과 부문을 통합시키는 것을 가리킨다. 또 협동성은 공식적으로 협동조합의 법제적 구조를 가질 뿐더러 모든 성원이 평등하게 참여하는 정치경제적 자주관리 실천을 뜻한다. Serra et al.(2015: 265) 참조.

[8] 프랙털(fractal)이란 임의의 한 부분이 항상 전체 형태와 상사(相似)하게 되는 도형을 말한다. www.google.com 참조.

동계급운동과 생태적 지속가능성을 지향하는 중간층의 연대에 기여할 수 있다. 이와 함께 '하나뿐인 지구의 다른 세계 만들기'라는 시각에서 위 사례를 평가해 보면, 결국 송전탑이 들어섰음에도 불구하고 생태사회적 커머닝 과정에서 밀양 주민은 탈핵의 필요성을 체득하고 울산의 비정규직 노동계급과 커머닝함으로써 생태적 지속가능성을 향한 '다른 세계'의 사회적 진지를 구축해 왔다고 볼 수 있다.[9]

3. 생태사회적 커먼즈 만들기의 사례 – 산, 바다, 강을 중심으로

앞서 생태사회적 커먼즈에 대한 개념적 검토에서 그것을 만들기 위한 세 가지 경로로 첫째 생태사회적 인클로저에 대한 저항, 둘째 사회적 배제 대응의 생태적 결합, 셋째 생태적 배제 대응의 사회적 결합 등을 제시한 바 있다. 사례 지역인 울산광역시에서 이와 같은 생태사회적 커먼즈 형성의 세 측면은 첫째 경로를 제외하고는 어느 정도 발견된다. 둘째 경로는 지역사회 해양플랜트사업의 고용조정에 대응한 해양부유식 풍력발전소의 건립 계획, 셋째 경로는 산악 동식물의 생존권을 위한 로프웨이 건설 반대의 마을주도 생태관광 전략으로의 확대 사례를 통해 조명해 볼 수 있다. 한편 첫째 경로의 경우 직접 연관되지는 않을지라도, 생태사회적 커먼즈라는 이념형에 비추어 산업도시에서의 친수공간 조성의 시도를 살피기로

---

9 장훈교(2016: 270-271)는 밀양 주민의 투쟁과정에서 여러 사람이 힘을 합해 일하는 과정, 또는 이런 일을 이루어내는 힘을 뜻하는 한국 전통의 용어인 '울력'을 재해석하고 있다. 그에 따르면, 밀양에서 울력은 조직화된 폭력의 비대칭성에서 기인하는 약탈자로부터 마을을 방어하는 주민 간의 협력의 능력을 가리키는 공통자원인 동시에 정부, 한국전력과 직면하는 과정에서 경험한 모욕과 무시에 대항해 함께 실천했음을 인정하는 치유의 능력, 그리고 외부의 집단, 개인들과 연대하는 능력으로 재발견되는 것이다.

하겠다.

1) 생태적 배제 대응으로부터 마을주도 생태관광으로 – 영남알프스

2018년 8월 현재 일부 지역언론(경상일보, 2018)이 추정 보도하고 있는 민선7기 울산광역시 정부의 영남알프스 로프웨이 구상은 18년 전부터 시작된 계획의 네 번째 재등장에 해당한다. 2000년 민자 유치로 자수정 동굴나라–신불재 노선이 신청되었으나 환경부가 고산습지 훼손을 이유로 무산시켰다. 2006년에도 마찬가지의 민자 유치로 등억온천–신불산 공룡능선 노선이 시도되었지만 이 또한 생태자연도 1등급지역에 대한 환경훼손 문제로 실현되지 못했다. 또 2013년부터 울산광역시와 울주군이 반반씩 부담하는 공영개발로 추진된 복합웰컴센터–신불재 노선에 대해서는 결국 2018년 6월 환경부 낙동강유역청이 낙동정맥 훼손을 근거로 부동의 처분이 내려졌다(한상진, 2018e). 이처럼 울산 울주군 서북쪽을 에워싼 신불산, 간월산, 가지산 등은 영남의 알프스라 불릴 만큼 생태적 보고[10]이기 때문에, 로프웨이 계획은 그것이 야기할 생태적 배제를 근거로 하여 번번이 좌초되어 왔다.[11]

2018년에 결성된 영남알프스 포럼은 로프웨이라는 일개 시설에 대한 반대를 넘어, 영남알프스 및 주변 마을을 어떻게 커먼즈로 보전하면서 활성화시키는가에 치중하고 있다. 공동재의 관점에서 볼 때, 영남알프스와

---

10 영남알프스에는 약 700여종의 수종과 희귀식물이 자생하고 있으며 포유류 14종을 비롯, 다양한 조류, 양서파충류, 곤충류 등이 서식하고 있다. 2013년 계획 당시 신불산 상부 정류장 부근에서 발견된 법정 보호종은 대부분 맹금류로 8종이었다(울산광역시 울주군, 2016: 36).

11 2013년 이후 울산광역시, 울주군에 의한 공영개발 방식의 로프웨이 건설 시도와 이를 둘러싼 '신불산 케이블카 반대대책위원회'의 활동에 대해서는 한상진(2015) 참조.

울산시민은 전자가 생태서비스를 제공하고 후자는 효과적 자원관리를 담당하는 호혜적 관계이다. 영남알프스 생태관광은 도시 사람들에게 휴식, 재충전, 등산 등 웰빙의 기회를 부여하기 위해 생태보전과 관광자원의 조화, 둘레길 조성, 스토리텔링 발굴 등을 확충할 필요가 있다. 영남알프스 포럼은 부동산 시장의 사적소유 논리에 대항하여 주민 주도로 마을단위 커먼즈를 늘려나가는 가운데, 실업층, 베이비부머 퇴직자와의 연대도 추구해 왔다. 이 때 영남알프스의 공유실천에서 무엇보다 중요한 것은 국가, 지자체로부터의 상의하달이 아니라, 마을주민 스스로 생태계와 사회의 접면을 어떻게 생성, 확장하는가라는 '마을민주주의'의 원리이다(한상진, 2018d).

앞서 거론한 오스트롬의 커먼즈 원칙을 영남알프스 생태관광 커머너의 커머닝 원칙에 응용해 보면 다음과 같다(German Commons Summer School, 2015). 첫째 보호할 필요가 있는 공동의 자원이 무엇이며 누구와 이 책임을 나누는가를 명확히 이해한다. 둘째 주어진 맥락 내에서 가용한 시간, 공간, 기술과 자원 양 등을 도구로 활용하며, 그 활용의 이득과 기여 간 만족스러운 공정한 관계를 유지한다. 셋째 마을주민, 울산시민, 관광객 등의 욕구를 반영하여 커먼즈의 창조, 지속 및 보존을 위해 헌신한다. 넷째 도시와 자연의 커머닝을 모니터하고 그 목적의 달성을 위해 도움이 될 신뢰할만한 타인에게 위임하는 등 끊임없는 재평가 과정이 필요하다. 다섯째 커머닝에 대한 위반을 다루는 적절한 규칙을 마련하여 그 위반의 맥락과 강도에 따라 어떤 종류의 제재가 가해져야 하는지 결정한다. 여섯째 모든 커머너는 갈등 해결을 위해 공간과 도구들을 사용할 수 있는데, 주민 간 갈등은 쉽게 접근할 수 있고 직선적인 방식으로 해결되기를 추구한다. 일곱째 주민들의 문제를 자율적으로 규제하며 외부의 지자체는 이를 존중한다. 여덟째 모든 커먼즈들이 더 큰 총체의 부분이라는 차원에서 서로 다른 스케일에서 작동되는 상이한 기관들이 상호 협력과 환경지킴이 정신의 조정을 위해 요구됨을 깨닫는다.

울산광역시(2011: 159)는 영남알프스 산악관광의 개발 방향을 접근성 개선, 화제성 창출, 프로그램 다양화, 체류시간 연장 등으로 계획하는데, 이 중 마을주도 생태관광과 관련되는 것은 프로그램 다양화로서 마을가꾸기 사업, 농산촌 관광마을 지정, 축제 이벤트 및 탐방 프로그램 개발 등을 포괄한다. 이에 비해 인간너머 존재에 대한 논의와 약간 맥락은 다르지만, 2018년 8월 신임 울주군수가 참여한 가운데 개최된 '영남알프스 정책제안 토론회'에서는 영남알프스 포럼에 소속된 한 시민단체가 산악공룡 관광단지를 제안하기도 했다.[12] 즉 영남알프스와 대곡천 등을 활용하여 백악기 공룡언덕을 조성하여 울산의 간천인 태화강을 따라 공룡이 함께하는 도시로 만들자는 것이다(윤석, 2018). 다른 한편으로 영남알프스 포럼은 중앙의 산림청, 지자체 등과 협력 아래 산촌특구, 산림일자리발전소 등의 사회적 경제활동을 추구함으로써, 공-공(公-共) 협치에 의한 생태사회적 커먼즈 형성을 시도해 오고 있다.

2) 사회적 배제 대응을 위한 바다, 재생에너지의 연계 - 부유식 해상풍력발전

해상풍력발전 건설에 의한 지역사회 일자리 창출의 실험은 조선업 침체로 인한 노동자 해고라는 사회적 배제 문제를 주변 바다에서의 재생에너

---

12 해당 토론회에서는 '호랑이 생태원'의 유치 안도 제출되었는데, 직후 열린 영남알프스 포럼 준비모임은 이 제안이 로프웨이 건설을 위해 배정된 예산이 전용되어 졸속 추진될 가능성을 우려하고 있다. 이에 덧붙여 공룡관광단지에 대해서도 볼거리에 불과하며 정체성이 모호하다는 비판이 제기되고 있다. 영남알프스 포럼(2018) 참조.

지 생산으로 타개하고자 하는 사례이다. 물론 달리 보면, 화력발전의 온실가스, 핵발전의 방사능 위험이 야기하는 생태적 배제를 극복하기 위한 풍력발전의 시도를 고용 유지, 시민 출자 등과 연계시키려는 생태사회적 측면도 발견된다. 불황의 여파로 울산 동구에 소재한 현대중공업 인력은 2014년 12월 68,880명에서 2018년 5월에 34,048명으로 3만2천명 이상 감소했다. 그 중 정규직은 26,044명에서 19,534명으로 5,500명 정도, 사내하청 노동자는 40,836명에서 14,515명으로 2만6천명 이상 줄어, 상대적 저소득층인 비정규직 노동자에 해고가 집중된 것으로 나타난다(로이슈, 2018). 2018년 8월 현대중공업 노조와 민주노총 울산본부는 2014년 이후의 구조조정 문제가 기업 내 노사 당사자의 수준을 넘었다고 보고 지자체와 노사, 관계기관 간 원탁회의를 제안하기도 했다.

민선7기 울산광역시장은 '조선산업 연계 부유식 해상풍력[13] 발전단지 조성'을 공약하고, 대형 부유체, 해저계류시설 및 케이블 등 현대중공업이 보유한 제조기술력과 노동력을 활용하여 해양사업부의 고용 감소에 대처하고 지속가능한 신성장 동력을 확보하겠다고 밝혔다(울산광역시 시민소통위원회, 2018: 77-78). 울산광역시장이 공약한 1GW의 부유식 해상풍력 발전단지를 건설할 경우 약 3만 5000명의 고용이 창출될 수 있어 위의 최근 4년간 인력 감소를 메꿀 수 있는 규모이다. 조선해양산업과 부유식 해상풍력발전은 비슷한 부분이 많아, 해양플랜트 제작 능력과 주변산업 하부구조를 활용하고 특히 숙련된 용접기술로 부유체 조립에 경쟁력을 가질 수 있다. 또 현대중공업이 시추선 제조기술을 보유하고 있기에 부유체의 설계, 시공으로 용이하게 전환을 할 수 있으며, 기왕의 크레인, 야드 등을

---

[13] 해상풍력발전에는 다시 수심이 낮은 연안 가까이에 설치하는 고정식 해상풍력발전과 50~200m 깊이의 바다 한 가운데에 설치하는 부유식 해상풍력발전이 있다. 부유식은 원재(spar) 방식, 반잠수식, 인장계류 식으로 나누어지며 부유체가 풍력터빈을 지탱한다.

부유체 대량생산에 이용하기도 쉽다.

  바다를 활용한 풍력 에너지의 연계는 아래로부터의 커머닝이라기보다, 위로부터의 공–사 합작에 의한 《재생에너지 3020 목표》의 달성 도구라는 성격이 강하다. 예정입지는 울산에서 58km 떨어진 과거 해양투기지역이 었던 동해가스전 부근 공유(公有)해역으로, 주변 풍속이 초속 7.5~9m로 양호한 편이다. 울산광역시 시민소통위원회(2018: 78)에 따르면, 이 사업에 시민참여를 유도하여 자기자본의 20%를 시민 출자에 의한 특수목적회사 형태로 조달할 계획이다. 그런데 저자의 입장에서는, 공유수면에서의 재생에너지발전 사업이 공–사 합작보다는 에너지협동조합 등 공–공 협치 방식에 의해 추진될 필요가 있다. 울산저널(2018)에 따르면, 네덜란드 미들그랜드의 40MW 규모 해상풍력단지는 시민펀딩을 통해 주당 200만 원의 출자금을 확보함으로써 사업 자체의 추진력을 배가시켰다. 2010년부터 한국해상풍력, 한국전력이 건설해 온 전북 부안군의 서남해 해상풍력발전단지는 60MW의 1단계 실증단지가 2017년에 착공되었으나 바다모래 채취 및 어장 파괴문제 등으로 어업에 종사하는 주민들의 강력한 반발에 부딪히고 있다.

  계획의 초기 단계일 뿐인 이 사례에 대해 생태사회적 커먼즈 관점에서 전면적 평가를 내리는 것은 시기상조이다. 시민소통위원회는 현 시장의 임기 내 2022년 준공을 권고하고 있으나, 에너지기술평가원에 의한 풍속조사만 1년이 소요되고 중앙정부 인허가 과정까지 고려하면 2–3년 뒤에나 착공할 수 있다는 것이 중론이다. 또 풍력터빈의 낫셀, 블레이드 등 핵심부품은 외국기술에 의존해 기술의 국산화에 한계가 있고, 맥쿼리 자회사인 그린 인베스트먼트 코리아 등이 투자에 참여할 경우 수익의 국외유출이 우려된다는 의견도 있다. 어쨌든 울산은 공유해역을 끼고 있는데다가 핵발전소가 밀집된 특성 때문에 변전소, 송전 설비가 이미 구축되어 있다는 지리적 이점을 갖는다. 울산의 부유식 해상풍력발전은 재생에너지 공급과 고용 창출, 시민참여에 의한 출자라는 세 가지 효과를 동시에 겨냥하는 국내 최초의 사례이다. 하지만 자기 집 지붕이나 베란다에 태양광 전지를 설치하는 것이 최선이듯이, 소규모의 마을 공유지나 공유해역에도 공동소유 방식의 풍력발전을 확산시키는 커머닝이 시도되어야 할 것이다.

3) 생태사회적 하천수변의 조성 – 인간과 동식물에 의한 태화강 가꾸기

태화강(太和江)은 '더 큰 평화의 강'이라는 이름을 가진 울산을 가로지르는 국가하천이다. 2018년 10월 현재 울산광역시 정부는 2017년의 대통령 지역공약이기도 한 태화강 국가정원 조성을 산림청에 지원 요청한 상태인데, 전임시장 임기 때인 2018년 4월 이 사업의 성공적 유치를 위해 태화강 정원박람회가 개최되기도 했다. 21억원 예산이 투여된 정원박람회는 국가정원 신청의 필수 조건인 '전통·문화·식물 등 서로 다른 주제별로 조성한 정원이 5종 이상'에 충실하기 위해 역사, 문화, 생태 등 다양한 주제로 열렸다. 울산환경운동연합 외(2018)가 방문자 325명을 대상으로 한 모니터링 결과에 따르면, 특히 외지 방문객은 십리대숲과 같은 생태자산에 가장 인상이 깊었다고 응답하고 있다. 따라서 이들 시민단체는 최고의 관광자원은 태화강 보전이라는 관점에서 하천수변의 커먼즈인 강물, 강변, 대나무 숲, 철새 등을 최대한 생태적으로 회복시키는 것이 정답이라고 제안한다.

울산광역시(2005)에 따르면, 태화강 가꾸기의 전략은 안전하고 깨끗함, 생태적으로 건강함, 친숙하고 가까움, 역사와 미래가 있음 등 네 가지 핵심어로 도출된다. 한편 이 계획의 2단계 추진방안에 대한 용역 결과인 울산광역시(2010)는 위의 전략을 청정흐름길, 연어회귀길, 녹색건강길, 백리

오솔길 등의 조성사업으로 구체화시키고 있다. 더 최근의 내용인 울산광역시·울산발전연구원(2018)에 의하면, 민선7기 지자체의 출범 직전 울산광역시가 울산발전연구원에 발주한 '태화강 비전 2040'은 녹색문화 유산, 도시재생의 중심, 생태정원, 놀고 싶음(amusement), 사통팔달의 길 등 다섯 개 분야를 제시한다. 그런데 과거 두 번에 걸친 연구용역과 다른 점은 70명의 시민참여단, 15명의 시민자문단을 구성하여 일반 시민의 의견을 수렴하고 있다는 점이다. 하지만 시민참여단과의 협력은 2018년 8월, 9월 두 차례 설명회 개최에 불과하여 형식적 동원 수준에 그쳤다.

한편 울산광역시 시민소통위원회(2018: 81)는 '태화강 백리길 생태관광자원화 사업'으로 현재의 태화강 십리대숲을 강 상류 방향으로까지 확장하겠다고 공약하고 있다. 그리고 울산 '학'의 복원과 방류를 통해, 반구대부터 태화강 중류까지 백리대숲과 학의 조화를 꾀할 것을 주문하고 있다. 이와 함께 위 '태화강 비전 2040'의 일환으로 2018년 봄에 시범 운행된 제트보트와 기본설계 용역단계인 수변의 집 라인은 하천서식 동물에게 피해를 줄 뿐더러 대숲의 힐링적 요소나 강의 느림과 본질적으로 상충되기 때문에 중단이 권고되었다. 생태사회적 커먼즈의 관점에서 볼 때, 영남알프스 로프웨이에 대한 반대와 마찬가지로 일회성 말초적 즐거움을 위한 친수공간의 사유화는 지양되어야 마땅하다. 이에 비해 대숲의 인공적 확대나 토종 학에 대한 복원기술의 적용은 도시와 자연의 커머닝 일환으로 수용될 만하며, 수변 SES에서의 인간과 인간너머 존재간 공유 접면의 확대 기회가 될 수 있다.

4. 맺음말

'하나뿐인 지구'는 희소한 공동자원의 보존이라는 수동적 전략보다, 커먼즈를 파괴하는 시장, 국가의 힘을 생태적 커먼즈 창조에 의해 제어함으로써 좀 더 능동적으로 지속가능할 수 있다. 한편 '다른 세계'는 현재 세계에 대한 변혁의 결과이기도 하지만, 다른 세계를 지향하는 커머닝 과정, 커머너들의 관계 속에서 이미 경험되는 것이기도 하다. 즉 '하나 뿐인 지구에서 다른 세계 만들기'는 희소성의 원리라는 인간중심주의의 현재적 발상이 아니라 미래세대와 동식물의 역량까지 고려하는 커머닝의 관점에서 모색되어야 한다. 사회적, 생태적 가치에 헌신하는 커머너들은 SES의 종합적 틀 내에서 사회경제적 포용을 추구하면서도 아래로부터의 민주적 참여와 녹색 거버넌스 형성이라는 생태사회적 커머닝을 지향한다.

울산광역시 사례가 생태사회적 커먼즈 만들기에 주는 함의는 다음과 같다. 첫째 생태사회적 배제의 기제가 복합적이듯이, 생태사회적 커머닝은 생태적 배제 및 사회적 배제를 둘러싼 대응이나 녹색 거버넌스에 바탕을 둔 새로운 생태사회적 커먼즈의 창출 등 여러 출처에서 비롯될 수 있다. 둘째 생태사회적 커머너는 중앙정부나 지자체를 적으로 삼는 것보다 공-공 협치의 내실화를 추구한다. 그런 측면에서 태화강 사례에서 지자체 연구기관이 형식적으로 도입하는 시민참여 방식보다는 시민단체, 협동조합 등의 주도로 균형 잡힌 지자체-커먼즈간 숙의과정이 요청된다고 하겠다. 셋째 울산시민의 웰빙은 생태적 지속가능성 확보에 의한 일자리 창출, 시민펀딩, 여가 및 관광의 향유 등으로 구현되므로, 이를 자각하고 경험하는 주민들이 경제적 이익 추구 및 사적소유 관점을 뛰어넘어 커머너로 전환될 수 있는 계기가 다양하게 생성되어야 한다.

이에 덧붙여 이 장의 이론적 함의 및 과제에 대해 앞서 2장에서 다룬

'정상상태 조건의 역량(capabilities)의 재분배', '승인적 절차의 문화적 확산'에 초점을 맞추어 제시해 보겠다. 우선 커머너와 커머닝의 관점에서 보면, 탈성장은 추상적 노선이라기보다 인간너머 존재까지 포괄하는 삶의 질의 확보 문제이며, SES 내 다양한 관계망을 지속케 하는 나눔의 연쇄이다. SES의 역동적 상호 교류에 근거한 생태사회적 커먼즈 만들기는 그것이 일정한 물질적 객체이든지 네트워크 형태이든지, 생태적 한계 속에 사회체계를 작동시키면서 선진국과 제3세계간 역량 재분배는 물론 인간과 동식물 생명체 간 지속가능한 역량 구축에 기여할 수 있다. 과거 문재인 정부는 '혁신적 포용국가'라는 구호 아래 사회적 배제에 대응한 바 있는데, 여기에는 생태사회적 배제를 극복하기 위한 생태적 포용의 차원이 추가될 필요가 있겠다.

다음으로 '승인적 절차의 문화적 확산'이라는 탈성장 전략에 관해서는 이 장에서 거론한 인간이상 주체의 구체적 논의가 요구된다. 최근 쟁점이 되어 온 돌고래쇼 금지, 동물원의 위상 재검토 등은 비인간 생명체들이 도시 속 보호 대상이면서 인간과 공존하는 SES내 커머너라는 인식으로 심화될 수 있다. 따라서 영남 알프스 사례에서의 마을 주도 산악공룡 관광단지나 태화강 사례에서의 학 복원 등은 눈요기 방식에 그치지 않고, 인간의 멸종 위기종에 대한 배려와 공존 철학의 학습 공간이 되어야 할 것이다. 나아가 전국적으로 조만간 가시화될 공동화된 인구소멸 지역은 토종 동식물의 서식지로 복구하면서 공유지도 확대시켜 미래 세대가 인간너머 존재와 공존할 권리를 보장하면 어떨까 한다.

제5장

커먼즈 관련 논의에 근거한 '행성적 제4의 길'의 탐색

- 커머너 모빌리티, 커머닝 인클로저, 퍼블릭-커먼즈 거버넌스 등의 개념과 사례

1. 문제의 제기

2장에서 살폈듯이 저자(한상진, 2018a)는 '글로벌 제3의 길' 담론을 재해석하여, 블레어(Blair), 기든스(Giddens) 등이 주창한 '노동연계복지의 세계화'라는 이데올로기를 '하나뿐인 지구(earth)에서 다른 세계가 가능하다'는 슬로건으로 변형시켰다. 이 때 제3의 길을 형용하는 글로브(globe)는 행성 중 하나인 지구와 어떻게 다른가? 글로브는 '이익에 따라 분할된 지구'로서, 지질·생물적으로 형성된 지구 속에서 국가, 시장, 사이버 공간 등이 착종하는 세계 질서로 형성, 유지되어 왔다. 차크라바티(Chakrabarty, 2021) 역시 산업화, 식민주의, 자본주의 등으로 개발, 점유된 지구가 세계적으로 연결된 글로브의 완전한 형태로 인간 역사에 종속되어 왔다고 말한다.

'하나뿐인 지구에서 가능한 다른 세계'라는 슬로건은 "지구의 진정한 풍요를 위해 지금 여기뿐 아니라 가능한 다른 세계까지 지각해야 한다"는 콜

브룩(Colebrook, 2019; Clark et al., 2021: 84에서 재인용)의 견해에 맞닿아 있다. 이 때 '하나뿐인 지구'는 환경운동을, '가능한 다른 세계'는 반자본주의 운동을 상징하는 것으로 풀이될 수 있다. 하트(Hardt, 2010)는 전자가 희소성 논리 아래의 생태적 커먼즈와, 후자가 이념, 사회관계, 인간노동과 창의성 등에 바탕을 두는 사회경제적 커먼즈와 관련된다고 보아, 커먼즈 논의와 접맥시키고 있기도 하다.

하지만 브레즈니언(Bresnihan, 2015)은 하트의 입장이 커먼즈 존재론을 비사회적(인간이 의존하는 자연에 대한 사회적 (재)생산노동을 배제), 비자연적(사회적 커먼즈의 (재)생산에서의 비인간생명체의 물질적 한계, 성질을 배제) 편향으로 양분시킨다고 비판한다. 이 장에서는 기후변화, 코로나19 창궐 등 복합생태 위기 시대에 자본주의, 식민주의의 산물인 글로브를 해체하고 행성의 하나인 지구에 근거하는 생태복지사회를 형성해야 한다고 본다. 그런 맥락에서 커먼즈, 커머너, 커머닝 등의 범주는 글로벌 자본에 의거한 일(자리)를 중심으로 하는 '제3의 길'의 편협한 논점을 지구 속 자연과 인간의 공존이라는 지평으로 확장하는 유의미한 자산이라고 하겠다.

'하나뿐인 지구에서 다른 세계가 가능하다'는 2차원적 희망은 '커머너 모빌리티(mobility)', '커머닝 인클로저', '퍼블릭-커먼즈 거버넌스(public-commons governance)'의 프리즘으로 재구성할 때, 인간, 인간너머 존재 모두의 웰빙을 개선하는 생태복지사회의 경로로 입체화될 수 있다. 이 책의 3장에서는 글로벌 제3의 길에 대한 비판 담론으로 '행성적 제4의 길'을 제시한 바 있다. 제1, 제2, 제3의 길 노선이 복지국가, 민영화, 일을 통한 복지 등 단일한 전망을 제시해 온 것과 달리, 제4의 길[14]은 일, 가족, 민족, 자연 등을 교차시켜 복

---

14 이현훈(2022)은 제4의 길에 대해 디지털 혁명, 인구 고령화, 사회 양극화, 기후위기 등을 극복하기 위한 탈성장 노선으로 규정한다. 즉 제4의 길이란 현대를 사는 인류 모두 뿐 아니라 미래세대와 지구상 모든 생태환경이 서로 동등한 가치를 인정하고 지속적으로 포용

합위기에 대응하는 생태복지체제로의 전환 노선으로 구체화된다. 그런데 제4의 길은 왜 '행성적'이라는 수식을 받아야 하는가?

행성적 접근에 의하면, 행성성은 인간 세계가 닿을 수 없는 지구 위 깊고 먼 무엇인가의 다차원적 움직임(박명림 외, 2022: 194)이다. 인간에 의해 완전히 파악되어 거리가 좁혀졌다고 보이는 글로브와 달리, 행성은 인간 감각을 넘어서는 불규칙한 이질성을 지닌 미지의 공간이다. 또 스피박(Spivak, 2003; 스미스, 2021에서 재인용)은 행성성 개념으로 글로브가 갖는 추상성을 붕괴시킴으로써, 자아정체성의 고립된 공고화를 극복해야 한다고 강조한다.[15] 이처럼 행성적 관심은 행성 아래 연결되어 있는 상이한 집합에 대한 다원주의적 개념화 및 실천을 포괄하고 있다(Glissant et al., 2022: vii).

위의 행성적 접근으로부터 제4의 길은 자본에 종속된 '글로브'에 갇히지 않는 지구, 민족국가, 지방에서의 인간 및 인간너머 존재 간 상호작용에 의거하는 정치 노선으로 규정될 수 있다. 그러므로 행성적 제4의 길은 비인간 생명체를 비롯하여, 이주(난)민, 미래세대, 장애인, 노인, 비정규노동자 등 생태사회적 배제집단(ecosocial excluded group)[16]을 주요 동력으로 한다. 그렇다면 이러한 대안 노선의 탐색에서 커먼즈, 커머너, 커머닝 등은 어떤 의의를 지니는가? 〈그림3〉은 커머너 모빌리티, 커머닝 인클로저, 퍼블릭-커먼즈 거버넌스 등의 개념 및 관련 사례가 행성적 제4의 길에 대한

하고 상생하는 비전이다.

15 스피박에 의하면, 행성은 나누어지지 않은 자연적 공간으로서 기계적으로 동질화된 글로브에 도전하는 개념이다. 행성성에 근거해 볼 때, 세계의 모든 사회는 태양, 달 등 행성의 날씨에 의해 미생물과 동식물이 상호작용함으로써 형성되는 지질사회적(geosocial) 구성체이다. 스미스(2021) 참조.
16 한상진(2017)은 비인간 생명체는 물론, 여성, 유색인종 등에 대한 착취와 차별을 모두 생태사회적 배제로 이해하고 있다.

탐색 과정에 어떻게 연계되는가에 대한 연구 전략을 나타낸다.

<그림3> 5장의 연구 전략

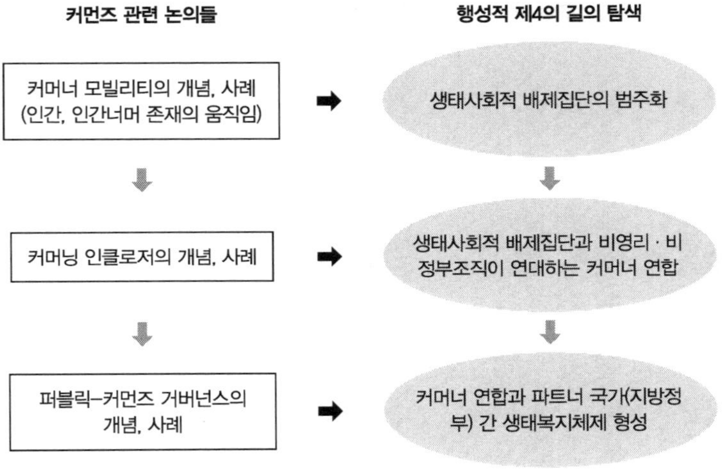

커먼즈 관련 논의들	행성적 제4의 길의 탐색
커머너 모빌리티의 개념, 사례 (인간, 인간너머 존재의 움직임)	생태사회적 배제집단의 범주화
커머닝 인클로저의 개념, 사례	생태사회적 배제집단과 비영리·비정부조직이 연대하는 커머너 연합
퍼블릭-커먼즈 거버넌스의 개념, 사례	커머너 연합과 파트너 국가(지방정부) 간 생태복지체제 형성

〈그림3〉을 볼 때, 커머너 모빌리티는 인간 및 비인간 생명체의 행성적 움직임으로 이해되어, 인간과 인간너머 존재를 가로지르는 생태사회적 배제집단의 범주와 연결된다. 나아가 커머닝 인클로저 개념을 통해 자본주의 인클로저에 저항하는 생태사회적 배제집단과 비영리(비정부)조직 간 커머너연합(commoner coalition)이라는 범주가 설정될 수 있다. 끝으로 퍼블릭-커먼즈 거버넌스와 관련해서는, 커머너 연합이 파트너 국가(partner state)나 파트너 지방정부와 함께 생태복지사회를 형성하는 경로가 초점이 된다. 이와 함께 커머너 모빌리티의 사례로는 기후난민의 현실을, 커머닝 인클로저의 사례로는 송전탑에서의 노인과 비정규 노동자간 협력, 장애인 이동권 요구에 대한 지식 커먼즈의 연대 등을 다룬다. 퍼블릭-커먼즈 거버넌스의 사례로는 일몰제 시행에 따른 근린공원에서의 공영주택개발 반

대 과정에 대해 검토한다.

2. 커먼즈와 행성적 제4의 길의 개념 검토

1) 커먼즈란 무엇인가?

커먼즈는 4장에서 다루었듯이 공유재(共有財), 공유지(共有地) 등 자원이나 생태계 서비스, 또는 사적 소유체계에 도전하는 도시사회운동 모두를 아우르는 실체이다. 키르완 외(Kirwan et al., 2015: 3)는 커먼즈가 생태계 파괴, 양극화로 인해 통제 불능으로 보이는 신자유주의에 대항하여 변동이 계속 발생할 수 있고 작은 행동도 소중하다는 가능성의 빛을 비추어 준다고 평가한다. 뿐만 아니라 커먼즈의 용법은 커먼즈 주체로서의 커머너, 커먼즈 형성과정으로서의 커머닝으로 변환 가능하기 때문에, 복합생태 위기에 처한 자본주의 사적 소유체계에 도전하는 사회운동과 변혁 과정을 포착하기에 수월하다.

바바루시스(Varvarousis, 2022: 206)는 미래를 위한 대안 창조란 이에 걸맞는 새로운 어휘를 요구하며 최근에는 커먼즈가 이 같은 노력의 전위에 있어 왔다고 말한다. 또 하비(2014)는 커먼즈에 대해 "개별의 자기규정적 사회집단과 그들의 삶과 생계에 핵심적 운명이 될 현존하거나 아직 창조되지 않은 사회적, 물리적 환경 간 불안정하고 적응성 있는 사회관계"라고 정의한다. 또 위의 문장을 통해서는 '불안정하고 적응성있는 사회관계(제도.실천)', '개별의 자기규정적 사회집단(공동체)', '현존하거나 아직 창조되지 않은 사회적, 물리적 환경'(자원) 등이 커먼즈의 요소임을 읽어낼 수 있다(Kip et al., 2015: 15).

반면에 한경애(2022: 14-18)는 커먼즈를 제도·실천, 공동체, 자원 등으로 보지 않고 하트, 네그리 등의 '공통적인 것으로서의 메트로폴리스'(metropolis as the common)에 기대어 반자본주의적 삶과 운동에 주목한다. 그녀는 커먼즈를 르페브르(Lefebvre)의 '도시적인 것'(the urban)과 연결해 '도시적 커먼즈'의 담론을 제안하고 있다. 이 때 메트로폴리스는 커먼즈가 생산되는 곳이자 금융자본과 지대에 의해 포획, 추출, 사유화되는 장소(Hardt and Negri, 2009: Negri, 2014; 한경애, 2022: 22에서 재인용)로 특정하게 규정된다.

그런데 데 안젤리스(De Angelis, 2017: 103)는 커먼즈를 현재의 지배적인 자기생성적 사회체계인 자본과 구별하여, 이에 대립하는 자기생성적 사회체계라고 규정하고 있다. 그리고 이러한 커먼즈의 재생산 유형은 독특한 하위체계의 자율성 제고와 더 많은 커먼즈 체계의 발생이라는 두 가지 목적을 지향한다. 그 결과 미시 커먼즈 집단은 스스로가 작동하고 연계하는 환경이 포함되는 '커먼즈 생태'를 구성하게 된다.[17] 나아가 이는 '경계 커머닝'이라는 과정을 통해 연결되고, 이러한 사회체계의 연계는 공생(symbiosis)의 형태를 나타낸다고 한다. 〈그림4〉는 데 안젤리스의 논법에 의지하여 커먼즈의 범주를 도시(圖示)한 것이다.

커먼즈의 재생산은 생태적 커먼즈의 하위체계인 국가, 지방 등 다양한 스케일에서 자율적인 사회적 커먼즈, 도시 커먼즈를 발전, 연계시킨다. 또한 데 안젤리스의 두 번째 목적인 커먼즈 재생산이라는 흐름에서, 사회적 커먼즈 내에서 도시 커먼즈 외 디지털 커먼즈, 지식 커먼즈, 법제 커먼

---

[17] 독특한 사회체계로서의 커먼즈는 사회운동과 연계될 때 커먼즈, 자본 등과 상이한 또 다른 자기생성적 사회체계를 구성하며 이는 데 안젤리스가 커먼즈 운동이라 부른 것을 구성한다. 커먼즈 운동은 커먼즈 사회체계가 취할 수 있는 궁극적 형태이며 전체 사회를 변형시킬 수 있다(Varvarousis, 2022: 209).

즈, 금융 커먼즈(정진영, 2023) 등 새로운 커먼즈체계가 파생할 수 있다. 한편 생태적 커먼즈는 환경 커먼즈와 지구 커먼즈를 포함하는 것인데, 전자는 인간 사회의 지구에 대한 자원관리와, 후자는 지구 자연의 사회에 대한 생태서비스와 관련된다. 한편 커먼즈에 대한 최근의 논의들(정영신, 2023: 118-119, 홍덕화, 2023: 82 등)은 공유지를 둘러싼 도시 커먼즈와 공동자원을 보전하기 위한 생태적 커먼즈를 별개로 취급하고 있는데 반해, 이 장에서는 사회적·생태적 커먼즈가 행성성 차원에서 상호작용함으로써 생태사회적 접면을 확장함과 동시에 디지털·지식 커먼즈 등의 모태가 될 수 있다고 본다.

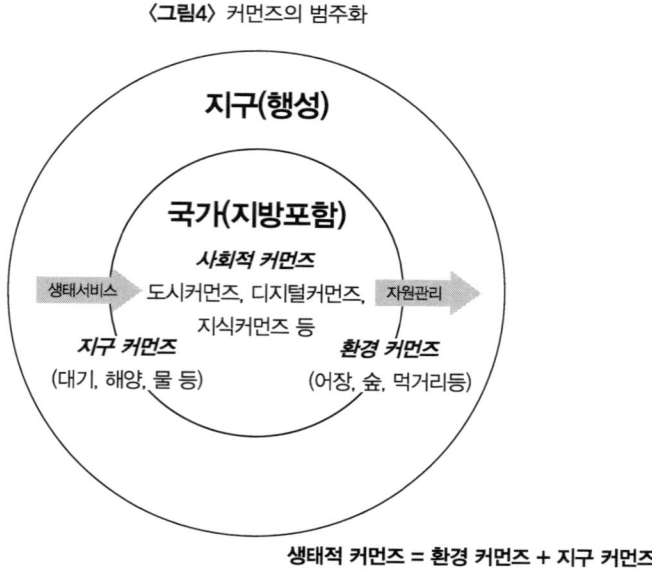

〈그림4〉 커먼즈의 범주화

생태적 커먼즈 = 환경 커먼즈 + 지구 커먼즈

생태적 커먼즈 접근의 창시자인 오스트롬(2010)은 애초에 커먼즈를 자원관리에 배타적으로 몰두하는 사회체계로 보아 사회운동을 지향하는 그것의 잠재력에 대해 무관심했다. 그러나 오스트롬 본인도 후기에는 커먼즈를 하나의 자원일 뿐만 아니라 사회적, 생태적 관계의 타협, 과정, 사고방식, 복합체계(van Laerhoven & Ostrom, 2007; Chan et al. 2019: 407에서 재인용)로 이해했다. 그리하여 포스터 외(Foster et al. 2019: 237)는 도시 커먼즈의 규범 및 신뢰망, 자발적 협력 등이 장기적 자원 지속방식에 대한 이용자의 집합관리라는 오스트롬 논의의 연장선 위에서 재해석될 수 있다고 시사한다.

2) 행성적 제4의 길

행성의 고대 그리스 어원은 방랑성, 유동성, 불규칙성 등을 뜻하는데, 코널리(Connolly, 2017; 박명림 외, 2022: 194에서 재인용)는 그 연장선에서 행성 작용이 완만함과 가파름, 빠름과 느림을 오가는 울퉁불퉁함을 특징으로 한다고 설명하고 있다. 행성성이 지니는 이 같은 이질성, 불규칙성의 결과, 지구와 같은 행성은 항상 스스로부터 거리를 두어 자기모순성을 빚어내기도 한다(Clark et al., 2021: 172). 이와 같은 관점은 모든 생명체가 시간 안에서 활동할 뿐 아니라 시간을 만들 수 있는 능동적 시간화의 주체임을 강조한다. 그러므로 행성적 접근은 뒤에 다룰 모빌리티 개념을 다중적 시간 스케일에 걸친 행성의 자기조직과정으로 재위치시키는 의의를 지닌다. 한편 이 같은 인식론의 전환은 분명 필요한 것이지만, 지구 외부에서의 관계적 위치를 너무 강조한 나머지 오히려 행성 경계(planetary boundary)를 유지하려는 사회적 노력에 둔감할 문제점이 있다고 본다.

그러면 '행성적 제4의 길'의 함의는 무엇인가? 윌리엄스(Williams, 2021: 196–204)는 현대의 위기를 금융화된 자본주의의 위기, 돌봄의 위기, 인종화된 경계의 위기, 생태 및 기후변화의 위기 등으로 식별하면서, 그것의 해결 방향을 생태복지적 커먼즈에서 찾는다. 또한 이와 같은 네 가지 위기는 3장에서 보았듯이 일, 가족, 민족, 자연 등 각각의 요소를 횡단하는 교차 사회정책을 필요로 하며, 그것이 민족, 가족, 일 등을 따로 부각시켰던 제1, 제2, 제3의 길과는 다른 '제4의 길'의 기반이 된다는 것이다. 즉 '행성적 제4의 길'은 일의 비정규화, 돌봄의 취약성, 이주(난)민의 생존권 등에 대응해 사회체계의 정의(justice)가 인간 및 비인간 생명체의 서식가능성(habitability)까지 제고하도록 하는 경로이다.

이 장은 행성적 제4의 길에 대해 뒤에 다룰 생태사회적 배제집단과 비영리(비정부) 조직 간 커머너 연합을 주체로 하여 행성 경계 내 행성적 정의(planetary justice)를 추구하는 노선으로 특정화시키고자 한다. 영 등(Young et al. 2019: 413)에 의하면, 행성 경계는 인위개변적 힘이 지구의 한계점을 돌파하지 않도록 하거나 그 경계가 무너지더라도 '안전하게 작동하는 공간'으로 다시 밀어내도록 고안된 것이다. 또 드라이젝 등(Dryzek et al. 2019: 68)은 행성적 정의의 개념이 지방, 민족국가 스케일보다 지구 스케일에서의 기후정의, 종의 다양성 정의 등을 중시한다고 파악한다. 한편 행성적 제4의 길이 함축하는 생태복지체제란 지구, 민족국가, 지방이라는 다중스케일에 걸친 인간, 자연 간 공생을 지향하는 생태사회적 정책 및 실천 거버넌스이다. 이 때 생태복지체제의 민족국가 스케일 형태인 생태복지국가는 서구 복지국가의 생태적 개혁을 의미하기도 하고, 저성장의 고착화에 적극적으로 적응하여 웰빙 위주로 재편해 나가는 창의적 대안이기도 하다.

3. 커머너 모빌리티의 개념과 사례

1) '움직이는 지구'(Terra Mobilis)에서의 커머너

어리(Urry, 2007; Clark et al., 2021: 126에서 재인용)는 '모빌리티 전환(mobilities turn)'이라는 개념으로 20세기말 이후 자본주의에 의한 자원, 재화, 인간 및 사고에서의 글로벌 동원의 증가를 포착한다. 이는 냉전의 종식 이후 글로브가 단일하게 상호작용하는 경제문화체계로 응집하여 '움직이는 지구'를 가속화시키는 현상을 일컫는다. 이에 비해 클라크 등(Clark et al., 2021: 127)은 인류세란 움직이지 않는 석탄, 석유 등을 취해 움직이게 만듦으로써, 현존하는 지질학적 흐름을 재채널화하는 것이라고 파악하고 있다. 그들은 모빌리티에 대한 연구를 행성적 전환의 차원에서 다중적 시간 스케일에 걸친 행성의 자기조직 이야기로 풀어나갈 것을 제안한다.

지구에서 동물의 등장은 단일세포 유기체가 화학적 집적, 빛, 산소 등을 활용하여 그들의 작은 몸을 이동시키는 힘 있는 동작을 발전시키면서 가능해졌다(Clark et al., 2021: 131). 클라크 등(Clark et al., 2021: 130)에 의하면, 비인간 생명체는 일종의 '움직이는 고체(mobile solid)'로서 이들 중 낮은 저항환경으로 이동할 수 있는 고래, 어류, 조류 등이 최대의 모빌리티 능력을 나타낸다고 한다. 인간 몸의 동작 또한 근본적으로는 이 같은 동물 에너지혁명에서 도출된다고 할 수 있다. 한편 1948년 보그트(Bogt)는 피난한 사람들의 장소를 묘사하기 위해 '생태적 피난처'라는 용어를 사용한 바 있다. 이후 기후, 자원가용성, 생태계서비스 전달의 통합성, 기술적 위해나 심각한 공해에 따른 위험의 증가 등으로 환경과정과 모빌리티 간의 연쇄가 재발견되어 왔다(Guadagno, 2022: 363-364).

이렇게 본다면, 모빌리티란 자본이 점유한 4차 산업혁명의 디지털 플랫폼 및 그로부터 파생하는 인간의 거리 배송으로부터 행성운동에 의거하는 비인간 생명체의 움직임에 이르기까지 다양한 커머너 활동에 걸쳐 있다. 마이클즈(Michaels, 1997; Clark et al., 2021: 127에서 재인용)는 지구 표면을 가로지르는 인간 종의 밑에 더 깊고 광대한 행성이 동원되고 있음을 발견해 낸다. 그렇다면 움직이는 지구에서 움직이는 것들은 무엇이며, 행성의 지속적 자기조직화로 가능해지는 움직이는 것들의 동작은 어떤 힘으로 작용하는가? 여기서는 모빌리티를 둘러싼 위 질문에 대해 커먼즈의 주체인 커머너와 연계하여 해명하기 위해 관련 모빌리티 사례들을 모아보기로 한다.

2) 커머너 모빌리티 사례

여기서는 커머너 모빌리티의 사례로 기후난민에 초점을 맞춘다. 우석영 외(2020: 51-55)는 '길'이 그것을 사용하고자 하는 이 모두에게 접근이 허락되는 커먼즈 성격을 지닌다고 지적한다. 그들에 의하면, 걷기를 감행한 인간에게 길은 '지향'이라는 표상과 함께 경험된다. 진화한 영장류 포유동물의 두발 걷기는 길 덕분에 비로소 전진, 돌파, 극복, 헤쳐 나아감이 된다는 것이다. 또한 그 길을 따라가면 마음 든든한 자기만의 성소로서의 서식지가 어김없이 나타나게 된다. 안거할 수 있는 모든 집은 호의적이지 않을 수도 있는 거친 세계를 당당하게 살아갈 용기를 준다. 여기서 살필 기후난민도 생존을 위해 이동하는 커머너라는 공통점을 갖고 있다.

기후난민은 생태계 파괴와 연계되어 '인종화된 경계(racialized border)'를 뛰어넘으려는 남반구 난민들이다. 기후변화는 인간과 비인간 생명체 모두의 생존과 직결된 심각한 문제이다. 기후위기의 영향으로 서식가능성을 잃는 이들이 늘어나고 있으며, 그 피해는 지구에서 이산화탄소 배출 비중이 1%도 안 되는 남태평양 섬의 해수면 상승에서 두드러진다. 국제이주기구(IOM)는 2009년의 제15차 유엔기후변화협약(UNFCCC) 당사국총회에서 2050년에는 기후위기에 따라 2억 명의 난민이 발생할 것이라고 보고했다. 또 이변이 없는 한 지금으로부터 30년 뒤에는 세계 인구의 10%가 기후변화 피해로 인해 국경을 넘으리라고 예측된다(김혜린, 2018).

그런데도 기후난민은 국제법에 의해 난민으로 인정받지 못하는 실정이다. 기후난민 문제의 핵심은 기후변화에 책임이 거의 없는 빈곤국이 그 피해를 고스란히 떠안는다는 데 있다. 한국의 경우 한국국제협력단이 개발도상국에서의 기후변화 대응을 지원하기 위해 태양광 발전, 홍수대응을 위한 배수관리 시스템 구축 등을 추진해 왔다. 그러나 한국은 이산화탄소 배출량 세계 7위인 '기후악당 국가'로, 온실가스 감축에 더욱 힘써야 하며 난민수용을 위한 사회적 합의의 공론화 과정도 구비해야 한다. 임준형(2021)은 국경이란 자본주의가 부상하고 국민국가가 확립되면서 등장한 비교적 최근의 현상이므로, 기후난민의 자유로운 왕래와 거주를 보장하고 누구나 원하는 곳에서 살아갈 수 있어야 함을 주장한다.

4. 커머닝 인클로저 : 생태사회적 배제집단과 비영리(비정부)조직간 연대

커먼즈가 자본주의 인클로저에 대항하는 생태사회적 연대라는 점에서, 커먼즈의 형성 과정인 커머닝은 커머너 간, 그리고 커머너와 지원조직 간의 대안적 인클로저를 필요로 한다. 인클로저는 18세기 유럽, 양모업의 원료 획득 차원에서 목초지를 확보하기 위한 공유지, 황무지 등에 대한 종획 운동을 일컫는다. 이는 국가, 자본이 커먼즈를 빼앗아 시장가격화시켜 온 과정으로 사적 소유의 통제 아래 커먼즈를 포섭하여 상품으로 만드는 것을 핵심으로 한 것이다(Bollier, 2014: 37). 하지만 페데리치(Federich; Bresnihan, 2015: 95에서 재인용)에 의하면, 인클로저는 단순한 토지의 사유화보다 좀 더 근본적인 것으로 사회와 자연, 생산과 재생산의 인식론적 분리로 독해된다. 이 때 무주지(無主地, terra nullius)는 '버려진' 토지나 인간문화 및 생산에 관련되지 않은 땅으로, 신세계에서의 영토 정복뿐만 아니라 여성노동(출산, 양육, 청소, 요리 등의 돌봄)이 생산적 경제 외부의 가내영역으로 추방되는 '노동의 자연화'를 대표한다.

자본주의의 약탈적 인클로저는 18세기 지리상 발견에 의한 비서구의 노출과 병행되었다. 근대 유럽인은 최초의 제국주의자가 아니었으나 이전의 어떤 식민주의적 시도도 포괄 범위 면에서 그들처럼 글로벌한 적은 없었다. 유럽 내부 인클로저와 동시에 전개된 외부의 식민지 쟁탈은 식민주의자 스스로 낯설고 불안정한 기후과정에 노출되도록 만들었다. 영 등(Young et al., 2019: 412)은 인류세로 이동하면서 지구 자체가 인간의 남용에 종속되는 복합체계라는 사실이 명료해져 왔지만, 지구 역시 다양한 인간 활동의 결과에 대해 효과적 보호를 결여해 왔음을 지적한다. 또 이렇게 볼 때, 자본주의 인클로저는 식민주의자에 의한 원주민 추방은 물론, 장애인 배제, 비정규 노동에 대한 차별, 미래세대의 서식가능성 침해, 비인간 생명체에 대한 도구화 등 넓은 의미의 식민화 논리로 이해될 수 있다.

현재에도 먹거리 불안에 반사된 지구 남반부의 토지 포획에서부터 금융자본 및 부동산의 거품화, 자본의 온라인 플랫폼 독점에 이르기까지 자본주의 인클로저는 더욱 강력해지고 있다. 이에 직면하여 지구가 닫혀가고 숨 쉴 공간이 적어짐을 느끼는 인간 및 인간너머 존재는 자본주의 인클로저에 맞서 '커머닝 인클로저'라는 커먼즈의 자율적 위계화를 추구하게 된다. 하비(2014: 133)는 상품화 논리가 냉혹하게 관철되는 현실에서 비상품화된 커먼즈를 만들어낸 후 인클로저를 통해 보호, 포용하는 것은 정당하다고 옹호한다. 이처럼 인클로저의 개념 뒤집기에 함의를 주는 하비(2014: 132)의 언급을 인용하면 다음과 같다.

> "흔히 악으로 치부되는 인클로저와 커먼즈 사이를 둘러싸고 많은 혼란이 있다. 하지만 큰 스케일의 사회질서(지구적 차원)에서 모종의 인클로저는 때로 귀중한 커먼즈를 보호하는 최상의 수단이 되기도 한다. 모순된 말처럼 들릴 것이다. 아니 모순된 말이다. 그럼에도 여기에는 현실의 모순된 상황이 반영되어 있다."

아울러 이 장의 2절에서 다룬 데 안젤리스의 커먼즈 재생산 유형에 의거하여 커머닝 인클로저의 생성 경로를 식별하면 다음과 같다. 먼저 '독특한 하위체계의 자율성 제고' 측면에서는 생태적, 사회적 커먼즈가 세계, 민족국가, 도시 등 다중스케일 차원에서 분산, 연계될 수 있다. 다음으로 '더 많은 커먼즈체계의 발생' 측면에서는 커머닝을 통해 대기, 물 등 지구적 커먼즈는 물론, 지식, 법제 등의 새로운 사회적 커먼즈가 복합적인 중층적 커먼즈로 확산될 수 있다(〈그림4〉 참조). 그러므로 커머닝 인클로저는 다중스케일에서 생태적 커먼즈, 도시 커먼즈, 디지털 커먼즈, 법제 커먼즈 등을 포용하는 과정이라고 하겠다.

100여명의 소수집단을 사례로 연구한 오스트롬은 스케일이 더 큰 사례에서는 개별 이용자 간 직접 협상이 불가능하므로 중층적 의사결정 구조가 필요하다는 것을 깨달았다(하비, 2014: 132). 하비 역시 사회적 연대경제의 커먼즈 지향 집단에서 얻은 교훈을 중층적으로 위계적인 조직형태로 구체화해 나가야 한다고 제기하고 있다. 이 장은 이러한 커머닝 인클로저가 생태사회적 배제집단과 비영리(비정부)조직 간 커머너 연합으로 구체화되며, 그러한 기반 위에서 퍼블릭-커먼즈 거버넌스가 형성된다고 파악한다. 그리고 커머너 연합의 구성은 생태사회적 배제집단 내 커머너끼리 연계되거나 생태사회적 배제집단과 비영리조직 간 연대로도 가능할 수 있다.

1) 송전탑을 둘러싼 상이한 생태사회적 배제집단 간 커머닝 인클로저

여기서는 커먼즈의 추구 영역이 상이한 커머너들이 연대한 사례인 밀양, 울산의 송전탑을 둘러싼 커머닝 인클로저 과정을 살펴본다. 이 사례에서 밀양의 송전탑 설치 반대 노인은 생태적 커먼즈를, 울산의 비정규 노동자는 사회적 커먼즈를 목표로 하면서 상호연대하는 과정에서 커머너 연합을 형성했다. 밀양에서는 2005년부터 10년에 걸쳐 신고리 핵발전소의 전기를 나르는 765kV 송전탑 건설에 대한 반대가 지속되었다. 특히 노인이 주축인 밀양 주민은 분배적 이해관계에서 벗어나 '탈핵'이라는 미래세대를 위한 근본 문제를 제기했다. 그런데 송전탑은 비슷한 시기 자본의 고용유연화 전략에 맞선 울산의 비정규 노동자가 차별에 항거하기 위해 고공농성을 벌인 장소이기도 했다.

특이한 것은 송전탑 반대 과정에서 밀양 노인들이 울산 송전철탑 농성장에 지지 방문했고, 철탑농성이 끝난 비정규 노동자 역시 밀양 노인을 여러 번 도왔다는 점이다. 이와 같은 환경운동과 노동운동 간 협력은 신자유주의적 지배가 작업장을 뛰어넘어 일상까지 침투하는 동시에, 생태위기에 대한 성찰이 전체 사회로 확산됨을 드러낸다. 또 이 사례는 분배적 정의를 목표로 하는 밀양 노인과, 정규직과의 동일 대우를 보장하는 절차적 정의에 좀 더 방점이 있는 울산 비정규직 노동자 사이에 운동 목표가 서로 다름에도 불구하고, 행성적 정의에 의거한 집합적 유대가 형성될 수 있음을

시사한다.[18]

이 사례에서 비정규직 노동자는 생태사회적 배제집단에 속하면서도, 비정부조직으로 기능하는 노동조합을 통해 밀양 노인의 '탈핵' 지향 커머너로의 주체화를 지원하여 커머닝 인클로저의 차원을 뚜렷이 보여준다. 나아가 글로브 접근은 인간 서식지를 자본이 불균등하게 조성하는 도시, 농촌 등의 실체로 구획화하나, 밀양과 울산은 '거주자에 의해 창조, 사용, 재형성되는 지속적, 집합적 커먼즈(Lefebvre, 1996; Kip et al., 2015: 16에서 재인용)'로서 창조적으로 종획되고 있는 셈이다.

2) 장애인 이동권의 커먼즈 연대와 주거빈곤 청년을 위한 달리기 기부

다음으로 전국장애인차별철폐연대(이하 전장연)의 이동권 투쟁에 대해 지식 커먼즈가 연대하는 사례와 주거빈곤에 시달리는 미래세대 스스로의 커먼즈 주체화를 돕는 '터무니있는 집(이하 터무늬집)'의 사례를 살펴보자. 우선 전자는 역량의 정의(justice of capabilities)에 입각한 생태사회적 배제집단과 지식인 집단 간 협력이라고 볼 수 있으며, 학술 사회적 경제조직의 '관점의 상호 침투를 통한 정체성 정치'를 지향하는 것이기도 하다. 지식 커먼즈는 '역량으로서의 장애'라는 주제에 근거하여 돌봄의 연대 논리를 다음과 같이 제안한다(최원형, 2023).

---

18 최병승(2013)은 밀양 주민, 울산 비정규직 노동자 간 커머닝에 작용한 집합적 연대의식에 대해 다음과 같이 적고 있다. '지난주 처음으로 전쟁터에 짧은 시간이라도 함께 싸우기 위해 갔더니 주민 한 분이 물었다. "어떤 마음으로 여 왔능교?" 뭐라 답해야 할까 머뭇거리는데 다행히 매주 밀양에 연대하고 있는 현대차 정규직 노조 장OO 대의원이 답한다. "밀양 할매, 할배가 울산 철탑 고공농성장에 찾아오셨을 때와 같은 마음입니다." 마음이 통해서 일까?'

"페미니즘이 여성문제를 해결하기 위한 '부분운동'이 아니라 세계를 보는 하나의 관점이었듯이 장애운동·장애담론 역시 하나의 관점"이다. 신체 손상 그 자체가 아니라 그것을 핑계로 삼은 '사회적 배제'가 장애인으로 하여금 모든 역량을 생존에만 투입하게 만든다. 비판적 연구는 이를 '장애화'(disablement) 개념으로 파악한다. 차별의 원인은 신체가 아닌 사회에 있다는 것이다. 이론과 운동은 "현실을 다시 해석하고 사회 전체와 연결시키는 관점"을 공유하며 "사회적 배제 일반에 대한 투쟁"으로 함께 나아갈 수 있다. (…) "자기 자신과 다른 누군가의 삶을 돌보는 것은 모든 시민의 의무이자 각자가 누려야 할 권리이며 필수적인 삶의 조건이기도 하다. (…) 전장연의 투쟁은 우리 사회가 사람답고 정의로운 사회가 되기 위해서는 돌봄의 연대에 기초를 두어야 한다는 점을 잘 보여준다."

하정연(2022)에 의하면, 전장연은 지하철 모든 역사에 엘리베이터를 설치하고 저상버스를 100% 도입하여 장애인 이동권을 보장할 것을 요구해왔다. 이 단체는 "비장애인만 이동하는 사회를 계속 방관만 할 것인가?"라는 의문을 제기하면서, 투쟁의 결과 2004년에 1%대에 불과했던 저상버스 도입률이 2021년 기준 67.2%로 꾸준히 늘고 있음을 강조한다. 그 연장선 위에서 전장연은 2023년 10월 이후 항공기에서의 장애인 이동권을 쟁점화하여 휠체어 접근 가능한 장애인 화장실 설치 및 통로의 확보, 이용자 체격을 고려한 기내용 휠체어 종류의 다양화, 좌석 간 거리가 넓은 좌석 무료제공 및 와상장애인 좌석 보장, 휠체어 고객 탑승 시 브릿지 의무배치 등을 요구하고 있다(하민지, 2023). 전장연 시위의 초점은 장애인 이동권 보장에만 있지 않은데, 장애인 탈시설 예산을 788억 증액하고 1조 7천억 원 수준인 장애인 활동지원 예산도 2조 5천억 원대로 대폭 늘이라는 요구 또한 전개하고 있다.

이와 함께 시민출자 청년주택인 '터무늬집'의 기부 런(run) 프로젝트는 커먼즈 모빌리티에 의해 기부자와 주거빈곤에 처한 미래세대 간에 커머닝을 시도한다. 터무늬집은 비영리조직인 사회투자지원재단이 2018년에 순수 시민출자금으로 주거빈곤 청년의 주택보증금을 지원하기 위해 설립되었다. 기존의 정부주도 청년주택과 달리, 터무늬집은 지역사회 정착이나 공동주거에 관심이 있는 청년들이 주거형태를 결정하며 시민출자에 의해 보증금 없이 사용료만 시세의 절반으로 부담하게 된다. 터무늬집은 기부자가 저(무)이자로 장기출자한 자금을 사회투자지원재단의 관리책임 아래 주거빈곤 청년들이 공동 주거하며 주택을 운영하고 지역 활동을 전개하도록 하는 방식으로 운영되고 있다.

한편 기부 런 프로젝트는 터무늬집 공동대표와 함께 참여자가 2023년 10월, 11월의 16일 동안 매일 달리는 것으로, 뛴 거리에 비례하여 기부금을 적립하고 이를 터무늬집 시민출자에 보태도록 하는 행사이다. 예컨대 프로젝트 기간에 공동대표가 1km 뛸 때 모든 참여자는 3,000원을 기부하며, 기부 참여자가 1km 뛸 때에는 1,000원을 더 기부하는 방식이다. 김홍일(2023)은 "운동이란 보이는 현실과 자원에 갇히지 않고 사람들과 지역에 숨겨진 잠재된 선한 의지와 가능성을 자극, 초대, 조직하며 불꽃을 지피는 일"이라면서 "변화란 눈에 보이는 현실을 넘어 깨어나기를 기다리는 숨겨진 가능성, 잠재된 풍요로운 현실을 보며 꿈꾸고 운동하는 사람들에 의해 이루어져 왔다"고 부연한다. 이러한 달리기 기부는 기부자의 건강과 빈곤 청년의 주거안정 둘 다를 증진하게 만들 수 있다.

5. 퍼블릭-커먼즈 거버넌스에 의거한 행성적 제4의 길 경로 찾기

1) 퍼블릭-커먼즈 거버넌스의 특성

지금까지 자본주의 국가는 커먼즈의 보호자인 적이 한 번도 없었다. 애초부터 국가는 약탈적 인클로저의 중요 행위자에 속했고 그 자체가 자본주의 성공을 위한 전제조건이었기 때문이다. 그러나 '커머닝 인클로저'를 확장하려는 차원에서 국가를 본질적으로 악이라 규정해서는 곤란하다는 것이 저자의 입장이다. 하비(2014: 133) 역시 단기적 이해관계를 쫓아 토지가 황폐화되는 것을 막고 커먼즈를 보전하기 위해서는 국가기관이 요구된다고 주장한다. 예컨대 생물 다양성과 원주민 고유문화를 지구의 자연 및 문화 커먼즈로 확정해 보호하려면 인클로저를 의무화하는 법제가 있어야 한다는 것이다.

레스타키스(Restakis, 2022: 165)는 기후위기와 대량실업을 동시에 극복하는 대안으로, 대의민주주의를 넘어 변동의 관계이론을 체현하는 새로운 거버넌스를 제안한다. 그는 동료생산 및 커먼즈 원리가 에콰도르 경제를 어떻게 자원착취의 쳇바퀴에서 벗어나게 할 것인가를 기획하면서, '파트너 국가' 개념을 정교화하고 있다. 파트너 국가를 향한 정식화는 커먼즈에 근거한 생산체계 및 사회정치 관계의 변형과 아울러, 이에 대한 시민권력의 역할을 부각시킨다. 그런데 이 같은 시민권력은 단지 일자리 창출을 위해 국가, 시장과 협치하는 제3섹터에서만 협애하게 도출할 수는 없으며, 생태사회적 배제집단과 비정부(비영리)조직 간 커머너 연합을 기반으로 형성될 필요가 있다.

〈그림5〉는 비영리(비정부)조직, 생태사회적 배제집단이 공동으로 형성하는 커머너 연합이 파트너 국가(국제기구, 지방 포함)와 함께 어떻게 퍼블

릭[19]-커먼즈 거버넌스를 구축하는지 나타낸다. 〈그림5〉에서 커머닝 인클로저와 퍼블릭-커먼즈 거버넌스의 관계는 단순한 협치구조라기보다, 커머너 연합으로 설정되는 비영리조직과 생태사회적 배제집단 간 연대를 1차 층위로, 커머너 연합과 파트너 국가가 협력하는 퍼블릭-커먼즈 거버넌스를 2차 층위로 하는 중층성을 내포한다. 특히 국가가 본래적 퍼블릭의 위상을 재정립하기 위해서는, 커머너 연합과 의사결정을 공유하는 파트너 국가, 파트너 지방정부로의 전환이 무엇보다 중요하다고 볼 수 있다.

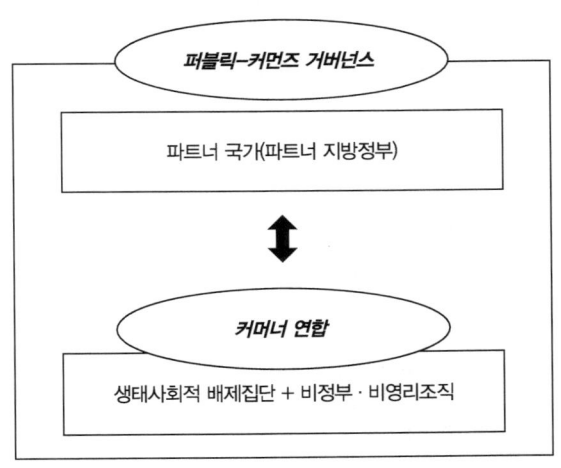

〈그림5〉 퍼블릭-커먼즈 거버넌스의 형성 경로

퍼블릭-커먼즈 거버넌스의 구축에 의거해 행성적 제4의 길의 노선을

---

19 퍼블릭은 원래 국가, 가족을 넘어서는 사회적 재생산의 중요한 섹터로 이해되어 왔다. 좁은 의미의 퍼블릭 영역은 시민결사체, 자원소방대, 부모가 운영하는 학교 및 유치원의 예에서 보듯이, 공동체가 그 구성원이나 스스로에게 서비스를 제공하는 장소였다. 그런데 자본주의 인클로저가 퍼블릭의 본령을 시장 논리로 뒤덮는 사이, 퍼블릭은 단지 국가를 뜻하는 것으로 축소되어 왔다. 이제 퍼블릭은 국가 주권 아래 놓여 있고 시민은 무력한 '공적 의견(여론)'으로 환원되기 일쑤이다(Peeters, 2017).

현실화하는 작업은 신자유주의적 틀을 어떻게 변형할 것인가라는 정치권력의 쟁점을 필연적으로 수반한다. 하지만 복합생태 위기의 가속화로 인해 생태복지사회로의 전환 정치는 '커머너 연합'이라는 커머너 모빌리티의 계기들을 아우르는 주체 형성을 우선적으로 요구한다고 볼 수 있다. 한국에서 녹색당 등 사회민주주의 정당의 약세는 이러한 커머너 연합이 보수정치에 직접 영향력을 행사하는 다양한 모색을 필요로 한다. 요컨대 커먼즈 논의에 근거한 '행성적 제4의 길'의 탐색은 인간너머 존재까지 포용하는 생태복지 지향에 대한 대중 지지를 담보하면서, 행성성의 특성인 이질성, 불규칙성을 고려하는 창의적 파트너십을 요청한다고 하겠다.

2) 퍼블릭-커먼즈 거버넌스의 사례 : 동요하는 파트너 지방정부?

황진태(2020: 318)는 2010년대말 박원순 시장의 서울특별시 커먼즈 실험에 대해 "삶을 영위하는 데 필요한 자율적 사회생산의 역량을 강화하는 것을 돕는 '파트너 지방정부'가 가능하다"고 긍정적으로 평가한다. 하지만 커머너를 적극 지원하는 단체장이 부재한 대다수 지자체의 경우, 개혁적 보수정당의 한계 속에서 상대적으로 더 보수적인 정당이 생태복지체제에 일시적으로 동참하는 경우도 있다. 어쨌든 커머닝에 의거한 대안적 인클로저가 행성적 제4의 길로 가시화되기 위해서는, 단체장의 개인 의지보다는 생태사회적 배제집단이 비영리조직, 비정부조직과 함께 퍼블릭-커먼즈 거버넌스를 주도하는 것이 요구된다.

1999년에 헌법재판소는 '장기미집행 도시계획 시설에 대한 헌법불합치 판결'을 통해 공원 등 도시계획시설로 결정된 후 10년 이상 사업이 미루어지는 경우 사적 토지이용에 대한 과도한 제한이라고 판단했다. 그 결과 2000년에 도시계획시설 결정 고시일로부터 20년 동안 사업이 시행되지 않을 때에는 결정효력이 상실된다는 일몰제가 도입되었다. 그 과정에서 국토교통부는 2019년 일몰제에 따른 난개발 방지를 위해 장기미집행 공원 10곳을 LH 공급촉진지구로 지정했다. 이는 지자체의 계획에 의해 장기미집행 공원을 공원으로 재지정하게끔 유도하는 기존 입장을 바꾼 데 따른 것이었다(한국행정연구원, 2021).

2019년 7월 LH는 울산 석유화학공단에 인접하여 공해차단의 기능을 수행해 온 야음근린공원에 4,300세대의 공영임대주택 건설을 발표했으며, 1년 후 일몰제 시행으로 해당 부지가 도시계획시설에서 해제되었다. 당시 울산의 실효대상 근린공원은 전체 40곳 가운데 36곳, 1,641만m^2의 면적이었는데, 지자체는 예산이 없어 사유재산권 행사가 가능해진 도시공원 토지를 매입하기 어렵다고 밝혔다. 이는 근린공원이자 공단 오염을 막아 온 도시 커먼즈가 신자유주의 개발 논리에 '노출'됨으로써, 커머닝 인클로저에 의해 맞대응되고 있는 사례이다. 이 사례는 도시 녹지가 (공)기업의 자본 논리에 의해 약탈당할 것인가, 커머너 연합과 제3섹터, 파트너 지방정부에 의해 방어될 것인가라는 쟁점을 부각시킨다.

일몰제 이후 야음근린공원의 문제에 처음 관심을 둔 조직은 당시 더불어민주당 지방정부의 미래비전위원회 녹색안전분과라는 퍼블릭-커먼즈 거버넌스 기구였다. 이 조직은 2018년 12월 출범 당시 지자체 국장 1명, 대학교수 2명, 노조관계자 1명, 녹색당 관계자 1명, 관계전문가 2명, 비정부조직 대표 2명 등의 구성으로 파트너 지방정부와의 명실상부한 협치를 목표로 했으며, 매달 1회의 정기회의와 주요 현안에 대한 시민토론회를 개최하기도 했다. 2020년 10월에 개최된 야음근린공원 시민대토론회에서 야음공원대책위원회 주민(이영호, 2020)은 "중화학공단의 공해와 유해물질의 차단 역할을 해 온 야음공원을 대신해서 서민·청년·신혼부부 그리고 아이들이 공해와 유해물질을 코로 마셔서 차단 역할을 하라는 것입니까?

인권유린, 아동학대, 환경파괴, 신분차별 분야에서도 세계 1위를 노리는 것입니까?"라고 반대의 이유를 밝히고 있다.

그 직후 2020년 11월에 진보당 울산시당은 50년간 공해차단녹지로 허파 기능을 수행해 온 이 곳을 공원부지로 존치시켜야 한다고 요구했다(조민주, 2020). 그런데 야음근린공원의 공영주택 개발 논란에서 주목할 것은 LH의 개입에 힘을 실어 준 울산광역시장이 '더불어민주당' 소속이었다는 점을 감안하더라도 더 보수적인 정당인 '국민의 힘'이 진보정당과 비슷한 입장에서 커머너 연합에 호의적이었다는 점이다.[20] 2021년 1월 울산 출신의 해당 정당 국회의원은 LH에 야음근린공원 주택개발 철회 및 공원 조성의 검토를 요청했다. 그리고 한 달 후 LH가 기존 계획에서 세대 수를 축소하고 녹지 비율을 높이는 수정계획안을 제시했는데도, 개발계획 백지화와 공원 존치를 주장하는 입장을 고수했다. 그런 가운데 2021년 3월 지역사회 커머너연합에 해당하는 협의체인 '울산기후위기비상행동'이 공해차단 녹지 보전을 위한 범시민 서명운동을 실시하기 시작했다(김상아, 2021).

야음근린공원의 공영주택단지화 구상은 해당 부지를 공유지(公有地)로 매입할 능력이 없는 더불어민주당 지방정부의 지지를 받았으나, 2022년 이후 보수, 진보를 망라하는 정당 및 커머너 연합의 반대에 부딪혀 표류하고 있다. LH 사업의 중단이 사유재산권 행사와 공원부지 난개발에 대한 근본적 저지를 의미하지는 않지만, 상대적 보수정당인 국민의 힘이 도시

---

[20] 2020년 11월 울산CBS의 토론 프로그램에서 더불어민주당 시의원은 LH의 계획이 없었더라면 일몰제 해제 직후 사유재산권 발동을 위한 개발 신청이 들어왔을 것이라고 주장했다. 이에 반해 국민의힘 시의원은 도시 숲이 공기정화, 여름철 온도저감, 공해물질 차단, 도시경관적 측면의 정서 안정 등을 가져온다고 보면서, 돈없는 서민을 위한다는 공공임대 아파트를 공해 최전방에 지어 선택의 여지가 없이 들어가 살라는 것은 윤리적 문제라고 지적한다. 고호근 외(2020) 참조.

공원 숲을 둘러싸고 생태사회적 배제집단, 비정부조직, 진보정당 등과 함께 커머닝에 나섰다는 점은 행성성의 특징 가운데 하나인 불규칙성을 드러낸다. 물론 해당 정당은 '영남알프스 케이블카'라는 환경부 지방청이 부동의해 온 숲 파괴 시설의 개발에 대해서는 적극 찬성하는 이중성을 드러내고 있다.[21]

6. 요약 및 전망

지금까지 이 장은 커먼즈 범주를 획정하고, 그것의 확산 과정인 커머닝, 그 주체로서의 커머너 등에 초점을 맞추어 '행성적 제4의 길'로 비유되는 생태복지사회를 형성하기 위한 방향과 연계, 탐색하고자 했다. 또한 이를 위해 비인간 생명체와 인간이 함께 커머너가 될 수 있는 근거를 둘러싸고 모빌리티 개념의 적용 가능성을 해명했다. 이와 같은 생태적 커먼즈와 도시 커먼즈를 포용하는 논법은 커먼즈 운동을 디지털 커먼즈, 지식 커먼즈, 법제적 커먼즈 등으로 확장시키는 데 유의미한 것이 분명하다.

이 장은 커머너 모빌리티의 개념과 사례를 살핀 다음, 생태사회적 배제집단과 비영리(비정부)조직이 연대하는 커머닝 인클로저의 과정을 다루었다. 그리고 위의 커머너 연합이 퍼블릭-커먼즈 거버넌스를 어떻게 형성하는가를 해명하여, '행성적 제4의 길'의 중층적 성격을 도출했다. 2020년대 기후난민의 증가, 장애인 이동권 운동 등은 모두 행성 경계에 처한 인간 생명체의 약육강식 논리에 맞서는 생태사회적 저항들이다. 또 여기서

---

21 울산 울주군 출신의 국회의원은 울주군수, 울주군의회 의장과 함께 2023년 5월말 환경부 장관을 만나 영남알프스 케이블카의 조속 추진을 요구했고 장관은 '오랫동안 준비하고 설계를 충실히 한 만큼 실무진에서 잘 검토하겠다'는 반응을 보였다. 유재형(2023) 참조.

는 근린공원에 대한 공영주택개발의 사례를 통해, 커머너 연합과 함께 상대적 보수정당이 도시 녹지를 보전하기 위한 커머닝 인클로저에 참여하는 불규칙성을 발견할 수 있었다. 이 사례에서 일몰제로 인한 공원부지 해제와 케이블카 추진 각각에 대한 보수정당의 상이한 태도는 커머닝 과정에서 생태사회적 배제집단이 직면할 정당정치의 이질적 유동성을 드러낸다.

이제 이 장에서의 논의가 갖는 실천적 함의와 연구 한계를 언급하도록 한다. 실천적 함의와 관련하여, 첫째 여기서는 글로벌 제3의 길 담론에서 일자리 창출의 주체로만 식별된 비영리조직, 사회적 경제 등을 생태사회적 배제집단과의 연대 가능성 측면에서 재조명하고자 했다. 지식 커먼즈, 문화 커먼즈 등 비영리조직에 해당하는 커먼즈집단은 서로 관계없어 보이지만 불시에 네트워킹할 수 있는 커머너 연합의 귀중한 자산들이다. 커머닝 인클로저 과정에서 생태사회적 배제집단이 직접 파트너 지방정부를 상대하는 것은 쉽지 않기 때문에, 이들 비영리(비정부)조직과의 연대가 중요한 매개변수가 될 수 있다.

둘째 커먼즈를 둘러싼 생태맑스주의의 문제의식은 동의하나, 커머닝 인클로저 및 생태복지체제를 밑받침하는 이데올로기는 '녹색사회민주주의'가 더 적절하다고 판단한다. 이 장에서는 행성적 접근과 관련하여 행성 경계, 행성적 정의 등의 함의는 수용하되, 인간너머 존재의 현실운동에 대한 지나친 대입은 경계해야 함을 지적한 바 있다. 즉 현 단계에서는 행성성에 대한 이론적 민감성이 아니라, 지구 상한을 침범하지 않기 위한 실사구시적 정책화 및 실천이 더 긴급하다는 것이다.

셋째 행성적 제4의 길의 협치 전략과 관련하여, 파트너 국가(지방정부)를 형성하는 경로는 '선거정치'를 우회할 수 없는 것이 현실이다. 따라서 '생태'보다 '복지'에 길들여진 인간 유권자를 대상으로 인간너머 존재, 비정규직, 이주민, 장애인, 노인, 미래세대 등과의 공감을 끌어내는 모빌리티 계기를 창출해야 할 것이다. 그런 맥락에서 제5부에서 다룰 배달 라이더의 '기후실업급여'와 같은 창의적 제안을 에너지 빈곤층이나 온라인 플랫폼에 포획된 미래세대 등과 관련지어 궁리해 나가고, 인간 및 인간너머 존재 간 공동의 서식가능성 영역을 교차적으로 발굴하는 것이 요청된다.

한편 이 장에서의 논의의 한계로는, 생태복지사회로의 전환 경로에 대해 커먼즈 관련 논의 위주로 접근하다 보니 '행성적 제4의 길'의 함축이 생태사회적 배제집단의 주도성과 파트너 지방정부와의 거버넌스 중심으로 좁혀졌다는 점을 언급할 수 있다. 향후 파트너 국가의 생태복지 관련 컨텐츠를 구성하기 위해, 복지국가의 생태화 담론 및 생태복지정책 프로그램에 대한 구상이 더욱 구체화될 필요가 있겠다.

제6장
커먼즈의 사회적 가치 평가

1. 서론

이 장은 커먼즈가 공유경제(sharing economy) 자산이나 공적(公的) 자산과 어떻게 구별되며 도시, 디지털, 생태 차원에 걸쳐 어떤 형태로 대표되는지 다루고 있다. 또 공공기관의 평가 항목 정도로 협애하게 이해되는 경향이 있는 사회적 가치를 시장가치와 비시장가치의 혼합으로 파악하고 능동성, 수동성이라는 변수와 교차하여 동질형, 모방형, 이질형, 고립형 등 네 가지 평가모형을 도출한다. 나아가 커먼즈 종류별로 이들 사회적 가치 평가모형을 적용해 봄으로써, 커먼즈의 사회적 가치 확대 차원에서 모방형의 이질형으로의 전환 가능성을 탐색하고 있다.

이러한 시도는 학계에서의 커먼즈 논의가 중앙정부나 지자체 등으로 확산됨에 따라, "모든 것이 커먼즈이고, 결국 커먼즈가 아닌 것이 없다"는 식의 개념 남용을 막기 위한 것이다. 그리고 2020년대를 시작하면서 도시

전환, 에너지 전환, 지속가능한 전환 등 '전환 담론'이 홍수를 이루고 있음에도, 무엇으로부터 어느 방향으로 전환하는지에 대한 가치 지향이 불명확한 문제를 제기하려는 의도도 담고 있다. 한편 커먼즈의 사회적 가치 평가모형이 궁극적으로 고립형을 채택해야 한다는 주장이 있을 수 있으나, 저자는 모방형의 한계를 극복하는 이질형 커머닝이라는 단계적 전략이 좀 더 유효하다고 생각한다.

2. 자산을 둘러싼 점유와 소유의 차이

자산(asset)은 세대에 걸쳐 획득, 개발, 개선 및 이전될 수 있는 인간적, 사회적 자원의 스톡이다(Frayne et al., 2012: 12). 이는 유무형의 경제적, 사회적, 생태적 차원에 걸쳐 있는데, 그 중 경제적 자산은 소득, 일자리 및 주택 등을 가리킨다. 또 사회적 자산은 가족 및 거주 안정성, 사회적 자본, 정치적 멤버십 등에 해당하며, 생태적 자산은 오염과 희소한 결핍된 자원의 환경에서는 정신적, 감정적 건강이라는 무형의 자산이 성립될 수 없다는 데에 근거한다(한상진, 2018a: 74). 이 가운데 경제적 자산은 자본주의에서 주로 개인 소유(property)의 대상인 데 비해, 네트워킹, 신뢰 등의 사회적 자산, 미래세대 역량을 위한 생태적 자산은 본질적으로 공동의 점유(possession) 대상이라 할 수 있다.

점유는 다양한 형태의 모든 사회에 존재하는 것으로, 어떤 오염의 조건에서 누가 얼마동안 무슨 목적으로 누구와 함께 어떤 종류의 자원을 사용하는 권리를 갖는가에 대한 사회재생산의 보편성을 드러낸다. 이에 비해 소유는 자본주의의 경제적 합리성을 대표하는데, 근대 신용관계의 발전에 따라 법적 소유권으로 보장되면서 특정하게 현실화된 것이다. 또한 점유가 문화적, 생태적으로 배태되는 경험적 지식의 대상인데 반해, 소유는 개인주의적 계산에 의거한 극대화 원리에 입각해 있다. 따라서 구체적 맥락을 갖는 생산/소비, 나아가 물질 및 에너지의 흐름이라는 '점유'와 동질적, 추상적 합리성에 의해 지배되는 화폐를 중심하는 '소유' 간에는 근본적 모순이 존재한다(Steppacher et al., 2012: 112-115).

이렇게 볼 때, 경제적 자산의 사적 소유는 대체로 화폐화된 금융, 주택, 토지 등과 관련되나, 이에 대한 공동점유는 공동의 소비나 협동적 일자리 공유(共有)까지 포괄하는 것이다. 원론적으로 보면, 사적 소유는 개별적 의사결정자가 "다른 사람의 권리를 전적으로 배제하는 가운데 세계 속 배타적 사물에 대해 주장, 행사하는 유일하고 전제적인 지배력"에 의거한다. 소유권이 명료할 때, 소유자는 자신의 자산을 시장에서 거래하여 더 높은 가치로 평가될 수 있게 함으로써 부를 창출할 수 있다. 반대로 커먼즈는 어떤 단일 의사결정자도 존재하지 않는 가운데 공동으로 점유되는 자산인데, 그러한 관점에서 보면 재산권의 명료한 규정보다 더 중요한 것은 자산의 내용이라 할 수 있다.

3. 커먼즈는 공유경제 자산, 공적 소유자산과 어떻게 다른가?

앞서의 점유, 소유에 대한 개념 구분에 의하면, 커먼즈는 공동소유가 아닌 공동의 점유에 의거하는 경제적, 사회적, 생태적 자산에 해당한다. 도시에서의 경제적 커먼즈는 일자리, 주택 등을 공동점유하기 위한 커머닝을 지향한다. 특히 사회적 커먼즈의 관점에서 볼 때, 신뢰와 네트워크를 형성하는 커머닝의 과정 자체가 사회적 자본으로서 커먼즈의 한 형태로 파악될 수 있다. 또 생태적 커먼즈인 동식물과 미생물 등은 지구상 자원일 뿐 아니라 그것을 인간과 함께 점유하는 커머너이기도 하다.

한편 공유경제 자산은 경제적 효율성을 최우선으로 하여 공동점유가 아닌 분점(分占)의 논리를 따른다는 점에서 차별화된다. 에어비앤비(Airbnb), 우버(Uber) 택시 등의 공유경제 조직에서 생태적, 사회적 가치는 부차적이며, 시장에서의 화폐가치를 기준으로 하는 '나눔'이 지배적이다. 공유경제의 사회적 이득은 임대나 재사용을 통해 환경위해적 생산을 대체하며, 에어비엔비의 예처럼 동료나 생비자(prosumer)로서의 사회화 경험을 더 많이 하게 만들고, 사용되지 않던 주택이나 자동차를 경제 순환에 편입시켜 숙박비, 교통비를 절감하게 만드는 데에 있다.

그러나 공유경제는 사유재산에 기초한 것으로 다음의 측면에서 커먼즈와 다르다. 첫째 에어비엔비나 우버 등은 보험에 미가입한 노동자를 고용하는 사기업이다. 둘째 공유경제에 대한 규제 완화나 면세 논의까지 있으나, 이들 활동은 화폐와 관련된 정상적 거래이다. 셋째 환경적 측면에서는 손님을 태우려는 우버 택시가 많이 돌아다님으로써 배기가스를 더 배출한다(Kallis, 2017: 130).

한편 공적 소유는 국가라는 단일한 의사결정자가 있다는 점에서 사적 소유와 비슷하나, 자원 사용이 원칙상 전체 공중의 욕구에 의거해 명령된다는 차이가 있다. 자본주의가 고도화되면서, '공적(公的)'은 더 이상 자원관리와 관련된 공동체의 권위를 드러내지 않는다고 지적되어 왔다. 여기에는 케인즈주의가 기여했는데, 이 이론에서는 정부지출 및 소비가 식량, 물, 공기, 지식 등을 자연적 재생가능 자원이 아닌 시장 재화로 동일시하고 있기 때문이다. 이제 공적 부문은 집합이익을 위해 스스로 자원을 제공하지 않고, 사적 시장재화에 의존하여 개인의 웰빙을 개선한다고 주장하는 국가기관일 뿐이다(Quilligan, 2012: 75).

한 때 커먼즈나 공적 소유의 자산으로 관리되었던 물, 식량, 숲, 에너지, 건강 서비스, 학교, 문화, 공원, 지식, 커뮤니케이션 수단, 통화 등은 명백히 민영화되거나 형식 상 공공재로 잔존되어 있다. 오늘날 공적 부문을 사적 시장에 대한 대항적 권위의 집합적 잠재력으로 취급하는 인식론적 준거 또한 사라지고 있다. 애초에 '공공성(公共性)'이라는 공적 소유와 공동점유를 일치시키는 어법이 있을 만큼, 공적 소유자산과 커먼즈는 집합적 자산의 두 가지 기본 형태로 자연스럽게 혼재되어 있었다. 물론 엄밀히 말해 커먼즈는 사회적이거나 관습적인 전통, 규범 및 관행을 통해 구성원 스스로의 규칙을 협상함으로써 관리되는 형태이며, 공적 소유자산은 사회적으로 위임된 관리의 대상으로 구별된다.

오늘날 민영화에 따라 공적소유 자산은 사회적 위임의 형식만 갖출 뿐 대체로 시장 논리에 의존한다는 점에서, 공공성이라는 유명무실한 논리에서 벗어나 '공—사—공(公—私—共)'이라는 별개의 주체 간 협치를 상정하는 것이 좀 더 현실적일 것이다. 물론 커먼즈를 둘러싼 회복력의 관리를 위한 생태복지국가 형태의 공적 부문 역할은 아무리 강조해도 부족하지 않을 것이다.

4. 커먼즈의 분류

커머닝의 관점은 이 장에서의 연구 대상인 커먼즈를 공유경제 자산, 공적 소유자산과 구별하는 근거이다. 이 관점은 커먼즈에 접근할 때 단순한 효율성이나 집합적 관리를 추구하기보다, 공동체적 가치에 바탕을 둔 협력과 상생에 의거하도록 만든다. 커머닝에 대해 전은호(2017)의 경우 공유자산화라고 달리 번역하고 있으나, 라인보우(Linebaugh, 2012)에 따르면 그것은 '모두가 공동점유하는 동시에 재생산할 수 있는 실천'이라는 의미를 갖고 있다. 즉 커머닝은 사회-생태계(이하 SES)에 포함되는 건조된(built) 공간, 전자적(cyber) 공간, 자연적(natural) 공간 등의 자산에 대한 공동점유의 다양한 시도라고 할 수 있다. 이 때 건조된 공간은 도시 커먼즈, 전자적 공간은 디지털 커먼즈, 자연적 공간은 생태적 커먼즈에 각각 관련된다.

1) 도시 커먼즈

건조된 공간인 도시에서 인간들에 의해 축적되는 커먼즈의 대표적 형태는 '노동'이다. 김정원 외(2018: 93-94)는 사회적 경제를 '협동노동(associated work)'으로 정의하면서, 도시 커먼즈로서의 협동노동이 갖는 특성을 다음과 같이 정리한다. 첫째 경제적 인간을 넘어서는 관계적 인간이라는 새로운 주체성의 형성, 둘째 이들 새로운 주체인 협동노동자에 의한 개인, 기업, 지역사회 간 연합이라는 새로운 사회성의 구축, 셋째 이러한 새로운 사회성이 창출하는 사회적 유용성과 공통의 부(富)의 형성 등이 그것이다.

나아가 수써 등(Sousser et al., 2013: Bruun, 2015: 157에서 재인용)은 사람들에게 공정한 삶을 보증하는 도시 커먼즈의 측면을 다음과 같이 식별한다. 첫째는 노동은 물론 사회서비스, 근린재생산, 주택, 교통 및 기타 소비 등을 도시생활이 집합적으로 사용, 통제할 권리를 갖는 커먼즈로 파악하는 경우이다. 이들 자원과 서비스는 이보다 더 큰 스케일에 해당하는 것이기는 하나, 방목지나 호수 등 농촌에서의 전통적 자연자원 커먼즈와 비슷한 특성을 지닌다. 둘째는 경계를 초월하여 사람들의 도시에 대한 인식을 전환시키는 집합적인 도시 비전, 예술 및 커머닝 과정으로서의 마을 텃밭 만들기 등과 같은 창의적 노력을 가리킨다.

2) 디지털 커먼즈

디지털 커먼즈는 인터넷 상에서 공유되는 지식과 정보일 수 있고 소프트웨어나 플랫폼일 수도 있다. 그것은 일반적으로 협력재/무형재의 성격을 띠는데, 이 중 협력재는 반(反)경합성과 포괄성을 그 특성으로 한다. 이때 반경합성이란 '한 사람의 재화소비가 다른 이들이 잠재적으로 사용할 수 있는 양을 자동적으로 줄어들게 하지 않는다'는 비경합성을 넘어, '더 많이 사용할 수록 경제적 가치가 늘어나는' 원리를 뜻한다.

왜냐하면 디지털 커먼즈는 리프킨(2014)이 지적하듯이 비소모적이며 풍부하여, 수확체감 법칙과 반대되는 수확체증 원리의 적용을 받기 때문이다. 또한 포괄성이란 특정한 사람이 재화에 접근하는 것을 막을 수 없다는 비배제성을 넘어선 적극적인 의미로서, 접근성이 없는 사람에게는 접근성을 늘리고 이미 접근성이 있는 이들에게는 공유 이익을 증대시키게 된다. 이러한 디지털 커먼즈의 특성 때문에 디지털 기술혁신은 협력의 규모를 확장시켜 새로운 가치의 창출 및 확대를 가져오는 경향이 있다(고동현 외, 2016: 130).

3) 생태적 커먼즈

오스트롬(2010)은 SES 모델이 커먼즈를 지속가능성 증진에 필요한 사회적, 생태적 맥락 내에 위치시키는 데 유용하다고 본다. 그녀는 생태적 커먼즈(숲, 어업 및 토지 등)의 측면에서 성공적인 것으로 증명된 규칙을 어떻게 집합적으로 고안, 이행하는지를 해명해 왔다. 오스트롬은 '하나뿐인 지구'라는 희소성에 근거하여, 커먼즈의 비배제성, 감소성에 주목하고 자연자원 남용의 문제점을 제기했다. 이 때 비배제성이란 다른 사용자를 배제하기 어렵기 때문에 발생하는 무임승차의 문제를 의미하며, 감소성이란 희소성으로 인해 한 사용자의 이용량 증가가 다른 사용자의 이용량 감소를 가져오는 성질을 말한다(정영신, 2017: 28).

그녀의 접근은 (신)자유주의적 경제이론의 강력한 환원론을 극복하기 위한 대안을 추구한 것이라 평가된다. 하지만 오스트롬의 커먼즈에 대한 관점에는 신고전파 경제학과 결합된 '방법론적 개인주의, 자기이익 추구 합리성, 규칙인도적 행태, 극대화 전략' 등이 그대로 관철되고 있기도 하다. 즉 자원에 대한 규제되지 않는 왜곡된 접근을 치유하는 과정이 생물리적 자원의 제한된 스톡을 착취하는 합리적, 경제적 주체의 자유주의적 행태를 확인하는 것으로 되돌아가는 문제가 있다.

5. 사회적 가치 평가모형의 도출

1) 시장가치와 비시장가치의 혼합으로서의 사회적 가치

가치(value)는 '사회적으로 인정된 중요성'이다(이항우, 2017: 133). 이런 시각에서 보면, 시장가치만을 강조하는 경제우위적 접근은 화폐물신주의 편향이라 비판될 수 있다. 가치의 생산은 사람들 간 폭넓은 소통, 우호관계가 유지되는 사회적 기술, 집단지성 활용 능력 등의 과정 및 결과로 파악되어야 한다. 물론 가치란 주어진 사회의 제도 맥락에서 지배적인 규범이 가치 있다고 결정하는 바에 의존하는 것이기도 하다(Banet-Weiser et al, 2017: 6). 21세기의 지배적인 사회제도가 자본주의이기 때문에, 모든 사회적 가치 가운데 경제적 가치가 가장 우월하며 그것은 '화폐로 구입할 수 있는 역량'으로 파악되곤 한다.

박명규(2018)는 사회적 가치의 핵심적 차원을 안전과 일자리, 혁신과 역능성, 공동체와 공공성, 상생과 지속가능성 등으로 구분한다. 이 같은 입장에서는 이 장이 강조하는 커머닝 과정 자체가 혁신과 창의적 도전을 위한 사회적 가치를 갖는다고 하겠다. 한편 2014년에 발의된 '공공기관의 사회적 가치 실현에 관한 기본법(안)'의 제안 이유를 보면, 국가 시스템을 이윤과 효율이 아니라 사람, 공동체의 가치를 지향하도록 바꾸고 인권, 노동권, 안전, 생태, 사회적 약자 배려, 양질의 일자리, 대-중소기업 상생협력 등에 기여하는 사회적 가치가 경제운영 원리의 중요한 축으로 자리매김할 필요성을 제기하고 있다.

자본주의 체제에서 사회적으로 유의미한 행위가 시장가치, 곧 가격으로 측정되고 화폐의 양적 수준이 우월적 평가기준으로 강화될수록 사회적 가치의 질은 낮아질 수 있다. 사회적 연대, 공동체성, 생태적 질 등의 비시장가치는 시장에서의 가격, 곧 화폐로만 측정될 수는 없기 때문이다. 화폐 및 시장가치에 편향된 접근은 방법론적 개인주의에 기초하여 인간 상호작용을 시장에서의 효용, 비용으로 이해하는 경향이 있다(Jordan, 2008: 13). 하지만 이 장의 대상인 커먼즈처럼 두 명 이상 집단이 관여하는 경우, 그 사회적 가치는 시장가치, 비시장가치의 혼합으로 생산, 교환되는 것이 명확하다. 커먼즈와 관련된 재화, 서비스는 실제적 목적뿐 아니라 상징적으로도 사용되며 종교, 정치, 문화 등 비경제적 영역에 배태되어 있기 때문이다. 따라서 커머닝의 과정에 개입하는 다양한 공동체와 결사체의 상호작용을 해명하기 위해서는 비시장가치가 시장가치만큼이나 동등한 비중으로 취급되어야 한다.

2) 시장가치, 비시장가치를 둘러싼 능동성/수동성의 구분과 사회적 가치 평가모형

사회적 가치의 측정을 둘러싸고는 이 장에서 다룰 '사회성과 인센티브'를 포함하여 균형성과 평가제도, 대시보드(Dashboard), 사회적 평가 툴킷(toolkit), GRI(Global Report Initiative) 기준 등 다양한 척도가 개발되어 왔다(고동현 외, 2016). 이 장은 커먼즈의 사회적 가치 측정을 위해 시장가치/비시장가치의 혼합을 전제함과 동시에 시장가치의 능동성, 수동성 여부에 초점을 두는 김민정(2019)의 유형화 방식을 채택하고자 한다. 그녀는 〈그림6〉과 같이 이념형적 유추에 의거하여, 동질형, 모방형, 이질형, 고립형이라는 사회적 가치를 둘러싼 네 가지 서로 다른 평가모형을 도출한 바 있다.

〈그림6〉 사회적 가치 평가의 이념형

	시장(화폐)에 기초한 가치 측정	시장(화폐)이 아닌 다른 가치 측정
능동적	동질형 : 시장가치 ⇐ 비시장가치 (비화폐가치의 화폐가치화)	이질형 : 시장가치 대 비시장가치
수동적	모방형 : 시장가치 ⋯ 비시장가치 (비화폐가치의 일시적 화폐가치화)	고립형 : 사회 및 공동체의 비시장가치 측정체계 구축

출처 김민정(2019)에서 재구성.

이들 이념형을 구성하는 첫 번째 변수는 시장가치의 동기 및 이상을 사회적 가치에 부여하는가, 아니면 정반대인 비시장적 가치에 치중하는가와 관련된다. 두 번째 변수는 능동성/수동성에 대한 것인데, 이는 시장(화폐)가치의 능동적 역할을 얼마나 수용하는가에 따른 것이다. 〈그림7〉은 네 가지 사회적 가치 평가모형이 각각 시장가치, 비시장가치에 대한 의존의 스펙트럼에서 어떤 위치에 있는가를 나타낸다. 우선 동질형은 사회적 가치 평가에 대해 화폐측정이라는 시장가격의 관점을 지배적으로 도입하려는 유형이다. 이와 같은 평가모형은 화폐화하기 어려운 사회적 가치를 가능하면 화폐체계 안으로 수용하려는 문제의식에 입각해 있다. 다음으로 모방형은 사회적 가치의 비시장적 측면을 인정하되, 이에 대해 일시적으로라도 화폐를 척도로 하여 통합적 관리를 시도한다.

〈그림7〉 사회적 가치 평가모형의 스펙트럼

시장가치 의존 ←―――――――――――→ 비시장가치 의존

동질형	모방형	이질형	고립형

또 이질형은 화폐로 측정될 수 없는 비시장가치의 영역이 시장가치와 병존함을 강조한다. 이 접근은 화폐가치를 능동적으로 승인하면서, 사회적 가치가 시장 외곽에서 인정되는 영역도 확장시키고자 한다. 따라서 이질형은 현재의 화폐우월주의 가운데 사회적 가치를 점진적으로 비화폐적 영역으로 전환시키는 전략을 취한다. 끝으로 고립형은 사회적 가치의 평가에서 시장가치와 비시장가치를 엄격히 구분하여 화폐의 사용을 금지하는 탈시장적 지향이다. 이 모형은 화폐가치에 대한 승인을 부정한다는 측면에서 시장가치에 대해 수동적이며, 자급자족과 자연의 내재적 가치를 중시하고 있다.

6. 커먼즈 유형별 사회적 가치 평가의 초점 전환을 위한 시론

1) 커먼즈의 유형별 사회적 가치 평가 사례 – 동질형, 고립형을 중심으로

그러면 이들 네 개의 사회적 가치 평가모형에 의거해 이 장에서 분류한 사례들을 검토함으로써 커먼즈의 사회적 가치에 대해 접근해 보자. 도시, 디지털, 생태 차원의 커먼즈가 사회적 가치 평가모형별로 적용 가능한 사례는 <그림8>, <그림9>, <그림10>와 같이 열거된다. 이 장은 사회적 가치를 시장가치/비시장가치의 혼합으로 이해하기 때문에 커먼즈의 유형별로 동질형, 고립형보다는 모방형, 이질형의 시도를 더욱 중시한다. 그 중에서도 비시장가치의 일시적 시장가치화에 치중하는 모방형을 지양하여 시장가치와 비시장가치의 병존을 추구하는 이질형으로의 전환이 필요하다는 입장이다.

우선 커먼즈의 세 형태별로 동질형, 고립형의 사례를 검토해 보면 다음과 같다. 동질형의 경우 도시 커먼즈에서는 공유가치 창출(Create Shared Value; 이하 CSV), 디지털 커먼즈에서는 오픈소스 프로젝트(Open-source Project; 이하 OP), 생태적 커먼즈에서는 조건부 가치 측정(Conditional Value Measurement; 이하 CVM) 등이 대표적 사례라고 할 수 있다. 먼저 포터(Porter)가 2011년에 제시한 CSV 개념은 기업이 수행하는 일반적 경영활동 자체가 해당기업 문제뿐 아니라 사회문제의 해결을 통해 전체적인 가치를 창출한다는 의미를 담고 있다. 기업의 사회적 책임(Corporate Social Responsibility)이 지역사회나 소비자의 이익을 추구하는 기업의 의사결정 및 활동인 데 비해, 이 개념은 기업 이윤극대화를 위한 전략 내에서 사회적 가치를 통합한다는 차이가 있다(후지이 다케시, 2016).

〈그림8〉 도시 커먼즈의 사회적 가치 평가모형별 접근 사례

	시장(화폐)에 기초한 가치 측정	시장(화폐)이 아닌 다른 가치 측정
능동적	동질형 : 공유가치 창출(CSV) 등	이질형 : 지방통화체계(LETS) 등
수동적	모방형 : 사회성과 인센티브 등	고립형 : 탈성장 패러다임 등

〈그림9〉 디지털 커먼즈의 사회적 가치 평가모형별 접근 사례

	시장(화폐)에 기초한 가치 측정	시장(화폐)이 아닌 다른 가치 측정
능동적	동질형 : 오픈소스 프로젝트(OP) 등	이질형 : 무료노동 보상으로서의 기본소득 등
수동적	모방형 : 블록체인 화폐(비트코인) 등	고립형 : 창조적 공동자산(CC) 등

〈그림10〉 생태적 커먼즈의 사회적 가치 평가모형별 접근 사례

	시장(화폐)에 기초한 가치 측정	시장(화폐)이 아닌 다른 가치 측정
능동적	동질형 : 조건부가치 측정(CVM) 등	이질형 : 물질흐름분석(MFA) 등
수동적	모방형 : 녹색 GDP 등	고립형 : 자연의 내재적 가치 등

이와 함께 OP는 스톨먼(Stallman)의 자유소프트웨어 운동에 동참했던 레이먼드(Raymond), 오라일리(O'Reilly) 등이 1998년에 스톨먼을 배제한 채 영리기업도 활발하게 참여시키는 새로운 시도로 제기되었다. 이는 1980년대 중반의 자유소프트웨어 운동이 정보의 자유와 완벽한 소프트웨어 개발을 가로막는 영리기업의 독점화 경향을 비판했을 뿐 그것의 공동점유를 주장한 것은 아니었기 때문에 가능한 일이었다(이항우, 2017: 66). 이후 많은 영리기업은 오픈소스 라이선스를 매개로 동료생산(peer production)의 상업화를 추구하여 다양한 웹2.0 사업을 전개해 왔다. 최근에는 OP를 주도하는 거대플랫폼 기업의 독점에 대한 비판이 제기됨에 따라, 뒤에서 모방형 디지털 커먼즈의 사례로 다룰 블록체인이라는 신뢰에 바탕을 둔 대안적 기술이 부상되어 왔다(이민화, 2018: 260). 한편 생태적 커먼

즈의 동질형 사례인 CVM 접근은 자연의 비사용가치를 추정하기 위해 해당 자연자산에 대한 인간의 지불의사를 질문하여 화폐화하는 방식이다(박운선, 2010).

다음으로 고립형 사회적 가치 평가모형의 경우, 도시 커먼즈에서는 탈성장(degrowth) 패러다임, 디지털 커먼즈에서는 창조적 공유자산(Creative Commons; 이하 CC), 생태적 커먼즈에서는 자연의 내재적 가치 등으로 사례화될 수 있다. 이 장에서는 커먼즈의 사회적 가치 평가가 장기적으로는 고립형 모형을 지향하는 것이 바람직하다고 전제한다. 하지만 한국에서의 사회적 가치 모형화의 현 단계를 볼 때 동질형, 모방형 등이 지배적이기 때문에, 중단기적으로 이들 유형으로부터 이질형으로의 이행 전략이 좀 더 현실적이라 판단한다. 탈성장 패러다임은 CSV의 이윤극대화 지향을 거부하며, 정상상태 경제와 생태사회적 웰빙을 향한 문화운동이다. 현재 탈성장운동은 영어권 정상상태 경제론, 남유럽의 문화적 접근, 독일어권 포스트성장 관점 등으로 다양하게 전개되고 있다(2장 참조).

또 CC는 탈성장, 자연의 내재적 가치 등에 견주어 상대적으로 시장가치와도 융합 가능한 편인데, 스톨먼의 후계자인 레식(Lessig)에 의해 도입된 CC 라이선스를 중심으로 저작물의 자유로운 공유를 가능케 하고 있다. CC는 OP와는 달리 문화, 학습, 학문, 민주주의와 경제를 위해 생동하는 지식 커먼즈의 비시장가치에 초점을 맞추는 입장이다(Linksvayer, 2012: 304). 끝으로 자연의 내재적 가치는 CVM 등으로 측정되는 자연의 도구적 가치와 갈등적일 수 있지만 적대적일 필요는 없다. 즉 자연의 내재적 가치, 도구적 가치 간에 는 시너지가 상정될 수 있고, 다만 전자가 후자의 필연성을 표출시키기 때문에 더 중요하다(Fitzpatrick, 2014).

2) 사회적 가치 평가의 전환을 위하여 - 모방형에서 이질형으로

여기서는 커먼즈의 형태별로 모방형, 이질형 사회적 가치 평가모형의 사례를 다룬 후 전자에서 후자로 이행하기 위한 이론적 가능성에 대해 간략히 전망해 보겠다. 모방형은 커먼즈가 갖는 사회적 가치를 일시적 화폐가치로 환산하려는 시장가치 중심적 접근인 데 반해, 이질형은 커먼즈의 시장가치와 비시장가치를 동등하게 파악하려는 대안적 평가모형이다. 그러므로 최근에 모방형에서 이질형으로 사회적 가치의 초점을 전환시키려는 노력은 경제적 가치를 고려하면서도 사회적 가치의 독자성을 정립하기 위한 출발점이 될 수 있다. 이는 또한 사적 소유가 더욱 강화되는 21세기의 지평에서 공동점유 영역을 확장하는 커머닝에 의한 커먼즈 탈환 시도와도 연계되어 있다.

먼저 모방형의 사례로, 도시 커먼즈의 경우 사회적가치연구원(2018)이 개발한 사회성과 인센티브를 들 수 있다. 이는 사회적 기업의 사회서비스, 고용, 환경, 사회생태계 등에 대한 기여도를 측정하여, 스스로의 경영혁신에 대한 인센티브를 제공할 뿐더러 외부자본의 신뢰를 구축하여 생태계 선순환 구조를 만들기 위한 것이다. 그리고 디지털 커먼즈의 경우에는 블록체인 화폐가 사례에 해당될 수 있는데, 비트코인은 실제 화폐인 금과 같이 자산으로서의 가치, 상품으로서의 가치를 보유하는데다가 디지털 자산의 속성을 추가로 갖는다. 따라서 참여자의 합의만 있다면 블록체인 화폐의 리디노미네이션(redenomination)이 자유롭게 실행될 수 있어서, 그 채굴량은 제한되어 있지만 유통량은 무한하다(오세현 외, 2017: 209).

이와 함께 생태적 커먼즈와 관련된 모방형 사회적 가치 평가의 시도로는 녹색 GDP가 있다. 이 개념은 환경이 적절한 수수료를 지불해야 하는 자본의 형태이므로 자연자원을 대체하는 제조된 등가에 대한 지원이 필요하다고 본다. 녹색 GDP 범주의 장점은 현재의 관행과 결합시켜 대체를 통해 환경악화 비율을 완화시키려는 실용적 목표에 있다. 하지만 대체는 한 단위의 산출을 생산하는 데 요구되는 자원 양을 감소시킬 수는 있지만, 자원고갈 자체를 중단시킬 수는 없다. 또 현존하는 시장 선호에 따른 생태적 가치의 추정은 가격과 가치를 혼동하고 근본적으로는 환경을 다른 재화와 동등하게 간주하는 것으로 비판된다(한상진, 2018b).

이어서 이질형 사회적 평가모형에 해당하는 각각의 커먼즈 사례들을 검토해 보자. 우선 도시 커먼즈의 사례로, 지방통화체계(Local Exchange and Trade System; 이하 LETS)와 같은 공동생산(coproduction)의 가치화 시도를 들 수 있다. LETS는 지역사회의 경제활동을 더 이상 화폐의 결핍으로 제한하지 않으며, 시장가치 면에서 평가절하되는 기능을 갖는 사람도 비슷한 품성의 이웃과 함께 공동체적, 호혜적 교환에 참여할 기회를 제공한다. 핀란드에서의 시간은행(time bank)에 대한 사례 연구에 따르면, 그것의 주요 원칙은 모든 사람의 시간, 일과 욕구는 동등한 가치를 가지므로 예컨대 아기 돌보기 1시간은 1시간의 이웃노인 돕기나 회계서비스의 제공과 동등하다는 데 있다. 이처럼 LETS의 원리는 사람들의 시간과 노력을 매우 불평등한 방식으로 가치화하는 현행 화폐 체계 및 자본주의 시장의 전제와 확연히 구별된다.

한편 디지털 커먼즈의 이질형 사례는 도시 및 생태 차원과도 연계될 수 있는 '무료노동에 대한 보상으로서의 기본소득'이다. 이 때 무료노동이란 일반적으로는 노동으로 간주되지 않아 온 일상적 인터넷 활동(예: 유튜버 개인방송 등)으로, 구글, 페이스북 등 OP 소유 기업에 의해 아무런 물질적 보상을 받지 못하는 자유노동을 가리킨다(이항우, 2017: 223). 그러한 자유/무료노동에 대한 보상 방식에는 소액결제와 함께 공통주의적 접근인 기본소득 제도가 있다. 전자의 경우 정보, 데이터에 대한 보상을 개인간 직접적 교환관계로 파악하는 시장주의적 관점에 근거한 것으로, 사회적 가치 평가모형과 관련해서는 모방형에 가까운 편이다. 이에 비해 후자는 네트워크 속의 다양한 무료 노동이 창출하는 가치를 인정하여 정당하게 보상하는 사회정책이며, 그 재원은 OP에 대한 사적 전유에서 발생하는 광범위한 불로소득의 사회적 환수로 부터 확보되어야 한다(이항우, 2017: 236).

마지막으로 이질형 사회적 가치 평가모형에서 생태적 커먼즈와 관련한 사례인 물질흐름분석(Material Flow Analysis; 이하 MFA)은 조건부 가치측정이나 녹색 GDP와 같은 화폐 지표의 한계를 넘어 생태물리적 지표를 구성하려는 시도이다. MFA는 자연자본(natural capital)이라는 스톡(stock)보다는 인간 경제활동의 물질 흐름과 그 규모의 축소라는 플로우를 강조함으로써, 자연과 경제의 관계에 대해 더욱 구체적이고 현실적으로 접근한다(조영탁, 2013: 111). 이 관점은 경제활동의 물질 흐름 축소를 정책화시켜 특정 부문의 에너지 문제나 오염물질관리 정책, 제품단위 환경성 제고 등에 적용될 수 있다. 총괄적으로 볼 때, 모방형의 사례들(사회성과 인센티브, 블록체인 화폐, 녹색 GDP)은 각각의 공동유자산 형태에 개별적 초점을 맞추고 있는 데 반해 이질형의 사례들(지방통화체계, 기본소득, MFA)은 비시장가치의 비중을 높여 커먼즈의 개별 영역을 뛰어넘는 사회적 가치의 융합적 성격을 드러내기에 용이하다.

7. 맺음말 – 커머닝을 통한 사회적 가치의 증대를 향하여

이 장에서는 커먼즈를 공유경제 자산, 공적 소유자산 등과 구별하고 도시, 디지털, 생태적 차원으로 분류하여 그 특성을 고찰했다. 그리고 사회적 가치를 시장가치/비시장가치의 혼합으로 이해한 다음, 커먼즈 형태별로 사회적 가치의 평가를 위한 네 가지 모형을 구성했다. 향후 과제로는 커먼즈별로 모방형에서 이질형으로 전환하기 위한 시도를 좀 더 구체화시키고, 도시, 디지털, 생태라는 커먼즈 유형을 가로지르는 커머닝 과정에 의해 이질형 사회적 가치 평가의 융합적 확대가 모색될 필요가 있다.

즉 도시의 생태적 지속가능성을 위한 디지털 기술 활용이라는 전반적 커머닝 방향에 비추어, 이질형 사회적 가치 평가모형은 지방통화체계에 입각한 기본소득의 제도화라든지 물질흐름분석과 결합된 탄소배출 감축량 거래 등에 응용 가능하다. 그 밖에 도시 내 생태적 커머닝을 촉진하기 위한 블록체인의 적용, 에너지와 생명의 순환과정으로서의 일자리의 재평가 과제 등도 제안될 수 있다. 또 다른 예로는 탄소배출에 엄격히 세금을 부과하되 그 세입을 모두 동등한 지역통화 형태로 시민들에게 지급하는 구상도 가능하다(퍼거슨, 2017: 327-336). 이를 통해 수입이 적은 사람은 새로운 소득을 갖게 되고 온실가스를 대량으로 배출하면 처벌받고 적게 배출하면 보상을 주는 방식이 실험될 수 있다.

이 장에서의 논의의 한계는 커먼즈의 사회적 가치 평가모형에 대해 모방형에서 이질형으로 전환되어야 할 필요성을 강조했을 뿐 그 당위성을 입증할만한 다양한 사례 분석이 미흡하다는 점이다. 이를 보완하는 연구와 함께 사회적 가치 측정에서 그 동안 상대적으로 간과되어 온 생태, 디지털의 측면을 복합적으로 고려하는 척도 개발을 이후에 요청되는 후속 작업으로 제기하고자 한다. 이러한 후속 연구들은 도시, 생태의 커머닝이라는 흐름에서 인공지능과 플랫폼 경제 등이 내포하는 독점화 논리를 민주적으로 통제하는 방안을 고안하는 데 참고자료로 사용될 수 있다.

3부
사회적 가치와
생태사회적 경제

제7장

사회적 가치와 생태적 가치, 그리고 생태사회적 지속가능성

1. 머리말

오늘날 정보화의 기술적 추세와 아울러 날로 가중되는 환경악화는 한계생산비나 한계효용 등 근대경제학이 가격, 곧 경제적 가치를 결정하는 것으로 가정해온 수요, 공급의 시장원리를 뒤흔들고 있다.[1] 산업혁명 이후 자본주의 경제는 사유재산 체계에 기초하여 시장교환을 위한 생산에 상품과 노동을 동원해왔고, 그 결과 노동과 생산을 반영하는 경제적 가치만이

---

[1] 최근 들어 두 가지 AI가 사회적 관심의 대상이 되고 있다. 그것은 인공지능(Artificial Intelligence)과 조류 인플루엔자(Aviant Influenza)로, 일견 상관없어 보이지만 시장에서의 성장을 중시해 온 한계혁명 이후의 근대경제학이 내재해온 이론적 한계를 공통으로 드러낸다. 먼저 한계생산비 제로 시대의 도래는 사물인터넷을 통한 공유경제의 확산으로 신고전파 경제학의 공리인 희소성을 근본으로부터 위협하고 있다. 또 AI와 같은 신종 바이러스 등장과 기후변화 등에 따른 자연생태계의 지속불가능성에 대한 경고는 현재의 소비나 수요가 시장에서의 효용보다는 인간 기능화에 총체적으로 관련되는 역량에 의존해야 함을 보여준다.

오직 가치 있는 것처럼 만들었다. 그 사이 인간의 사회적 삶은 '생산주의(productivitism)'에 의해 압도되어, 자본주의 생산을 위한 소비, 또는 노동력 재생산이라는 부차적 지위로 격하되곤 했다.

그럼에도 인류의 등장 이래 수렵채집 및 농경 시대까지 생산은 인간의 재생산활동에 복무하는 이차적 영역이어서, 의식주라는 일상적 생명활동을 위해 생산(동식물의 포획 또는 재배)이 사용되었던 것이 분명하다.[2] 산업혁명 이후 경제적 가치의 독주과정에서도, 신분으로부터의 해방과 노동력 상품이 갖는 시장에서의 자유는 인간 재생산의 근본적 토대인 사회성 자체를 대안적 가치로 부각시켜왔다. 인간은 본원적으로 '사회적 존재'이기 때문에 산업혁명 이전에도 사회적 가치라는 용어만 없었을 뿐 인간관계와 공동체의 가치는 명확히 존재했다. 그것은 생명 유지와 관계하는 가치이기 때문에, 경제적 가치인 가격으로 환산될 수는 없으나 그보다 더 중요한 사랑, 희생, 안전, 건강 등을 반영한다.[3]

사회적 가치는 생산성, 부, 사적 소유 등과 같은 객관적 충족을 기초로 하는 주관적 웰빙, 또는 행복감이나 안녕 등으로 표현될 수 있다. 현시점에서 특히 사회적 가치가 강조되어야 하는 이유는 그동안 경제적 가치 지상주의가 부와 소유의 양극화를 정당한 것으로 유포하는 사이, 대다수 빈

---

2 농업이 체계화된 후에도 경제적 가치는 인간노동력의 생산이나 모든 생산의 터전인 땅에 주로 국한되었고, 식량이나 가축 등의 경우 기본적으로 자급자족되었으므로 부분적인 교환의 가치만을 지닐 뿐이었다. 물론 낮은 기술수준으로 인한 유기적 재생산의 어려움 때문에, 생산의 중요성이 점차 커져 결국 인력과 축력이 아닌 기계 에너지에 대한 의존 욕구가 나타났다고 해석된다.

3 가치의 산정은 가치의 판단을 전제한다. 경제적 가치는 생산적 기여나 재생산에 대한 필요성, 희소성 등에 의해 단순하게 표출될 수 있지만, 사회적 가치는 경제적 가치로 환산되는 순간 그 가치의 진정성이 훼손될 수 있는 관계에 대한 존중이나 상호감정 등이 포함된 심층적 영역에 속한다. 즉 사회적 가치는 경제적 가치를 포괄하며 그것에 영향을 미치지만, 그것으로 재단될 수는 없는 생명체이자 사회적 존재로서의 인간의 지속가능성 자체에 대한 가치라고 말할 수 있다.

곤층은 물론 소수 부자까지도 인간관계 및 생태환경의 파괴로 인해 지속가능한 삶의 질을 위협받게 되었기 때문이다. 한편 20세기 후반의 서비스 산업화로 인해 경제적 가치에 미치는 사회적 가치의 영향력은 계속 증대되어 왔다.

서비스는 본질적으로 봉사(serving)이므로 개인 재화에 대한 가격화 방식을 적용하기는 어려우며, 유급 서비스 노동은 아니지만 똑같이 봉사가 요구되는 가사노동의 사회적 가치에 대한 보상문제 역시 돌출시켜 왔다. 더구나 그 가운데 정보산업은 공유와 소통이 전제될 수밖에 없는 '지식'의 개인적 구매라는 내재적 모순을 지니고 있다. 그간 정보의 비소모성, 비경합성을 해결하기 위해 지적재산권이라는 개입이 이루어져 왔으나 인공지능과 공유경제의 확산으로 이 같은 통제는 더욱 힘들어질 것이다. 최근 들어 이러한 기술사회적 영향과 고용 부족의 장기화로 말미암아, 맑스주의 내에서 하트(Hardt, 2010)의 주장처럼 노동보다는 사회가 경제적 가치의 실제 원천이기 때문에 노동자보다는 전체 사회 성원이 그 가치의 몫을 주장해야 한다는 기본소득의 필요성이 공감을 얻고 있다.[4]

그런데 사회적 가치를 주관적 웰빙이나 그 조건 중 하나인 환경정의(environmental justice)에 주목하여 해명한다고 해서 경제적 가치를 도외시하는 사회생태 결정론에 빠져서는 안 될 것이다. 개인과 사회의 웰빙이 경제적 복지에 의해 밑받침되어야 하듯이, 사회적 가치 또한 경제적 가치와 배타적인 것이 아니라 그것을 포괄하는 것으로 이해되어야 하기 때문이다. 예를 들어 사회적 경제의 사회적 가치는 경제적 가치를 통해 실현된다

---

4 퍼거슨(2017: 327~336)은 노동을 기반으로 하지 않는 분배가 구조적 대량실업 상태의 남아프리카에서 역할을 확대해가는 방식을 고찰하여, 보편적 기본소득에 바탕을 둔 '분배의 정치'를 주장한다. 그는 시장에서의 노동이 아닌 비공식경제의 분배노동, 연금 및 보조금과 연계된 국가지원 등이 모든 세계에서 중요해지고 있음을 관찰한다.

고 말할 수 있다. 하지만 한국의 사회적 기업 육성제도처럼 사회적 경제의 가치를 유급노동의 창출과 같은 시장경제적 측면에서만 측정하려는 시도는 일면적이라 할 수 있다. 사회적 경제의 사회적 가치는 분배의 강화를 통한 보호 확대나 환경보전에 의한 감정적 가치, 생태적 가치까지 포함해야 하는 까닭이다.

사회적 가치와 그것의 생태적 기반인 생태적 가치는 국제연합이 주도해 온 '성장의 한계' 담론과 함께 전가의 보도로 통용되어온 지속가능성 개념과 관계가 있다. 이재열 외(2016: 185)는 성장의 한계 속에 경제의 '사회적 요인'에 대한 관심이 대두됨으로써, 삶의 질, 사회의 질 등 사회적 가치가 주목받게 되었다고 지적한다. 이 장에서는 삶의 질, 사회의 질을 개인적·사회적 웰빙 측면에서 이해하여, 사회적 가치를 사회-생태계(이하 SES)의 지속가능성 차원에서 살피고자 한다.

1장에서 지속가능성의 한계를 지적하고 정의로운 회복력의 대안을 제시한 바 있으나, 이 장에서의 논의는 지속가능발전을 생태적 가치로 포괄적으로 이해하는 전제 아래 사회적 가치와의 관계를 다루는 것이라 할 수 있다. 저자가 생태적 가치를 다루면서 SES라는 범주를 강조하는 이유는 지속가능성의 생태적·사회적 차원이 서로 분리되어서는 안 되며 환경정의라는 생태사회적[5] 차원에 비추어볼 필요가 있는 까닭이다. 즉 사회적 지속가능성은 생태적 지속가능성에 의해 판별되어야 하는 동시에, 사회체계의 유지를 위한 자원관리 또한 생태서비스와 상호의존적이라 할 것이다.

---

5   2장에서도 논의했지만, 피츠패트릭(Fitzpatrick, 2014: 5)은 '생태사회적인 것(the ecosocial)'에 대해 사회-자연 상호의존의 종합적 이해에 입각하여 자연환경과 영향을 주고받는 인간유기체의 문명이 생태와 사회를 가로지르는 상호연계의 망으로 직조됨을 강조하는 관점이라고 설명한다.

저자는 사회적 가치의 유지가 생태적 가치의 담보를 전제로 하며, 생태적 가치 역시 사회적 과정의 산물임을 명확히 한다. 이 장의 구성과 관련해서는, 먼저 SES에 대한 범주화를 시도한 다음 사회적 가치의 특성과 기본요건을 경제적 가치, 생태적 가치와의 관계 아래 조명한다. 뒤이어 환경정의 담론 내 분배, 절차, 역량, 승인 등의 측면들을 생태사회적 지속가능성과 관련하여 해석해 보도록 하겠다.

2. 사회-생태계의 범주 설정

생태계 개념은 자연적 생태체계를 가리킴에도, 사회과학에서는 도시공간의 분화를 설명하는 인간생태학으로부터 인간행동의 발달에 영향을 미치는 사회환경을 묘사하는 사회복지학, 또는 유아교육학의 생태체계 모델에 이르기까지 사회체계와 관련한 다양한 응용이 이루어져 왔다. 〈그림11〉은 후자의 대표적인 생태학 접근인 유리 브론펜부르너(Urie Bronfenbrenner)의 어린이 발달과정에 대한 모델을 나타낸다. 인간이 구성하는 사회체계는 인간생명체가 생태계의 일부인 이상 자연과 동의어인 생태계의 일부다. 그러한 관점에서 보면, 사회체계 가운데 인간행동과 밀착된 가족, 친구, 사회연결망 등의 생활생태계를 근간으로 공간적 측면의 하위 생태계로 도시가 존재하며, 기존에 하위체계라는 개념으로 식별되어온 경제생태계나 문화생태계 등도 사회체계 내 하위생태계로 파악될 수 있다.

〈그림11〉 브론펜부르너의 생태체계 모델

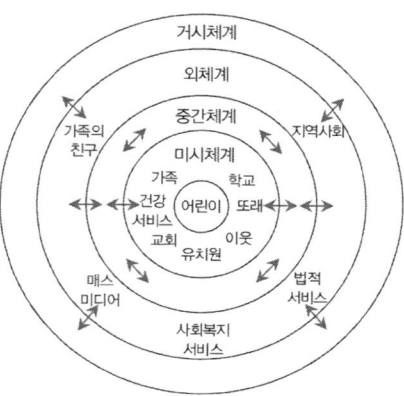

출처 한상진(2018b).

　SES의 개념은 사회체계와 자연생태계를 통합적으로 고려하여, 자원관리의 불확실성에 직면할 경우 자연과 인간 사이의 상호작용은 물론 자연환경 시스템 자체를 이해해야 할 필요성에 따라 고안되었다. 최현·따이싱성(2016: 48)은 이 범주가 사회과학에서의 제도분석 이론과 자연과학의 '복잡한 생태계의 자기조직 특성에 관한 연구'를 결합시켜, SES의 적응적 공동 관리와 생태계 지킴에 개념적으로 활용될 수 있다고 강조한다. 〈그림12〉는 이 개념에 근거한 사회-생태 다층진단법을 나타내는데, 이는 기존 제도분석 이론에서의 자원체계, 자원단위, 협치체계, 행위자, 행위상황 등을 사회, 경제, 정치, 생태계의 맥락에서 접근하는 데 유용하다.
　그런데 〈그림12〉의 모델이 사회체계와 생태계의 상호교류를 강조하는 데 비해, 이 장에서는 이러한 문제의식을 흡수하면서도 사회체계가 갖는 생태적 한계에 주목하여 〈그림13〉과 같은 시론적 모델을 제시한다. 이 같은 SES 모델은 〈그림12〉와 같은 사회복지학의 생태체계 모델이 강조하는 개인과 환경의 이중초점 발상과 비슷하게, 인간, 생활환경, 사회환경,

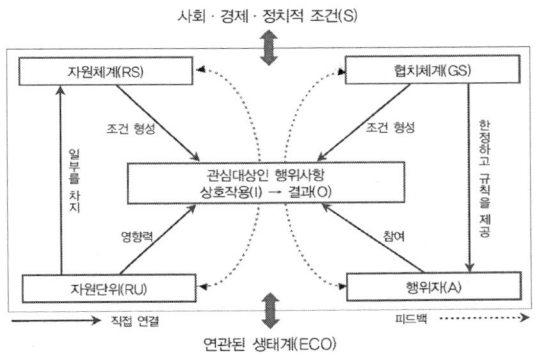

〈그림12〉 사회-생태 다층진단법

출처 한상진(2018b).

자연환경 등의 다중적 연계, 즉 사회체계와 자연생태계에 대한 동시적 고려에 주안점을 두고 있다.

이 모델의 의의는 생명체로서의 인간이 행동, 실천을 통해 조성하는 경제체계, 문화체계 등이 다른 인간 및 하위 사회체계 등과 네트워킹됨으로써 사회적 경제 생태계, 정보기술 생태계, 다문화 생태계 등 새로운 창조적 체계화로 이어짐을 포착하는 데 있다. 전통적으로 인간생태학에 의해 설명되어온 도시생태계 또한 인간의 생활생태계가 직조하는 전체 자연생태계, 사회체계의 한 부분으로 명확히 위치할 수 있는 이점을 갖는다고 하겠다.

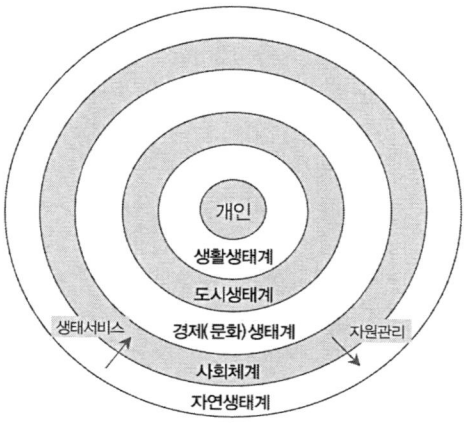

〈그림13〉 사회-생태계의 시론적 범주 설정

출처 한상진(2018b).

3. 사회적 가치의 개념적 특성과 요건

1) 경제적 가치와 사회적 가치

사회적 가치는 경제적 가치를 포함하되 그보다 더 포괄적인 범주이다. 사회적 가치와 관련한 웰빙의 개념은 경제적 가치를 주축으로 하는 복지가 부재한 상태에서는 성립될 수 없는 것이기에, 20세기 후반까지 '복지'와 거의 동의어로 취급되었다.[6] 더욱이 사회적 가치가 경제적 가치로 환원

---

6 그 배경에는 20세기 초 전개된 관념론과 유물론 간 논쟁에서 후자가 결국 승리했다는 사실이 자리잡고 있다. 이후 관념론적 사고의 흔적이 사회학을 비롯한 자유주의적·사회주의적 학문 접근에 영향을 끼쳤지만, 인간 번영의 쟁점에 대한 지배적 접근은 주로 경제학에 의존하게끔 만들었다. 웰빙이 사회적 상호의존 및 공공재로부터 도출된다는 관념론의 입장은 '과학의 방법이 가장 유익한 것으로 작동되는 분야'와 '정치인이 경제학자의 작업 위에 세우는 좀 더 용이하고 실용적인 조치', 그리고 '사회생활에서 하나의 명백한 수단이

될 수 없는 것임에도 불구하고, 신자유주의의 물결에 힘입은 근대경제학의 패권화는 공공정책이나 후생복지를 경제결정론에 의거해 설명하려는 경향을 강화시켜왔다. 그 대표적 예가 평균적 개인이 교환에서의 실질적 선택에 직면할 때 '덜'보다는 '더' 선택한다고 가정하는 공공선택론이다. 이 관점은 개인이 습관과 애착, 친구관계, 아동에 대한 부모의 영향, 광고, 사랑과 동정 등에 대해서도 개별적 선호를 갖고 효용을 극대화하기 위해 행동한다고 주장한다(Becker, 1996; Jordan, 2008: 3에서 재인용).

공공선택론은 사회적 가치를 경제적 가치와 동일시하여, 내생적 선호를 포함한 효용극대화 모델이 습관적·사회적·정치적 행위를 포함한 다양한 행동을 단일화하는 데 적용될 수 있다고 한다. 이 이론을 포함해 경제적 가치에 경도된 대부분의 논의는 화폐라는 교환 매개체에 대해 사적 거래뿐 아니라 집합행동으로부터의 사적 이득이 동일한 회계 틀 내에서 측정되도록 하기 때문에 유용한 것이라고 판단한다.[7] 그러나 이러한 경제적 가치 일원론이 20세기 서구에서 승리했고 세계적으로도 확산되어 온 듯싶지만, '사회적' 삶의 현실과 괴리된다는 상식적 문제제기 또한 이루어져 왔다.[8] 인간의 생존을 위해 경제적 토대가 중요하다는 사실이 공공정책과 삶의 질을 경제적 가치로만 설명하는 독단을 정당화할 수는 없다. 더구나 그

돈'이라는 측면에서 '복지'의 경제학적 접근에 의해 압도당해온 셈이다(Jordan, 2008: 1).

7 공공선택론에서 개인은 궁극적으로 집합적 수단에 대한 정당화를 제공하는 목적과 필요의 담지자로서 간주된다. 개인이 너무 다양하고 그들의 원망(願望)에 대한 유일한 공통된 척도가 화폐이기 때문에, 가장 높은 국민소득을 생산하는 그러한 제도와 배분은 정당화된다(Jordan, 2008: 36).

8 경제적 가치 모델의 궁극적 결함은 상호작용에 관한 방법론적 개인주의의 가정에서 출발하기 때문에 사회관계의 교환을 단지 제한적으로만 설명한다는 데 있다. 즉 복지의 분배가 효용극대화를 추구하는 개인 간 상호작용과 관련된다는 주장은 '개인들이 스스로 최선의 가능한 결과를 받을 수 있는 사회제도를 궁극적으로 선택한다'는 기만적 가정에 입각해 있다(Jordan, 2008: 35, 132).

것의 주요 개념인 효용은 신고전파 경제학에서 감정이나 만족에 의한 어떤 특정한 내용이라기보다는 선호의 일관된 집합을 가리킬 뿐이다(Jordan, 2008: 16).

조던(Jordan, 2008: 133)은 사회과학계에서 경제적 가치가 사회적 가치를 압도해온 이유에 대해 경제, 정치 및 국제관계의 공적 영역에서 상호작용의 상징적 가치가 근대성의 질서, 조화에 전복적이라는 이유로 배제된 데서 기인한다고 본다. 그에 의하면, 경제적 복지는 사회적 가치를 교환, 분배하는 개별체계의 부분이며 물질적 소비에 의해 획득되는 효용 또한 사회적 기준에 의해 재평가되어야 한다. 다른 한편으로 녹색주의자들은 경제적 가치가 환경적 하부구조에 의존하기 때문에, 자원이 한 번 사용되고 난 뒤의 채굴된 자원과 오염된 생태계가 경제적 가치의 원천이 된다고 파악해 왔다. 이 관점에 따르면, 자연은 그 자체로서 가치 있는 것이기 때문에 생태적 가치를 생태적으로 값진 것으로 따지려는 인간 중심주의적인 편향은 극복되어야 한다. 나아가 인간의 사회적 상호작용에서 직조되는 사회적 가치 또한 이러한 생태적 가치의 한계 안에서 작동된다고 보아야 할 것이다.

2) 사회적 가치 개념의 특성

그러면 위의 논의를 바탕으로 사회적 가치의 개념적 특성에 대해 검토해 보자. 첫째, 사회적 가치는 경제적 가치를 포괄한다. 둘째, 사회적 가치 또한 생태적 가치[9]에 포괄된다. 이와 관련하여 근대경제학의 시장논리

---

9 존 로크(John Locke)가 재산을 지구의 결실과 노동의 혼합으로 정의한 이래 노동을 '능동적인 것', 자연을 '수동적인 것'이라고 암묵적으로 전제하는 노동가치론이 발생되었다. 이는 이후 자본주의적, 또는 맑스주의적 외피로 치장되는 것에 상관없이 노동이 상품으로

뿐 아니라 20세기 유럽에서 만개했던 사회민주주의의 복지국가 담론 역시 분배의 원천을 확보하기 위해 경제성장을 옹호해왔음에 유념할 필요가 있다. 그렇기에 사회적 가치에 대한 적절한 담론화는 기존의 효용가치론과 함께 노동가치론도 뛰어넘는 생태복지의 대안적 틀을 요청한다. 피츠패트릭(Fitzpatrick, 2003: 98)은 생태복지의 개념에 대해 생태적 가치의 내재적 본질을 보전하면서 인간노동을 지속가능하게 만드는 탈생산주의(post-productivitism)와 사회민주주의의 결합으로 정의하고 있다.

셋째, 경제적 가치는 생태적 가치의 파괴와 관련되지만, 사회적 가치는 생태적 가치의 유지에 종속된다. 김홍중(2017: 22-26)은 20세기 초의 부국강병론과 20세기 중반의 냉전주의, 오늘날의 신자유주의를 사례로, 한국인의 가치가 정치, 경제를 위주로 한 생존주의 근대성에 압도당해 왔다고 파악한다. 반면에 한국에서 작동되어온 사회적 가치는 전태일에서 노무현에 이르기까지 죽음이라는 상징과 결합된 숭고하고 성스러운 '사회적인 것'의 상상계와 관련되어 있다고 한다. 저자가 보기에, 이 주장의 논거는 종으로서의 인간의 유한성이라는 생태적 측면에서 사회적 가치가 비롯됨을 암시하는 것이기도 하다.

넷째, 경제적 가치는 생산, 노동에서의 경쟁을 반영하고, 사회적 가치의 일부로서의 생태적 가치 역시 자연에서의 약육강식이라는 먹이사슬에 의존한다. 하지만 전자는 국가주의, 시장주의에서의 고립된 '개인'에 초점을 두는 반면, 후자는 종으로서의 공생과 삶, 죽음의 반복으로서의 생명가치를 함축한다는 차이가 있다. 다섯째, 사회적 가치는 경제적 가치와 생태적 가치를 호혜, 협력의 차원에서 매개한다. 최정규(2017: 38-44)는 행

전화시키는 자연 자체보다는 노동에 더욱 강조점을 두도록 이끌어왔다. 녹색주의자는 이와 대조적으로 생태적 가치가 어느 정도 양화될 수는 있으나 궁극적으로 경제적인 것을 초월한다고 파악한다. Fitzpatrick(2003: 98) 참조.

동경제학의 공공재 게임 결과를 바탕으로, 피실험자들이 자신에게 손해가 되더라도 타인에게 이득이 되는 방향으로 행동하는 성향이 있다고 설명한다.

또 그들은 다른 사람들도 자신과 성향이 동일하다고 확인되는 경우에만 협력적 행동을 지속하며, 이처럼 조건부로 나타나는 협력적 행동의 성격 때문에 타인이 어떻게 행동할 것인가에 대한 기대가 중요한 역할을 한다고 본다. 위의 실험 결과는 인간이 개별 존재로서는 경제적 가치에 몰두하지만, 공동체적 삶의 상황이 인지될 때 '협력'이라는 사회적 가치를 공유함을 시사한다. 유목시대 이래 환대(hospitality)가 적의(hostility)에 대한 평화적 제압 기능을 암묵적으로 수행해왔듯이, 호혜는 상호불신에서 비롯되는 개인적 경쟁주의에 대항해 공동체의 생명을 지탱하기 위한 지혜라고 말할 수 있다.

3) 사회적 가치로서의 주관적 웰빙의 요건

피츠패트릭(Fitzpatrick, 2003)은 경제적 가치에 대해 생산적 가치가 아닌, 돌봄과 지속가능성 등을 포괄하는 재생산 가치(value of reproduction) 차원에서 접근할 것을 제안한다. 이러한 재생산 가치의 범주화는 경제적 가치와 사회적 가치, 더 나아가 생태적 가치 간의 스펙트럼을 이해하는 데 도움이 된다. 재생산 가치라는 개념 틀은 웰빙의 유지를 위해서만 생산성 성장 및 이로부터 뒷받침되는 복지가 유의미하다고 보아, 경제성장만 목표로 하는 생산주의에 반대한다. 그런데 재생산 가치가 웰빙, 곧 삶의 질 자체에서 비롯되는 것이라 한다면, 사회적 가치는 웰빙을 내면화한 주관적 웰빙으로서 배려, 공감, 희생 등의 상징적 차원까지 포함한다고 볼 수 있다.

사회적 가치를 주관적 웰빙으로 규정할 때, 그것의 필요조건은 '평균소득 상승과 주관적 웰빙 수준 간 신뢰할 만한 연계가 없다'는 '이스털린 역설'에 근거하여 해석이 가능하다. 이스털린 역설에 관한 원인 분석은 관계 자체의 성격에서 도출되는 상호작용의 사회적 요소가 있고 경제학 모델이 이들 요소를 포착하지 못한다면, 경제적 가치가 지배적인 사회에 사는 사람들이 그들 행동의 이러한 비용/편익의 차원을 인지하지 못할 수 있다는 증명을 필요로 한다. 어쨌거나 현대인이 겪고 있는 소득 상승과 생애 만족 정체 간 간극은 개인주의와 소비주의의 지배 아래 위험에 처해 있는 인간 가치의 다양한 요소들로 채워진다고 말할 수 있다. 그렇지만 이와 관련하여 어떤 활동, 교환이 성찰적으로 평가될 때 왜 다른 것보다 더 만족스러운가, 경험에서의 어떤 상실이나 놓친 요소들이 왜 지속적으로 해를 끼치는가와 같은 사회적 가치의 해명은 아직 본격화되지 못하고 있다.

이 장에서는 주관적 웰빙의 필요조건을 시론적으로 제시하고자 하는데, 물론 이것이 사회적 가치로서의 주관적 웰빙에 포함되어야 할 감정적 차원까지는 포괄하지 못하는 한계가 있다. 먼저 소득 성장이 주관적 행복을 최종적으로 결정하는 것은 아닐지라도, 최소한의 인간다운 생활을 보장하는 경제적 복지가 주관적 웰빙의 첫 번째 요건으로 설정될 수 있다. 두 번째 요건은 앞서 언급한 재생산 가치와 관련되는 돌봄과 지속가능성의 측면이다. 예컨대 21세기의 인간이 과거보다 경제적으로 풍요로움에도 불구하고, 재생산 영역에서의 가족해체, 공동체 파괴, 환경악화 등에 따라 감정적 보호, 건강생활 등이 저해된다면 결코 주관적으로 행복할 수는 없을 것이다.

주관적 웰빙의 세 번째 요건은 의사소통과 공정한 대우로, 상징적 가치의 형성에 상대적으로 밀접하다. 이원재(2018)는 사회적 가치와 관련하여 시민사회의 문제해결 역량을 키우는 의사소통을 중시하면서, 시민사회 내부의 의사소통 과정이 사회혁신과 사람 중심의 발전을 가능케 한다고 지적한다. 또 공정한 대우는 인간의 생명으로서의 존재가치를 인정하는 것으로, 현 시점에서의 계급 타파와 함께 미래세대에 대한 공평한 배려, 비인간 동식물의 생존 권리에 대한 승인 등을 포괄한다.

4. 지속가능성에 대한 생태사회적 해석

1) 녹색 GDP 접근에 대한 비판

저자가 보기에, 위에서 언급한 사회적 가치의 요건들은 그것을 실현하기 위한 지속가능성의 개념화가 환경정의라는 지평에서 음미되어야 함을 암시한다. 20세기 중반 미국에서 인종차별과 결합된 환경불의에 맞서기 위해 등장한 환경정의 담론은 이후 태도, 정체성 및 가치에 대해서도 성찰해야 한다는 문제의식으로 심화되어왔다. 이러한 관점에서 지속가능성을 미래세대의 욕구에 부응하는 능력을 훼손하지 않는 현세대 욕구의 충족이라고 정의한 1987년의 브룬트란트 위원회 접근은 다소 모호한 것으로 평가된다. 인간이 만드는 수요는 무한한데 착취할 수 있는 자원이 현실적으로 유한하다면, 인간이 지속불가능한 존재에서 벗어날 수는 없기 때문이다.

여기서는 SES의 지속가능성을 본격적으로 탐색하기에 앞서, 현존하는 성장형태 및 성장률을 유지하면서 GDP 측정에 환경기준을 도입하려는 녹색 GDP 접근에 대해 비판적으로 검토하도록 한다. 국내총생산은 재화와 서비스에 대한 소비자 및 정부 지출, 고정자본 총투자와 순수출의 총합으로 계산된다(잭슨, 2013: 162). 그런데 GDP 측정의 문제로는, 육아, 무상의료처럼 가격이 존재하지 않는 재화 및 서비스가 있다는 점, 대부분의 생산물이 시간 경과에 따라 변화한다는 점, 시장가격과 사회적 가치 간 괴리가 있다는 점 등을 지적할 수 있다.

녹색 GDP 논의는 환경이 적절한 수수료를 지불해야 하는 자본의 형태이므로 자연자원을 대체하는 제조된 등가물에 대한 지원이 필요하다고 본다. 녹색 GDP 범주의 장점은 현재의 관행과 결합시켜 대체를 통해 환경 악화 비율을 완화하려는 실용성에 있다. 하지만 대체는 한 단위의 산출을 생산하는 데 요구되는 자원의 양을 감소시킬 수는 있지만 자원고갈 자체를 중단시킬 수는 없다. 또 현존하는 시장 선호에 따른 생태적 가치의 추정은 가격과 가치를 혼동하고 근본적으로는 환경을 다른 재화와 동등하게 간주하는 것으로 비판될 수 있다.

데일리(2016)는 이 접근이 자연과 성장의 엔트로피적 효과를 과소평가하는 것이며, 희소성과 생태적 유한성의 궁극적 문제 또한 극복할 수 없다고 주장한다. 이 관점은 '약한(weak) 지속가능성'[10], 또는 지속가능한 성장과 같은 개념들과 친화적이다. 녹색 GDP나 약한 지속가능성, 그리고 지속가능한 성장의 지향은 모두 인간에게 가치를 부여하는 자연 및 제조된 자본의 속성이 단일하고 공통된 척도, 즉 화폐로 환원되어야 한다는 경제결정론에 입각해 있다. 이 같은 경제적 가치 우선주의는 인간 수요를 감소시키기보다는 자원의 증가에 따른 균열 감소를 우선시하는 공통점을

---

10 약한 지속가능성의 접근은 공공선택론과 마찬가지로 개인이 주어진 자원의 양으로 시장에 진입하여 효용극대화를 위한 재화, 서비스의 교환이라는 유형화된 결정규칙에 따라 행동한다고 전제한다. 이때 시장의 작동원리인 할인과 대체는 특정 시점에서 결정을 행하는 고립화된 개인이 가정될 때만 합리적이다. 이 입장은 자연세계의 경제생산에 대한 기여(자연자본)와 제조된 자본의 기여가 대체 가능하다고 보아, 오직 총자본 스톡의 유지에만 관심을 기울인다. 만약 이러한 대체가 실제로 가능하다면, 경제는 자연자본 스톡을 낮추더라도 그 상실을 벌충하기 위해 제조된 자본을 충분히 창출하여 지속가능할 수 있다(Gowdy, 1999: 165).

갖는다.

그리하여 이들 접근은 결핍과 오염의 문제에 대한 기술적 해결책에 치중함으로써 결국 자원스톡의 확장을 낳는 경향이 있다(Fitzpatrick, 2003: 119~120). 그러나 엄격한 의미에서 경제적 지속가능성을 유지하려면, 사회의 수확률이 재생가능자원의 재생률과 동일해야 하며 폐기물 발생률 또한 폐기물이 방출되는 생태계의 자연동화 능력과 동등하게 유지되어야 한다. 나아가 데일리(2016)에 의하면, 양적 성장은 생태적 측면에서는 존속될 수 없기에 지속가능한 성장 자체가 모순어법이라고 비판되고 있다.

2) 사회적 지속가능성과 생태사회적 지속가능성: 환경정의 담론의 해석

사회적 지속가능성은 평등과 민주주의라는 기본적 가치에 의존해 모든 사람들이 정치적·시민적·경제적·사회적·문화적 인권을 효과적으로 전유하는 것으로 정의될 수 있다. 한편 생태사회적 지속가능성은 사회적 지속가능성과 생태적 지속가능성이 서로 조건짓는 관계에서, 사회계약이 자연적 계약에 영향을 받는 가운데 현재 및 미래 세대와의 동시적이고 통시적인 연대를 요구하는 이중의 윤리적 명령(Serres, 1990; Sach, 1999: 27-28에서 재인용)에 의거한다.

여기서는 각각을 환경정의 담론에 의거해 해명하고자 하는데, 쿡 등(Cook et al, 2012)에 따르면 그 개념적 요소는 분배적 정의, 절차적 정의, 승인(recognition)적 정의, 역량의 정의 등으로 이루어진다. 이 장에서는 이들 환경정의의 측면에 견주어 사회적·생태사회적 지속가능성의 관계에 대한 가설을 아래 두 가지로 고안한다. 우선 〈가설 1〉은 '환경정의 담론 중 사회적 지속가능성은 주로 분배, 절차의 요소에, 생태사회적 지속가능성은 주로 역량, 승인의 요소에 연관된다'이다. 한편 〈가설 2〉는 '역량, 승인을 주요 측면으로 하는 생태사회적 지속가능성은 분배, 절차라는 사회적 지속가능성의 차원에서 재현실화되어야 한다'이다. 환경정의 담론은 애초에 분배요소를 중심으로 제기되었고, 그 다음에는 절차적 공정성과 승인의 문제, 더 나아가서는 역량 접근으로 발전되어 왔다.

분배적 환경정의는 환경 편익과 부담의 공평한 분배에, 절차적 환경정의는 정책 및 법, 계획 등의 결정이나 이행과정에 대한 참여에 관심을 두는 것이다. 〈가설 1〉에서 이들 두 측면을 주로 사회적 지속가능성과 연계시키는 이유는 전자의 경우 환경부담을 발생시키는 원인에는 상대적으로 무관심하고 후자의 경우 미래세대나 비인간 동식물의 권리까지는 제대로 고려하지 못하기 때문이다. 그렇다면 생태사회적 지속가능성과 관련된다고 가정되는 승인적 환경정의[11], 역량의 환경정의에 관해 다루어보자.

먼저 승인, 또는 인정(認定)은 누가 존중되고 누가 가치 없는 것으로 불인정되는가를 둘러싼 범주로서, 환경문제에 적용될 때는 통상 비인간 자연의 가치 수용이라는 차원에서 이해된다(한상진, 2015: 261). 승인적 환경정의의 개념은 분배적 불의가 창출, 지속되는 문화적 과정을 강조하기 위해 등장한 것이지만, 비경제적 차원의 상호작용이나 절차적 정당성에 대한 쟁점으로 확대되어왔다(Walker, 2012: 10). 특히 미래세대나 동식물의 권리 인정은 개인주의적 경제적 가치 일원론에 의거해서는 도저히 성립될 수 없다. 따라서 타자와의 동반이나 공동의 축하라는 즐거움이 타자의 소비에 대한 선호를 갖거나 그들에게 편익을 부여하는 비용을 기꺼이 부담할 때 설명될 수 있다는 조던(Jordan, 2008: 43)의 웰빙 접근에 의거해, 승인적 환경정의의 기제를 좀 더 구체화해야 할 것이다.

다음으로 센(1999)과 누스바움(2015)의 역량 접근은 '부유함이 필연적으

---

11 승인적 환경정의란 미래세대나 동식물 생명체의 권리를 인정하는 차원에서 환경문제와 사회정의를 연계하는 관점을 일컫는다. 한상진(2018a) 참조.

로 주관적 웰빙으로 전환되지는 않는다'는 이스털린 역설에 대한 유력한 이론적 설명이다.[12] 사회적 가치와 관련된 주관적 웰빙의 출처가 다면적인 것과 마찬가지로, 인간에게 필요한 적절한 수준의 영양, 주거, 건강, 공통적 상호작용 등과 같은 기초적 기능수행에 필요한 역량 또한 다양하다고 말할 수 있다. 그들에 따르면, 역량은 실질적 자유와 기회의 개념을 함축하는 것으로 그 의미는 상이한 지리적 장소와 역사적 시기에 있는 사람들마다 전적으로 동일하지는 않다(Fitzpatrick, 2014: 21). 분배적 환경정의 담론에서처럼 지금까지 소득과 부의 재분배가 사회정의의 개선에 필수적인 것으로 파악되어 왔지만, 역량의 환경정의에 근거해보면 분배는 사회정의의 여러 요소 중 하나에 불과하다. 역량의 측면에서 소득과 부는 단지 어떤 것을 할 능력을 부여하는 것일 뿐, 실제 그것을 할 수 있는 여부는 여타의 많은 요소들에도 의존하는 까닭이다.

이제 〈가설 2〉의 내용에 대해 상술하고자 하는데, 이 때 논의할 주요 개념은 이 책의 2장에서 다룬 '승인적 절차'와 '역량의 분배'이다. 승인적 절차란 미래세대 및 동식물의 권리에 대한 인정이 현존하는 민주주의 절차로 제도화될 필요가 있음을 함축한다. 예를 들어 환경에 위해적이지만 사회경제적으로 필요한 시설을 둘러싼 숙의과정에서, 미래세대를 대표하는 청소년이나 인간너머 존재의 권익을 대변하는 집단(환경운동단체, 해당 시설에 근접하여 환경피해에 더욱 민감한 집단 등)에 가중치를 부여하는 방안을 도

---

[12] 센(1999)은 스스로의 삶을 살아가는 데 필요한 자유를 구비시키는 '역량의 공간' 구분을 중시하는 데 비해 누스바움(2015)은 보편적으로 적용되는 역량의 리스트를 제시하는 데 관심이 있다. 그녀는 기능수행 및 삶의 질에 필요한 기초적인 역량들로서 생명, 신체건강, 신체보전, 감각-상상-사고, 감정, 실천이성, 관계, 인간 이외의 종, 놀이, 환경통제 등 열 가지를 나열한다. 한편 센은 이러한 나열에 대해 다음의 두 가지 이유로 유보적 입장을 취한다. 첫째는 맥락과 그 사용에 대한 적절한 특정화 없이 정교한 리스트와 비중이 선택되기 어렵다는 이유이다. 둘째는 이러한 하향식 접근이 적절한 리스트를 작성하는 데 필요한 정치적 숙의와 추론을 감소시킨다는 것이다.

입하는 것이다. 그동안 한국에서 숙의 민주주의의 제도적 수단으로는 주민투표, 시민배심원제 외에 최근의 공론조사 등이 동원되었지만, 앞으로는 좀 더 다양한 의사결정 방식이 숙고되어야 한다.

마지막으로 역량 접근이 소득, 부 등에 대한 과도한 비판으로 물질-분배의 패러다임을 경시한다는 피츠패트릭(Fitzpatrick, 2014: 23-28)의 비판을 음미해볼 필요가 있다. 그에 의하면, 센, 누스바움 등의 역량의 정의 관점은 신자유주의의 가속화로 인한 자본과 계급의 중요성 증가를 포착하지 못함으로써 빈곤과 불평등이 항존하는 현실에 둔감해왔다. 이에 비해 '역량의 분배'라는 이 장에서의 대안적 개념화는 환경악화에 따른 식량, 자원 등의 빈부격차에 초점을 맞추는 한편으로, 인간의 사회경제적 웰빙이 전반적인 SES의 지속가능성과 관련하여 평가되어야 함을 강조한다. 특히 후자는 홀랜드(Holland, 2008b: 320-321)의 메타역량(meta-capability) 및 그것의 상한, 하한과 같은 용어들(Holland, 2008a: 419-420)에서 응용된 것이다.

홀랜드는 누스바움이 인간의 역량을 둘러싼 자연환경 구성에 대해 적시하지 않음으로써 사회정의의 성취에 중요한 조건인 생태적 지속가능성을 제대로 포착하지 못하고 있다고 지적한다. 또 이 문제를 해결하려면, 생태적 조건이 모든 핵심적인 인간 기능수행의 역량 리스트에 요구되는 메타역량으로 설정되어야 한다. 그는 메타역량의 하한을 보호하려는 취지에서 그것과 상호갈등 관계에 있는 경제활동의 개입 또한 오염시킬 수 있는 역량, 여성 및 장애인을 차별하는 역량 등으로 표현하여 사회적 제한의 맥락에서 사용하고 있다. 다시 말해 메타역량의 하한은 경제적 가치를 추구하는 오염설비 역량의 상한과 조응되며, 역으로 메타역량의 상한은 인간 문명활동을 위한 오염설비 역량의 하한과 관련된다고 하겠다(한상진, 2018a).

5. 맺음말

　사회적 가치는 SES 내 생산 및 재생산 과정에서 승인, 역량을 포함하는 숙의적 재분배를 통해 구현될 수 있다. 또 SES의 지속가능성은 경제적 차원을 포함하지만 이에 국한되지는 않는 생태사회적 성찰을 요청한다. 여기서는 결론적으로 비공식경제(informal economy), 기본소득의 의의를 정리하고, 사회적 가치에 바탕을 둔 SES의 지속가능성 논의를 마무리하고자 한다. 피츠패트릭(Fitzpatrick, 2011: 146-150)은 비영리조직 형태의 사회적 기업보다는 지방통화체계나 소규모 협동조합(한국의 경우 마을기업, 자활근로사업단 등) 등 '비공식경제'가 사회적 가치 증진과 환경정의 지향에 더욱 유의미한 형태라고 파악한다.

　이 때 비공식경제는 생산, 소비 및 노동의 공식경제 외곽에 존재하여 공식적으로 측정되지는 않지만 사회적 웰빙에 기여하는 활동(Williams and Windebank, 1998; Fitzpatrick, 2011: 148에서 재인용)으로, 공공부문과 국가, 상업적 시장 공급, 독립적 비영리조직, 가족 등과 구별되는 시민사회의 영역이라고 정의된다. 예를 들어 지방통화체계는 지역사회 경제활동을 더 이상 화폐의 결핍으로 제한하지 않으며, 공식경제에 의해 평가절하되는 기능과 경험을 가진 사람도 비슷한 품성의 이웃과 함께 공동체적·호혜적 교환에 참여할 기회를 제공한다.

　비공식경제는 사회적 가치 창출을 우선적으로 고려함으로써 SES의 지속가능성에 다음과 같이 기여할 수 있다. 첫째로 글로벌 시대 큰 정부에 의해 빛바래져 온 이웃 간의 시민적 결사를 재생시켜, 질적 자아, 또는 관계적 자아를 활성화한다. 둘째로 다른 섹터들이 할 수 없는 방식으로 기본 욕구를 제공하는데, 예를 들어 실업자의 비고용 노동형태를 도입함으로써 그들의 삶의 질을 제고하기 위한 시간의 거래를 가능케 한다. 셋째로 비공식경제의 성원이 된다는 것은 시민이 그 기획과 운영에 대해 발언할 수 있음을 의미하므로, 현재의 공공서비스와는 구별되는 상향적 거버넌스 모델의 맹아가 될 수 있다(Fitzpatrick, 2011: 149-150).

비공식경제의 역할은 기후변화 대응이나 생태복지국가 형성 등 당장의 구조적 과제에 비견해 지엽적이고 미미하다고 치부될 수 있지만, 21세기 초연결사회에서 그 창조적 생태계화의 잠재력이 주목받을 만하다. 다른 한편 기본소득제도는 복지 확대가 필연적으로 경제성장에 의해 뒷받침되어야 한다는 지배 패러다임에 도전하면서, 경제성장을 낮은 수준으로 통제하면서도 시장체계의 개선으로 더 많은 복지를 확보하려는 구상이다. 기본소득은 결혼이나 고용상 지위, 고용경력, 고용에 대한 의지 등과 상관없이 부여받는 무조건적 시민권이다.

그 논점은 국가와 시장에 대한 의존을 줄여 개인의 자유를 제고시키고, 여타 수입을 배제하지는 않기 때문에 빈곤 또한 감소시키는 데 있다. 이 제도는 다음과 같은 생태사회적 지속가능성에 대한 효과가 예측된다(Fitzpatrick, 2011: 146-147). 첫째, 인간역량을 약화시키는 상황 및 관계로부터 소득보장에 의거해 개인적·사회적 활동의 여유를 되찾아주고 생존을 위해 압착당하는 노동시간을 감소시킨다. 둘째, 소득, 부와는 차별화되는 건강한 생활방식, 교육, 여가 등과 같은 기본욕구가 좀 더 종합적으로 실현될 수 있는 재정적 기초를 제공한다. 셋째, 경제에 대한 민주적 통제와 결합된 다양한 실험을 자극함으로써, 생산 및 소비의 지속불가능성을 억제시킬 수 있다. 예컨대 사회적 배당금은 사회적 소유 기업의 연간이윤으로부터 모든 시민에게 실질적으로 지급되는 수익이다.

또 다른 예로 기후변화 대응과 관련해 탄소 배출에 대해 엄격히 세금을 부과하되 그 세입을 모두 동등한 현금지급 형태로 시민들에게 송금하도록 하는 구상도 있다. 이를 통해 수입이 적은 사람은 새로운 소득을 갖게 되고 온실가스를 대량으로 배출하면 처벌받고 적게 배출하면 보상을 주는 것이 가능해진다(퍼거슨, 2017: 327-336). 물론 기본소득을 통해 증가될 수 있는 여가의 기회는 생태적 가치를 증진하기 위한 필요조건일 뿐 충분조건은 아니다. 그러므로 비공식경제, 기본소득 외에도 지속가능성을 급진화할 정책적·실천적 노력이 요청된다고 할 것이다.

이를 위해서는 〈가설 2〉에서 제시한 역량의 분배, 승인적 절차라는 원칙 아래, 생태사회적 지속가능성을 당위가 아닌 행동으로 전환시키는 다양한 수단들이 개발되어야 한다. 예를 들면 반려동물 복지권의 관심을 SES 내 상호교류에 대한 의식 변화로 이끈다든지, 밀양 송전탑, 강정마을, 주거협동조합 등 사적 소유체계의 분배 양극화를 시정할 뿐 아니라 자연의 시장 포섭에 의한 지속불가능성의 심화를 방지하는 사례들을 발굴해야 할 것이다. 학문적으로는 후자의 시도들을 사회적 가치, 생태적 가치의 증진에 기여하는 인정투쟁과 커머닝의 결합이라는 시각에서 적극적으로 재해석해낼 필요가 있다.[13]

---

13 윤여일(2017: 71-109)은 제주도 강정마을을 커머닝의 사례로 다루고 있다. 그는 강정마을이 소중한 자연적 커먼즈인 구럼비 바위를 잃었지만 그것에 반대하기 위해 외부에서 유입된 사람들이 마을에서 주민으로 살아가며 새로운 공간과 활동을 만들어내고 있다는 사실에 주목한다. 즉 강정마을에서 자연적 커먼즈가 상실한 이후에 마을의 공적 영역을 재구성하는 사회적 커머닝이 발생하고 있다는 것이다.

제8장

도시/자연의 커머닝을 향한 환경의식과 환경행동 분석

1. 머리말

생태계의 일부인 인간이 환경적 책임과 지속가능한 생활양식에 대해 얼마나 인지하고 이를 일상적으로 행동화시키는가의 문제는 자연과 사회의 공존에 기초한 인간 번영을 위한 기본 쟁점이다. 이 장은 '도시/자연 간 커머닝'을 탐색하려는 의도에서 도시 주민의 건강한 웰빙과 미래세대 및 동식물 생명체의 지속가능성이 도시-자연간 커먼즈의 확보 노력과 연계되어 있음을 전제한다. 여기서의 검토는 울산시민의 환경의식과 일상행동, 도시 및 자연에 대한 태도 및 행태 등에 관한 1999년과 2018년의 설문 결과 각각에 근거하고 있다. 응답 내용에 대한 19년 사이 시계열 비교에서 유의할 것은 조사 지역인 울산광역시가 1999년에는 IMF 외환위기도 비껴갈 정도로 일자리 및 소득 수준이 상대적으로 높은 도시였던 데 비해, 2018년에는 조선해양업 침체에 따른 현대중공업 구조조정 등으로 인해 인구 감소 및 경제침체를 겪고 있다는 점이다.

또한 2018년 10월의 설문조사는 울산시민 중 연령, 성별, 거주지 등을 고려하여 200사례를 표집한 데 반해, 1999년 5월 조사의 경우 1103사례라는 대규모 표본을 대상으로 한 것이다. 후자의 자료는 특히 울산의 5개 구군 인구규모에 의거해 추출된 1003사례와 환경오염이주지역 100사례의 유의표본을 통합한 특징이 있다(김재홍 외, 1999: 3). 두 조사 모두 응답 내용은 환경문제에 대한 관심 및 태도, 일상적 친환경 행동의 정도에 관한 것이며, 2018년 조사에서는 SES의 커머닝과 관련하여 산악, 하천, 재생에너지 등 사례지역의 환경 현안에 대한 문항이 추가되었다.

〈표2〉 1999년, 2018년 조사 자료의 사회인구학적 특성 비교

응답년도		성별	연령	가구유형	주택유형	주택 크기	거주년수
1999	평균	.5014	39.0997	.6002	.3472	27.8187	20.6301
	N	1103	1103	1103	1103	1103	1103
2018	평균	.5000	43.9750	.7400	.5200	32.3450	22.6350
	N	200	200	200	200	200	200
전체	평균	.5012	39.8480	.6216	.3738	28.5134	20.9378
	N	1303	1303	1303	1303	1303	1303
F값		0.01	26.8**	14.2**	21.8**	10.0**	3.2

주 : ** $p<0.01$
평균값은 성별의 경우 1.남성, 0.여성으로, 가구유형은 1. 자가, 0. 기타로, 주택유형은 1. 아파트, 0. 기타로 계산된 것임.

두 자료의 성별, 연령, 학력, 주택보유 상황, 주택 평수 등을 비교해 보면 〈표2〉와 같다.[14] 이 장에서는 두 조사의 자료를 통합하여 시계열 비교를 시도하거나 2018년의 설문 결과를 사회인구학적 특성에 따라 교차하

---

14 〈표2〉를 보면 1999년에 비해 2018년 조사의 결과가 고연령층, 자가소유자, 넓은 평수 주택규모의 표본에 좀 더 치우쳤음을 알 수 있다. 이러한 차이는 19년 사이 환경에 대한 태도 및 일상행동의 변화 추이를 해석할 때에도 고려되어야 할 변수이다.

여 분석하도록 한다.

2. 환경의식 및 환경행동에 대한 이론적 검토

조경학, 환경심리학 등의 관점에 입각해 있는 임승빈(2007)은 환경심리와 인간행태에 대한 연구가 쾌적한 인간환경의 창조를 목표로 하며, 이를 위해 환경설계, 응용심리학, 사회학 등의 학제적 접근이 요구된다고 언급한다. 그 밖에 자연환경과의 관련성은 적으나 인간행동과 사회환경에 관한 아동발달론(신종호 외, 2017)에서는 인간의 의식과 행태가 가족, 이웃 등 생활생태계의 영향을 받는다고 파악한다. 이로부터 인간이 자연환경의 변화 속에서 그에 대한 심각도 인식을 통해 친환경적 행동으로 전환되는 학문적 근거를 유추할 수 있다.

나아가 환경의식을 결정하는 사회적 요인에 대한 탐구(양종회, 1992 등)는 도시/자연의 공존을 추구하는 환경운동의 주체 형성에도 함의를 갖는다. 1970년대 이후 서구 환경사회학은 고학력의 자유주의적 정치지향을 가진 핵가족 형태 중산층 주민들에게 환경관심도가 높음을 발견해 왔다. 예컨대 존스와 던랩(Jones and Dunlap, 1992) 등은 환경에 대한 관심이 연령이 높을수록 적고 높은 교육수준과 자유주의적 이데올로기를 가질수록 많으며, 소득, 직업 위신, 도시 거주, 성별 등과는 상관없다고 결론짓고 있다. 하지만 세귄 등(Seguin et al, 1998)에 따르면, 1990년대 이후 환경 관심도가 널리 확산되면서 그러한 사회인구학적 요인의 차별적 효과는 줄어들었다고 보고된다.

그 대신 실제의 비용이 소요되는 일상적 환경행동이나 환경운동에 대한 참여는 여전히 사회인구학적 변수에 의해 차별화된다고 볼 수 있다. 몇몇

연구들(Oskamp et al., 1991; Vining & Ebreo, 1990; 한상진, 2006에서 재인용)은 개인 수준의 환경행동이 연령, 주거유형, 주택소유와 상관관계를 맺는다고 지적한다. 그리고 물질적 욕구가 해결되지 못한 저소득층에게 재활용과 같은 개별적 환경행동이 낮은 수준으로 나타나는 까닭은 공공적 무관심, 운명주의, 의존성, 환경관심의 결여 등으로 설명되고 있다. 집합적 수준에서의 환경운동 참여의 경우에도 환경악화 및 건강피해에 대한 인식, 경제적 자원의 가용성, 전문적 지식 및 지역공동체성의 정도 등이 결정 요인으로 파악되어 왔다.

한상진(2006)은 사회인구학적 특성별 환경의식과 환경행동을 분석한 결과, 음식물쓰레기 분리배출 의사의 경우에는 성별, 연령, 환경오염지역 거주여부, 직업 등이, 환경정당 결성 지지도에 대해서는 환경오염지역 거주여부만 뚜렷한 차이를 발생시킨다고 발견하고 있다. 한편 쓰레기 분리수거라는 환경행동에 영향을 미치는 독립변수는 환경오염지역 거주여부와 환경관심도, 음식물 쓰레기 분리배출 의사로 식별된다. 그리고 환경문제 해결을 위한 모임의 참여 여부를 둘러싸고는 연령, 환경오염지역 거주여부와 환경관심도, 환경정당 결성 지지도 등의 독립변수가 영향을 미치는 것으로 나타난다.

3. 1999-2018년의 환경의식 및 일상적 환경행동 차이

1) 19년 사이 환경의식의 변화

〈표3〉에서 〈표6〉은 1999년, 2018년의 조사 자료를 비교하여 울산시민의 19년 사이 환경의식 변화를 추적한 결과이다. 주14)에서 언급한 표본

의 편의성(偏倚性) 뿐 아니라 자료 크기 면에서도 2018년 조사는 표본오차가 상대적으로 크다는 점이 눈에 띈다.

〈표3〉 지역사회에서 가장 불편한 사항

	응답년도		전체
	1999	2018	
비싼 물가	346	90	436
	31.5%	45.0%	33.6%
교통 불편	96	36	132
	8.7%	18.0%	10.2%
나쁜 교육여건	80	4	84
	7.3%	2.0%	6.5%
심각한 환경오염	327	20	347
	29.8%	10.0%	26.7%
나쁜 주택여건	8	6	14
	0.7%	3.0%	1.1%
문화시설 부족	155	32	187
	14.1%	16.0%	14.4%
복지시설 부족	47	12	59
	4.3%	6.0%	4.5%
편의시설 부족	23	0	23
	2.1%	0.0%	1.8%
기타	17	0	17
	1.5%	0.0%	1.3%
전체	1099	200	1299
	100.0%	100.0%	100.0%

X^2=72.4(p<0.01).

〈표3〉을 보면, 지역사회의 불편한 사항 중 환경오염을 거론하는 비율은 1999년에 30%였다가 2018년에 10%로 감소되고 있다. 그 대신 19년 사이 물가, 교통 등 경제적 일상생활의 고통에 대한 불편의식은 증가하고 있다.

<표4> 환경문제로부터의 가장 큰 피해

	응답년도		전체
	1999	2018	
건강상의 피해	527	94	621
	47.9%	47.0%	47.8%
재산가치의 하락	32	22	54
	2.9%	11.0%	4.2%
농수산물 피해	47	4	51
	4.3%	2.0%	3.9%
마을 전통의 파괴	24	29	53
	2.2%	14.5%	4.1%
공해지역에 살고 있다는 나쁜 이미지	266	2	268
	24.2%	1.0%	20.6%
피해받은 것 없음	191	49	240
	17.4%	24.5%	18.5%
기타	13	0	13
	1.2%	0.0%	1.0%
전체	1100	200	1300
	100.0%	100.0%	100.0%

$X^2=143.1(p<0.01)$.

<표5> 울주군 원전 유치에 대한 찬반 이유

	응답년도		전체
	1999	2018	
지역경제 활성화를 위해 적극 유치	65	37	102
	5.9%	18.5%	7.8%
지역경제에 도움이 된다면 유치해도 무방	242	59	301
	22.0%	29.5%	23.1%
별로 관심없음	138	51	189
	12.5%	25.5%	14.5%
환경보전,안전,경제적 손실로 인해 유치반대	470	49	519
	42.7%	24.5%	39.9%
어느지역에도 건설반대	171	4	175
	15.5%	2.0%	13.5%
기타	15	0	15
	1.4%	0.0%	1.2%
전체	1101	200	1301
	100.0%	100.0%	100.0%

$X^2=97.8(p<0.01)$.

이는 울산광역시의 심각한 환경오염 자체가 경감된 데서 비롯된 것일 수도 있으나, 2018년 하반기 동구 지역에서의 조선해양업의 고용 감소 등 지역경제 위기에 따른 특수 상황을 반영한 것이라고 풀이된다. 한편 두 해 모두 환경문제로부터 건강상 피해가 크다는 응답이 가장 많지만, 그 다음으로 공해지역 이미지를 손꼽는 비율이 상대적으로 높았던 19년 전보다 2018년 결과에서는 마을전통 파괴, 재산가치 하락 등 사회경제적 이유의 비율이 높아지고 있다(〈표4〉 참조). 더욱이 〈표5〉에 따르면, 핵발전소(이하 원전) 유치 의사에 대해 1999년에는 반대 비율이 58.2%였으나 2018년에는 26.5%로 크게 주는 데 반해, 오히려 경제적 이유로 유치해도 무방하다는 의견이 48%로 늘어나고 있다. 이는 1999년의 경우 당시 울주군수에 의한 울산내 최초의 원전 유치에 대해 반대여론이 높았던 반면에, 2018년의 경우 한 해 전 신고리 5,6호기 공론화위원회가 '원전의 계속 건설'을 권고한데다가 지역경제의 악화까지 영향을 미친 결과라고 할 수 있다.

이러한 반핵(反核)의 후퇴 현상은 〈표6〉에서 원전이 깨끗한 방식이라는 응답의 평균값이 1999년보다 2018년에 증가하는 것과도 관련된다. 그 밖에 환경문제의 여러 측면에 대한 집단별 평균분석의 결과(〈표6〉 참조), '기술이 발달하면 환경문제가 해결된다'는 의식은 1999년, 2018년 둘 다 비슷하게 긍정되고 있는 데 비해, '농약의 안전성', '환경오염 피해의 계급적 차이', '탈성장에 대한 지지 정도'는 모두 2018년에 저하되고 있다. 하지만 이와 같은 조사 결과는 19년 사이 울산시민의 반환경적 태도가 강화되었다기보다는, 산업도시로서 과거에 겪었던 환경오염의 집중 현상이 전국화, 세계화되는 가운데 지역경제 침체라는 특수상황이 울산시민의 환경의식 발현을 억제시키고 있는 것이라 해석될 수 있다. 그럼에도 불구하고 환경문제를 둘러싼 시민의 입장은 탈생산주의에 입각한 '생태사회적 커머닝'보다는 기술개발에 따른 환경관리주의, 또는 생태근대화 관점에 기울어져 있는 것은 분명하다.

〈표6〉 환경문제의 여러 측면에 대한 의식(집단별 평균분석 결과)

응답 년도		내가 먹는 채소는 농약 때문에 불안하다	못사는 사람이 잘사는 사람보다 환경오염으로 더많은 피해를 본다	환경문제 해결을 위해 경제성장을 늦출수 있다	기술이 발달하면 환경문제는 해결될 수 있다	원자력발전은 오염발생이 없는 깨끗한 전력생산 방식이다
1999	평균	1.9038	1.9157	2.1418	2.3739	2.8803
	N	1102	1103	1100	1102	1103
2018	평균	2.1550	2.4550	2.6700	2.3600	2.3950
	N	200	200	200	200	200
전체	평균	1.9424	1.9985	2.2231	2.3717	2.8058
	N	1302	1303	1300	1302	1303
F값		25.2**	84.1**	77.4**	0.05	60.5**

주 : ** p<0.01
평균값은 1.매우 찬성, 2.찬성, 3.반대, 4.매우 반대의 계산 결과로서, 값이 작을수록 상대적으로 긍정적인 것임.

2) 19년 사이 일상적 환경행동의 변화

〈표7〉에서 〈표10〉은 1999년, 2018년의 조사 자료를 비교하여 울산시민의 19년 사이 일상적 환경행동의 변화 추이를 나타낸 것이다. 〈표7〉에서 재활용 분리수거라는 환경행동은 19년 전보다 아주 철저히 참여하는 비율이 꽤 늘어나고 있는데, 이는 친환경적 일상행동의 증가라기보다는 분리수거제도의 철저한 시행에 더 영향을 받은 것이라 추정된다. 한편 〈표10〉을 볼 때 19년 사이 생활협동조합이 꽤 증가한 것이 분명한데도 불구하고, 2018년의 결과는 앞으로도 가입의사가 없다는 비중이 반을 넘고 있어 대조적이다.

<표7> 재활용분리 수거에 대한 참여 정도

	응답년도		전체
	1999	2018	
아주 철저히 참여	533	147	680
	48.5%	73.5%	52.3%
대충 참여	489	45	534
	44.5%	22.5%	41.1%
참여 안함	77	8	85
	7.0%	4.0%	6.5%
전체	1099	200	1299
	100.0%	100.0%	100.0%

<표8> 재활용제품 구입 경험

	응답년도		전체
	1999	2018	
자주 구입	132	1	133
	12.0%	0.5%	10.2%
가끔 구입	617	78	695
	56.1%	39.0%	53.5%
구입한 적 없음	351	121	472
	31.9%	60.5%	36.3%
전체	1100	200	1300
	100.0%	100.0%	100.0%

<표9> 무공해 농산물 구입 정도

	응답년도		전체
	1999	2018	
항상 그렇다	99	14	113
	9.0%	7.0%	8.7%
그런 편이다	595	82	677
	54.1%	41.0%	52.1%
그렇지 않은 편이다	319	90	409
	29.0%	45.0%	31.5%
항상 그렇지 않다	87	14	101
	7.9%	7.0%	7.8%
전체	1100	200	1300
	100.0%	100.0%	100.0%

이와 같은 결과는 1999년에 비해 2018년에 목적의식적 친환경 일상행동 의지가 감소하고 있음을 시사하는 것으로, 〈표8〉, 〈표9〉에서 재활용제품이나 무공해 농산물의 구입 경험이 19년 사이 오히려 줄어드는 것으로도 확인된다.

〈표10〉 협동조합 가입 후 무공해 농산물 구입 의향

	응답년도		전체
	1999	2018	
현재 그러한 협동조합에 가입	61	11	72
	5.6%	5.5%	5.5%
앞으로 그러한 협동조합에 가입	838	83	921
	76.3%	41.5%	71.0%
앞으로도 가입의사 없음	199	106	305
	18.1%	53.0%	23.5%
전체	1098	200	1298
	100.0%	100.0%	100.0%

3. 2018년 현재 환경태도와 커머닝에 대한 의식

1) 지역사회의 지속가능성에 대한 의식

그러면 2018년 표본을 대상으로 커먼즈 관리, 미래세대의 발언권 강화라는 승인적 환경정의, 기후변화 대응을 위한 탈성장 필요성 등 지역사회 지속가능성을 둘러싼 시민 의식을 살펴보자. 우선 공유지(共有地) 보전에 대한 태도와 관련되는 '도시공원 일몰제 이후 대책'에 대해서는 전반적으로 택지로의 개발/지속적 녹지보전이라는 반응이 각각 반반이다(〈표11〉 참조). 앞서 5장에서 보았듯이 일몰제란 1999년 헌법재판소가 사유지에 지자체 도시계획시설을 집행하지 않을 때 개인 재산권이 침해된다고 판결함

〈표11〉 도시공원 일몰제 이후 대책에 대한 의식

		민간개발(%)	공공임대주택 용지전환(%)	계속 공원으로 보전(%)	계(%)
전체		21	29.5	49.5	100
연령별	20대	30.2	20.9	48.8	100
	30대	16.7	22.9	60.4	100
	40대	16.7	13.3	70	100
	50대	26.2	40.5	33.3	100
	60대	13.5	48.6	37.8	100
가구소유 형태	자가	23.6	31.8	44.6	100
	전세	13.5	23.1	63.5	100
주택 크기	20평 미만	11.1	0	88.9	100
	20평~25평 미만	10.5	31.6	57.9	100
	25평~30평 미만	22.4	23.9	53.7	100
	30평~35평 미만	26.9	36.5	36.5	100
	35평 이상	18.9	34	47.2	100
월평균 소득	199만원 이하	17.6	58.8	23.5	100
	200-299만원	14.3	23.8	61.9	100
	300-399만원	26	14.3	59.7	100
	400-499만원	15.9	30.2	54	100
	500만원 이상	27.3	63.6	9.1	100
학력	중졸 이하	12.5	37.5	50	100
	고교 중퇴/졸업	18.6	38.6	42.9	100
	전문대 재학/중퇴/졸업	25.9	25.9	48.1	100
	대학 재학/중퇴	25	15.6	59.4	100
	대학 졸업이상	23.4	23.4	53.2	100

에 따라, 2020년 6월까지 도시공원으로 조성되지 못한 도시계획시설 상 공원부지는 일괄 해제하는 제도를 가리킨다.

한편 일몰제 시행 이후에도 계속 공원용지로 보전해야 한다는 의식은 30,40대, 전세보유자, 30평 미만 주택거주자, 200-399만원 소득계층, 대학재학 이상 학력층에서 비교적 높다. 특히 자가소유자나 상대적으로 넓은 면적에 거주하는 주민의 민간개발 및 공공임대 택지로의 전환에 대한 희망 정도가 높다는 사실이 주목된다. 앞서 보았듯이 승인적 환경정의의 개념은 미래세대나 인간너머 존재의 권리 인정이라는 차원에서 기성세대와 젊은 세대의 공평한 참여가 보장되어야 하는 것까지 포함한다고 볼 수 있다. 2017년 10월의 신고리 5, 6호기 공론화위원회처럼 환경문제를 둘러싼 숙의 절차에 젊은 세대의 참여비율을 높이는 것에 대한 의식 분포는 〈표12〉와 같다.

전반적으로 찬성하는 편이 2/3 정도로 나타나, 환경보전보다 현재의 경제적 이해관계를 중시하는 울산시민 중에도 미래 주역인 젊은 세대의 환경 발언권에 대해서는 긍정적인 경우가 많음을 암시한다. 사회인구학적 특성별로는 20, 30대, 25-25평의 거주 면적, 월 500만원 소득 이상, 전문대 재학 이상의 학력일수록 승인적 환경정의에 더욱 친화적인 태도를 나타내고 있다.

또한 '경제성장보다 CO_2 감소가 시급하다'는 명제에 대한 찬반 정도는 전체적으로 찬성이 2/3에 가깝다(〈표13〉 참조). 찬반의 강도까지 고려한 4점 척도의 평균값에 의거해 사회인구학적 독립변수별 분포를 검토해 보면, 〈표11〉, 〈표12〉의 결과와는 대조적으로 60대 이상의 고연령층에서 CO_2 감소의 시급성에 대한 동의 강도가 센 편이다. 가구소유 형태나 거주 면적, 교육수준에 따라서는 뚜렷한 경향이 없지만, 소득수준별로는 300만원 미만의 상대적 저소득층에서 해당 명제에 대한 찬성 정도가 강함을 알 수 있다.

〈표12〉 젊은 세대의 환경 관련 공론화위 참여비율 증가에 대한 찬반 정도

		사례수	찬성하는 편 (%)	반대하는 편 (%)	계(%)
전체		200	64.5	35.5	100
연령별	20대	43	86	14	100
	30대	48	77.1	22.9	100
	40대	30	40	60	100
	50대	42	59.5	40.5	100
	60대	37	48.6	51.4	100
가구 소유형태	자가	148	65.5	34.5	100
	전세	52	61.5	38.5	100
주택크기	20평 미만	9	22.2	77.8	100
	20평~25평 미만	19	57.9	42.1	100
	25평~30평 미만	67	71.6	28.4	100
	30평~35평 미만	52	71.2	28.8	100
	35평 이상	53	58.5	41.5	100
월평균 소득	199만원 이하	17	64.7	35.3	100
	200만원-299만원	21	47.6	52.4	100
	300만원-399만원	77	63.6	36.4	100
	400만원-499만원	63	68.3	31.7	100
	500만원 이상	22	72.7	27.3	100
학력	중학교 졸업이하	24	50	50	100
	고등학교 중퇴/졸업	70	47.1	52.9	100
	전문대 재학/중퇴/졸업	27	74.1	25.9	100
	대학 재학/중퇴	32	78.1	21.9	100
	대학 졸업이상	47	83	17	100

그리고 200만원 미만 저소득층에 초점을 맞추어 〈표11〉, 〈표12〉, 〈표13〉의 결과를 총괄해 보면, 도시계획 상 공원부지보다는 공공개발에 의한 저렴한 택지조성을 선호하면서도 젊은 세대의 환경발언권 보장과 관련해서는 평균 정도의 찬성도를 나타내며, 경제성장을 늦추면서 기후변화에 대응하는 것에는 다른 소득계층보다 거부감이 덜한 편이다.

<표13> '경제성장을 늦추더라도 CO_2가 감소되어야 한다'에 대한 찬반 정도

		적극 찬성 (%)	찬성 하는 편 (%)	반대 하는 편 (%)	적극 반대 (%)	계(%)	평균값
전체		11.5	53	34.5	1	100	2.75
연령별	20대	4.7	69.8	25.6	0	100	2.79
	30대	14.6	33.3	50	2.1	100	2.6
	40대	3.3	50	46.7	0	100	2.57
	50대	9.5	52.4	35.7	2.4	100	2.69
	60대	24.3	62.2	13.5	0	100	3.11
가구 소유형태	자가	11.5	57.4	30.4	0.7	100	2.8
	전세	11.5	40.4	46.2	1.9	100	2.62
주택 크기	20평 미만	11.1	55.6	33.3	0	100	2.78
	20평~25평 미만	15.8	26.3	57.9	0	100	2.58
	25평~30평 미만	13.4	50.7	34.3	1.5	100	2.76
	30평~35평 미만	5.8	53.8	40.4	0	100	2.65
	35평 이상	13.2	64.2	20.8	1.9	100	2.89
월평균 소득	199만원 이하	11.8	70.6	17.6	0	100	2.94
	200만원-299만원	23.8	66.7	9.5	0	100	3.14
	300만원-399만원	11.7	37.7	49.4	1.3	100	2.6
	400만원-499만원	6.3	57.1	34.9	1.6	100	2.68
	500만원 이상	13.6	68.2	18.2	0	100	2.95
학력	중학교 졸업이하	20.8	58.3	20.8	0	100	3
	고등학교 중퇴/졸업	14.3	55.7	28.6	1.4	100	2.83
	전문대재/중퇴/졸업	11.1	40.7	48.1	0	100	2.63
	대학 재학/중퇴	9.4	65.6	25	0	100	2.84
	대학 졸업이상	4.3	44.7	48.9	2.1	100	2.51

주 : 평균값은 1.매우 반대, 2.반대, 3.찬성, 4.매우 찬성의 계산 결과로, 값이 클수록 상대적으로 긍정적임.

2) 영남알프스, 재생에너지, 태화강 관련 시민의식

이제 2018년 현재 도시와 자연의 커머닝을 둘러싼 현안들에 대한 조사 결과를 검토해보도록 하겠다. 먼저 20년 가까이 산림 훼손으로 인한 동식물 서식지 파괴라는 생태적 배제의 이유로 개발이 좌절되어 온 영남알프스 로프웨이(케이블카)에 대한 의식을 살펴보자(〈표14〉 참조). 복합웰컴센터에서 간월재에 이르는 민선6기 울산시장의 로프웨이 추진에 대해 전체적으로 보면, 찬성(적극 찬성과 찬성하는 편) 46.5%, 반대(적극 반대와 반대하는 편) 53.5%로 반대하는 비율이 7% 정도 더 높다.

사회인구학적 특성별로는 남성과 40대 이하의 젊은 층, 전세거주자, 전문대 재학 이상 고학력층에서 로프웨이 반대가 상대적으로 크게 나타난다. 현재 일부 지자체들에서 자연자원을 활용한 다양한 생태관광 프로그램이 시도되고 있는 가운데, 대다수 지자체가 개발 중인 로프웨이에 대한 모방적 추종은 시기를 놓친 구태행정이라는 비판도 있다.

한편 2018년 현재 울산광역시가 계획하고 있는 부유식 해상풍력발전단지와 같은 재생에너지 설비에 본인이 출자할 의향을 물어 보았다(〈표15〉 참조). 부유식 해상풍력단지는 폐기물 해양투기 장소였던 공유수면에 현대중공업 해양플랜트본부가 보유한 부유시설을 설치하여 울산 동구의 고용위기를 타개하는 한편, 대규모 재생에너지 공급을 목표로 하고 있다.

특히 민선7기 울산시장 인수를 위한 시민소통위원회(이하 소통위)가 발표한 민선7기 울산시장 공약에 의하면, 이 단지를 위한 출자의 20%는 개별 시민으로 구성된 특수목적회사 형태로 조달할 계획이다. 설문조사의 결과, 전체적으로는 2/3가 찬성하고 있으며 연령별로는 30대와 60대 이상이, 주거형태별로는 전세가구와 20평대 초반 거주자가 좀 더 본인의 풍력발전단지 투자에 호의적임을 알 수 있다.

<표14> 간월재까지 로프웨이가 필요하다는 명제에 대한 찬반 정도

		적극 찬성 (%)	찬성하는 편 (%)	반대하는 편 (%)	적극 반대 (%)	계 (%)	평균값
전체		3	43.5	51	2.5	100	2.47
성별	남성	3	38	55	4	100	2.4
	여성	3	49	47	1	100	2.54
연령별	20대	2.3	34.9	62.8	0	100	2.4
	30대	4.2	31.3	56.3	8.3	100	2.31
	40대	3.3	33.3	60	3.3	100	2.37
	50대	4.8	59.5	35.7	0	100	2.69
	60대	0	59.5	40.5	0	100	2.59
가구 소유	자가	1.4	48.6	49.3	0.7	100	2.51
	전세	7.7	28.8	55.8	7.7	100	2.37
주택크기	20평 미만	11.1	22.2	66.7	0	100	2.44
	20평~25평 미만	10.5	26.3	57.9	5.3	100	2.42
	25평~30평 미만	1.5	43.3	52.2	3	100	2.43
	30평~35평 미만	0	50	46.2	3.8	100	2.46
	35평 이상	3.8	47.2	49.1	0	100	2.55
월평균 소득	199만원 이하	5.9	70.6	23.5	0	100	2.82
	200만원-299만원	0	38.1	57.1	4.8	100	2.33
	300만원-399만원	5.2	33.8	57.1	3.9	100	2.4
	400만원-499만원	1.6	39.7	57.1	1.6	100	2.41
	500만원 이상	0	72.7	27.3	0	100	2.73
직업	기능숙련공/막노동	6.4	48.9	44.7	0	100	2.62
	판매서비스직	3.6	14.3	71.4	10.7	100	2.11
	사무기술직/전문직	0	46.2	48.7	5.1	100	2.41
	전업주부	1.8	60.7	37.5	0	100	2.64
	학생/무직	3.3	26.7	70	0	100	2.33
학력	중학교 졸업이하	0	66.7	33.3	0	100	2.67
	고등학교 중퇴/졸업	4.3	41.4	54.3	0	100	2.5
	전문대재/중퇴/졸업	3.7	40.7	48.1	7.4	100	2.41
	대학 재학/중퇴	3.1	34.4	62.5	0	100	2.41
	대학 졸업이상	2.1	42.6	48.9	6.4	100	2.4

주 : 평균값의 계산 방식은 <표13>과 같음.

마지막으로 태화강 국가정원의 유치가 현안인 상황에서 2018년 봄에 시범 운행된 에어보트나 수변공간의 유희시설인 집 라인(zip line)에 대한 의견을 살펴본다(〈표16〉 참조). 인간과 수변 동식물의 공존이라는 차원에서 이미 2018년 7월 소통위가 에어보트 및 집라인 계획의 백지화를 권고했음에도 불구하고, 조사 결과는 찬성 61%, 반대 39%로 도시와 자연의 공동관리 의식보다는 유희적 여가시설에 대한 욕구가 좀 더 강함을 시사하고 있다.

이러한 발견은 환경보전보다 경제적 이해관계의 추구를 우선하는 전반적인 2018년 조사 결과의 연장선 위에 있는데, 흥미로운 것은 유희시설의 유력한 이용자집단인 젊은 연령층에 비해 50대 이상 고연령층에서 찬성 빈도가 더욱 높다는 점이다. 그 밖의 사회인구학적 특성별로는 자가소유자, 35평 이상 넓은 면적 거주자, 월 500만원 이상 고소득층, 중졸 이하 저학력층에서 태화강 유희시설 설치에 대한 찬성 비율이 상대적으로 높은 편이다.

〈표15〉 재생에너지 개발에서의 본인투자 의향 정도

		적극 찬성 (%)	찬성 하는 편 (%)	반대 하는 편(%)	계 (%)	평균값
	전체	22.5	44	33.5	100	2.89
성별	남성	25	41	34	100	2.91
	여성	20	47	33	100	2.87
연령별	20대	18.6	46.5	34.9	100	2.84
	30대	31.3	43.8	25	100	3.06
	40대	3.3	36.7	60	100	2.43
	50대	19	47.6	33.3	100	2.86
	60대	35.1	43.2	21.6	100	3.14
가구 소유형태	자가	20.3	44.6	35.1	100	2.85
	전세	28.8	42.3	28.8	100	3
주택크기	20평 미만	22.2	44.4	33.3	100	2.89
	20평~25평 미만	42.1	21.1	36.8	100	3.05
	25평~30평 미만	23.9	44.8	31.3	100	2.93
	30평~35평 미만	19.2	38.5	42.3	100	2.77
	35평 이상	17	56.6	26.4	100	2.91
월평균 소득	199만원 이하	17.6	52.9	29.4	100	2.88
	200만원-299만원	28.6	42.9	28.6	100	3
	300만원-399만원	24.7	42.9	32.5	100	2.92
	400만원-499만원	23.8	36.5	39.7	100	2.84
	500만원 이상	9.1	63.6	27.3	100	2.82
직업	기능숙련공/막노동	27.7	36.2	36.2	100	2.91
	판매서비스직	17.9	53.6	28.6	100	2.89
	사무기술직/전문직	25.6	35.9	38.5	100	2.87
	전업주부	16.1	51.8	32.1	100	2.84
	학생/무직	26.7	43.3	30	100	2.97
학력	중학교 졸업이하	25	37.5	37.5	100	2.88
	고등학교 중퇴/졸업	25.7	42.9	31.4	100	2.94
	전문대 재학/중퇴/졸업	14.8	44.4	40.7	100	2.74
	대학 재학/중퇴	28.1	43.8	28.1	100	3
	대학 졸업이상	17	48.9	34	100	2.83

주 : 평균값의 계산 방식은 〈표13〉과 같음.

〈표16〉 태화강의 유희시설(에어보트, 집 라인 등) 설치에 대한 찬반 정도

		적극 찬성 (%)	찬성 하는 편 (%)	반대 하는 편 (%)	적극 반대 (%)	계 (%)	평균값
	전체	3.5	57.5	35.5	3.5	100	2.61
성별	남성	4	53	41	2	100	2.59
	여성	3	62	30	5	100	2.63
연령별	20대	0	53.5	46.5	0	100	2.53
	30대	2.1	45.8	41.7	10.4	100	2.4
	40대	3.3	40	50	6.7	100	2.4
	50대	7.1	69	23.8	0	100	2.83
	60대	5.4	78.4	16.2	0	100	2.89
가구 소유형태	자가	4.1	62.8	31.1	2	100	2.69
	전세	1.9	42.3	48.1	7.7	100	2.38
주택 크기	20평 미만	0	33.3	66.7	0	100	2.33
	20평~25평 미만	5.3	47.4	47.4	0	100	2.58
	25평~30평 미만	3	49.3	41.8	6	100	2.49
	30평~35평 미만	0	69.2	26.9	3.8	100	2.65
	35평 이상	7.5	64.2	26.4	1.9	100	2.77
월평균 소득	199만원 이하	5.9	76.5	17.6	0	100	2.88
	200만원-299만원	0	66.7	33.3	0	100	2.67
	300만원-399만원	2.6	42.9	48.1	6.5	100	2.42
	400만원-499만원	6.3	55.6	34.9	3.2	100	2.65
	500만원 이상	0	90.9	9.1	0	100	2.91
직업	기능숙련공/막노동	6.4	55.3	38.3	0	100	2.68
	판매서비스직	3.6	39.3	46.4	10.7	100	2.36
	사무기술직/전문직	2.6	61.5	33.3	2.6	100	2.64
	전업주부	3.6	71.4	19.6	5.4	100	2.73
	학생/무직	0	46.7	53.3	0	100	2.47
학력	중학교 졸업이하	8.3	70.8	20.8	0	100	2.88
	고등학교 중퇴/졸업	4.3	57.1	35.7	2.9	100	2.63
	전문대재학/중퇴/졸업	3.7	55.6	25.9	14.8	100	2.48
	대학 재학/중퇴	0	50	50	0	100	2.5
	대학 졸업이상	2.1	57.4	38.3	2.1	100	2.6

주 : 평균값의 계산 방식은 〈표13〉과 같음.

3) 환경개선을 위한 대안에 대한 평가

끝으로 지역사회 환경문제의 개선을 위한 주체와 관련하여 울산시 정부의 환경정책 역량, 울산지역 환경문제 해결을 위해 믿을만한 집단, 녹색당에 대한 지지 정도 등을 파악해 보았다(〈표17〉, 〈표18〉, 〈표19〉 참조). 먼저 울산광역시청의 환경관리 능력은 미흡하다는 반응이 3/4로, 지방자치단체에 대한 환경개선 기대가 저조함을 알 수 있다. 사회인구학적 특성별로는 연령, 거주년수, 소득, 교육수준이 낮을수록, 그리고 35평 이상 거주자와 전업주부일수록 지자체 환경정책 역량에 대한 비판도가 높은 편이다.

한편 지역사회의 환경문제 해결 주체로 손꼽히는 정도는 민간환경단체, 환경부 지방행정조직인 낙동강환경유역청, 울산시청 및 구군청, 울산시민 자체 등의 순서로 나타난다(〈표18〉 참조). 특이한 사실은 지역언론의 해당 비율이 5%로 매우 낮다는 점이다. 환경문제 해결을 위한 믿을만한 집단으로 민간환경단체가 가장 선호된다는 사실은 지역사회 SES의 커뮤닝을 위해 비정부조직에 대한 신뢰가 상대적으로 높음을 방증한다. 사회인구학적 특성별로는 40대 이하 젊은 층, 35평 이상 넓은 평수 거주집단, 월 300만원대 소득계층, 전문대 및 4년제 대학 재학생 등에서 민간환경단체에 대한 신뢰 정도가 높은 편이다.

최종적으로 2018년 6월의 지방선거부터 부상되어 온 녹색당에 대한 지지 정도를 파악해 보면(〈표19〉 참조), 찬성 32.5%, 반대 24%로 지지 정도가 약간 높은 편이다. 사회인구학적 특성별로 교차해 볼 때, 통상적 관념과는 달리 남성과 50대 이상 고연령층, 자기집 소유자, 월 500만원 이상 고소득층에서 녹색당 찬성도가 약간 더 높아 의외라고 할 수 있다.

〈표17〉 울산광역시청의 환경관리 능력에 대한 평가

		충분한 편	약간 미흡	매우 미흡	계(%)
전체		25	74.5	0.5	100
성별	남성	23	77	0	100
	여성	27	72	1	100
연령	20대	7	93	0	100
	30대	22.9	75	2.1	100
	40대	23.3	76.7	0	100
	50대	31	69	0	100
	60대	43.2	56.8	0	100
거주 년수	10년 미만	12.8	87.2	0	100
	10년~20년 미만	19	79.3	1.7	100
	20년~30년 미만	35.3	64.7	0	100
	30년~40년 미만	23.1	76.9	0	100
	40년 이상	53.8	46.2	0	100
가구 형태	자가	25	75	0	100
	전세	25	73.1	1.9	100
주택 크기	20평 미만	33.3	66.7	0	100
	20평~25평 미만	31.6	68.4	0	100
	25평~30평 미만	22.4	76.1	1.5	100
	30평~35평 미만	13.5	86.5	0	100
	35평 이상	35.8	64.2	0	100
월평균 소득	199만원 이하	41.2	58.8	0	100
	200만원-299만원	42.9	57.1	0	100
	300만원-399만원	22.1	77.9	0	100
	400만원-499만원	20.6	77.8	1.6	100
	500만원 이상	18.2	81.8	0	100
직업	기능숙련공/막노동	29.8	70.2	0	100
	판매서비스직	21.4	78.6	0	100
	사무기술직/전문직	17.9	82.1	0	100
	전업주부	35.7	62.5	1.8	100
	학생/무직	10	90	0	100
학력	중학교 졸업이하	41.7	58.3	0	100
	고등학교 중퇴/졸업	32.9	67.1	0	100
	전문대 재학/중퇴/졸업	22.2	77.8	0	100
	대학 재학/중퇴	15.6	84.4	0	100
	대학 졸업이상	12.8	85.1	2.1	100

주 : 평균값의 계산 방식은 〈표13〉과 같음.

〈표18〉 지역 환경문제 해결을 위해 믿을만한 집단의 분포

		시민	울산시, 구청	낙동강 환경유역청	민간환경단체	언론	없다	계
	전체	13.5	18.5	22	34.5	4.5	7	100
성별	남성	13	19	18	33	5	12	100
	여성	14	18	26	36	4	2	100
연령별	20대	18.6	14	23.3	39.5	2.3	2.3	100
	30대	10.4	22.9	12.5	41.7	2.1	10.4	100
	40대	13.3	13.3	23.3	40	0	10	100
	50대	14.3	14.3	28.6	26.2	9.5	7.1	100
	60대	10.8	27	24.3	24.3	8.1	5.4	100
가구 소유형태	자가	12.2	20.3	23.6	33.8	5.4	4.7	100
	전세	17.3	13.5	17.3	36.5	1.9	13.5	100
주택크기	20평 미만	22.2	0	22.2	22.2	0	33.3	100
	20평~25평 미만	10.5	26.3	15.8	36.8	0	10.5	100
	25평~30평 미만	14.9	17.9	19.4	34.3	6	7.5	100
	30평~35평 미만	17.3	19.2	25	30.8	5.8	1.9	100
	35평 이상	7.5	18.9	24.5	39.6	3.8	5.7	100
월평균 소득	199만원 이하	17.6	5.9	41.2	23.5	5.9	5.9	100
	200만원-299만원	19	28.6	14.3	28.6	4.8	4.8	100
	300만원-399만원	11.7	16.9	14.3	41.6	3.9	11.7	100
	400만원-499만원	14.3	19	25.4	30.2	6.3	4.8	100
	500만원 이상	9.1	22.7	31.8	36.4	0	0	100
직업	기능숙련공/막노동	14.9	17	23.4	25.5	6.4	12.8	100
	판매서비스직	10.7	28.6	7.1	42.9	0	10.7	100
	사무기술직/전문직	7.7	25.6	17.9	41	2.6	5.1	100
	전업주부	14.3	16.1	28.6	32.1	7.1	1.8	100
	학생/무직	20	6.7	26.7	36.7	3.3	6.7	100
학력	중학교 졸업이하	12.5	25	20.8	20.8	4.2	16.7	100
	고교 중퇴/졸업	15.7	21.4	20	32.9	4.3	5.7	100
	전문대재/중퇴/졸업	3.7	11.1	22.2	44.4	11.1	7.4	100
	대학 재학/중퇴	18.8	6.3	25	43.8	3.1	3.1	100
	대학 졸업이상	12.8	23.4	23.4	31.9	2.1	6.4	100

주 : 평균값의 계산 방식은 〈표13〉과 같음.

〈표19〉 녹색당에 대한 지지 정도

		적극적으로 지지한다	지지하는 편이다	반대하는 편이다	적극적으로 반대한다	그때 가봐야 알겠다
	전체	2.5	30	22.5	1.5	43.5
성별	남성	2	33	23	2	40
	여성	3	27	22	1	47
연령별	20대	0	23.3	39.5	2.3	34.9
	30대	2.1	25	14.6	0	58.3
	40대	0	30	30	0	40
	50대	4.8	38.1	11.9	2.4	42.9
	60대	5.4	35.1	18.9	2.7	37.8
가구소유형태	자가	2	33.8	23	2	39.2
	전세	3.8	19.2	21.2	0	55.8
주택크기	20평 미만	0	11.1	11.1	0	77.8
	20평~25평 미만	5.3	21.1	10.5	0	63.2
	25평~30평 미만	1.5	26.9	20.9	1.5	49.3
	30평~35평 미만	0	40.4	21.2	1.9	36.5
	35평 이상	5.7	30.2	32.1	1.9	30.2
월평균소득	199만원 이하	11.8	41.2	17.6	5.9	23.5
	200만원-299만원	0	23.8	33.3	0	42.9
	300만원-399만원	2.6	26	23.4	1.3	46.8
	400만원-499만원	1.6	28.6	15.9	1.6	52.4
	500만원 이상	0	45.5	31.8	0	22.7
직업	기능숙련공/막노동	4.3	31.9	21.3	4.3	38.3
	판매서비스직	0	21.4	25	0	53.6
	사무기술직/전문직	0	30.8	20.5	0	48.7
	전업주부	5.4	33.9	14.3	1.8	44.6
	학생/무직	0	26.7	40	0	33.3
학력	중학교 졸업이하	4.2	41.7	20.8	0	33.3
	고등학교 중퇴/졸업	4.3	27.1	21.4	2.9	44.3
	전문대재/중퇴/졸업	0	25.9	14.8	3.7	55.6
	대학 재학/중퇴	0	28.1	40.6	0	31.3
	대학 졸업이상	2.1	31.9	17	0	48.9

주 : 평균값의 계산 방식은 〈표13〉과 같음.

4. 결론

　미세먼지, 기후변화 등의 생태적 배제의 과정은 '하나뿐인 지구에서 다른 세계 만들기' 차원에서 지속가능한 생태사회적 커머닝을 실행하지 못한다면 사적 소유에 기반한 경제적 이해관계 자체가 무효화될 수도 있다는 위기감을 불러일으키고 있다. 지난 19년 동안 종의 다양성 감소, 조류인플루엔자 등 그 밖의 환경문제들도 악화된 것이 분명한데, 이 장의 조사 결과에서 나타난 울산시민 환경의식 및 환경행동의 저하 현상은 당황스럽지만 조심스러운 해석을 필요로 한다. 물론 이러한 현상은 광역시 승격 이후 울산의 지자체와 시민들이 '공해백화점'에서 생태도시로 전환하기 위해 기울인 노력의 결과를 일부 반영하는 것이기도 하다.

　예컨대 2011년 3월의 쓰나미에 따른 후쿠시마 원전사고로 많은 인명피해가 발생한 일본의 경우, 인근 주민은 생태계 복원에 관심을 기울이기보다 더 큰 해일과 태풍에도 안전한 콘크리트 방조제 축조를 우선시해 왔다. 이렇게 본다면 경제안정기였던 1999년보다 2018년의 현대중공업 고용감소 등에 따른 경기침체에 직면하여 울산시민이 일상적 환경의식 및 행동을 덜 표출한다는 사실은 경제위기와 결합된 생태계 위기에 대해 그 동안 발전되어 온 지역사회 환경 거버넌스의 역량을 바탕으로 도시/자연의 공동관리로 타개할 필요성을 더 강화시키는 것이기도 하다.

　지금까지의 조사 결과는 경제현실과 매개하지 않고 탈생산주의나 사회적 가치를 사적 소유의 인클로저가 내면화된 시민에게 적용시키는 것이 공허할 수 있음을 암시한다. 그러므로 이 장에서는 생태사회적 전환의 전략으로 환경태도 및 행동의 차원들을 '공간의 상품화', '효율, 공평을 동시에 추구하는 공유경제화', '불편을 감내하는 공동체화'로 구분하고, 우선적으로 공간의 상품화에 의한 인간주의적 부의 추구를 공유경제화라는 초보적 커머닝의 수준으로 이끌어낼 것을 제안하고자 한다.

공유경제란 자산의 부분적인 소유권, 이용권, 향유권 등을 주고받는 경제, 또는 구성원들이 공동으로 소유, 사용, 향유하는 경제로 정의된다(정은주, 2017: 181). 6장에서 비판적으로 검토했듯이 이 때의 공유는 SES에 대한 커머닝과는 구별되는 것으로, 같은 목적을 가진 사람들이 모여 잉여 자원을 빌려주고 나누고 함께 활용하여 새로운 가치를 창출하는 것이기는 하다.

6장에서의 검토와 관련해 본다면, 물론 효율 중심의 공유경제화에서 출발하여 커머너로서의 의식과 행동을 계발시키는 다양한 모색도 요구될 것이다. 이 때 설문 내용과 관련하여, '효율, 공평의 공유경제화'의 예로는 재생에너지 시민 출자, 승인적 절차의 제도화, CO_2 감소 실천을 위한 생태투자 등이 있으며, '불편을 감내하는 공동체화'에는 일몰제 반대, 인간/인간너머 존재의 공존을 위한 유희시설 자제 등이 해당된다고 하겠다. 이 장에서의 비교적 일관된 발견은 자기집이 없는 가구와 소형평수 거주 주민의 환경의식 및 환경행동이 좀 더 두드러진다는 점이다. 이는 '부동산 광풍'이라는 커먼즈 조성에 역행하는 사회적 추세가 자가소유자, 고소득층의 '공간의 상품화'라는 의식의 인클로저를 강화시키는 계기가 되었음을 짐작케 한다.

제9장

동남권 생태사회적 경제의 구성과 발전 전망

– 부산, 울산, 경남을 중심으로

1. 머리말

생태계 및 시장경제 위기가 동시에 심각해지면서, 지구 생명체의 서식 가능성(habitability)을 증진하는 사회적 경제의 역할이 눈길을 끌고 있다. 2000년 한국에서 사회적 경제의 맹아인 자활공동체가 출현할 당시, 이미 창원 등을 중심으로 폐자원 재활용, 음식물 자원화 등의 사회적 경제활동이 시작된 바 있다. 이때는 재활용과 자원화의 항목이 청소, 간병, 집수리 등과 함께 5대 표준화 자활사업으로 권장되었을 뿐, 그것이 지니는 생태사회적 의미는 제대로 부각되지 않았다. 하지만 이후 사회적 기업, 마을기업 등이 제도화되는 동안 기후변화나 종의 다양성 멸실 등의 상황이 더 나빠짐으로써, 사회적 경제의 생태적 의의가 더욱 부상되어 왔다.

이 장에서는 재활용 등의 자원순환, 산림 및 생태 교육관광, 로컬푸드 및 도시농업 등을 중심으로 하는 사회적 경제활동을 생태사회적 경제의 영역으로 설정한다. 저자가 사회적 경제의 환경관련 분야를 생태사회적 경제라는 독자적 부문으로 이해하는 까닭은 2020년대 기후 및 감염병 위기의 일상화 가운데 '세계-지구체계(world-earth system)'라는 사회와 자연의 통합적 틀 속에서 사회적 경제를 재조명하려는 의도를 갖고 있기 때문이다. 세계-지구체계는 지방, 민족을 포함하는 세계를 '컴퓨터화된 지구'인 글로브로 인식하는 것이 아니라, 인간 중심의 세계가 지구는 물론 행성의 기후, 인간너머 존재 등과 어떻게 상호작용하는가에 초점을 두는 범주이다.

한편 민족국가 스케일에서 볼 때, 글로벌 시장경제의 첨병인 수도권에 견주어 동남권은 제조업의 분공장 지대이자 사회적 경제의 대안적 기지가 될 수 있다. 또한 부산, 울산은 한국에서 핵발전소가 가장 밀집된 지역 가운데 하나로 탈핵의 과제가 집중되어 있으며, 경남의 경우에는 산림경영 및 로컬푸드에 적합한 지방이라 말할 수 있다. 저출산과 수도권 일극집중에 따라 인구축소에 직면해 있는 동남권은 지자체 간 연대를 통한 삶의 질 유지가 초미의 관심사이다. 따라서 이 장에서는 부산, 울산, 경남지역의 생태사회적 경제에 해당하는 활동 특성을 검토한 다음, 초광역화를 염두에 두고 앞으로의 발전 방향을 전망하고자 한다.

이 장에서는 생태사회적 경제의 업종(재활용, 산림교육 및 관광, 도시농업 및 로컬푸드 등), 형태(협동조합, 마을기업, 사회적 기업, 자활기업 등), 소재지 특성(울산, 경남, 부산)을 독립변수로, 생태계 기여, 주민참여 활성화, 일자리 창출 등을 종속변수로 삼는다. 저자의 문제의식과 가설은 다음과 같다. 첫째 사회적경제기본법(이하 사경법) 제정이 지체됨에 따라 사회적 경제 주체가 겪는 통합적 혁신의 어려움을 극복하기 위해, 생태사회적 경제의 스케일링-업(scaling-up)을 통한 수평적 네트워킹 방향을 타진한다. 둘째 재활용, 생태관광 및 산림경영, 도시농업 등의 활동은 기초 지자체가 관장하는 업무이기는 하나, 생태사회적 경제의 가치사슬을 초광역권으로 확대하는 것이 사회적 경제 활성화와 생태적 서식가능성 제고 둘 다에 효과적이다. 셋째 기후위기, 폐플라스틱 문제 등에 적절히 대응하기 위해 생태사회적 경제의 세부 형태별로 일자리 창출, 주민의 공동체 참여, 생태환경 보전 등에 대한 효과를 사정하는 근거를 확보하는 것이다.

2. 이론적 검토와 연구방법

1) 이론적 배경과 선행 연구 – 세계–지구체계 속 사회적 경제와 '생태사회적 경제'

'생태사회적 경제'는 '생태적인 것'과 사회적 경제를 통합하기 위한 시론적 개념이다(이 책의 10장 참조). 한국에서 협의의 사회적 경제는 협동조합, 사회적 기업, 마을기업, 자활기업, 소셜 벤처 등 사회문제 해결과 일자리 창출을 결합하는 경제활동으로 파악된다. 아울러 '생태적인 것'은 인간에 제한되지 않는 복잡한 종(種)의 역동적 생태계를 포함하며, 지구 위에 생명이 존재할 수 있게 하는 실제적 생태계이다(Krieger, 2021: 19). 따라서 '생태적인 것'은 진화되고 진화 중이며 끝없이 재생산하는 과거, 현재, 미래의 수많은 종으로 구성된다.[15]

---

[15] 이 때 쟁점이 되는 것은 한 세대로부터 다음 세대로, 하나의 역사 시기에서 다른 시기로 생명가능성을 감당하는 실제의 생물리적 장소에서 함께 살고 죽는, 그리고 그들을 둘러싼 생물/비생물적 세계와 상호작용함으로써 형성하(되)는 유기체와 종(種)이다. 20만년전 진화했던 호모 사피엔스 이래 인간은 식민주의의 발생 이후 지역적, 행성적 스케일에서의 영향력을 증대시키면서 지방적 생태계를 형성하는 동시에 그것에 의해 형성되어 왔다. 이 책의 3장 참조.

'생태적인 것'과 경제를 결합하려 시도하는 생태경제학의 원칙은 다음과 같다(Martinez-Allier, 2012 : 94). 첫째 물질대사 흐름을 강조한 경제학자인 게오르제스쿠 로에겐(Georgescu-Roegen)을 이어받아, 경제를 물리적 설명이 필요한 에너지 및 물질의 진입과 흩어진 에너지 및 물질 폐기물의 퇴출이라는 열린 체계로 이해한다. 둘째 외부성은 시장의 실패로서가 아니라 미래세대, 빈곤층 및 여타 동식물에 대한 비용 이전으로 파악되는 것이 바람직하다.[16] 셋째 모든 가치들은 단일한 하나의 기준으로 환원될 수 없는 불비례성을 가지며, 이러한 복합적 현실을 이해하기 위해 역사적 설명과 미래 시나리오의 변증법적 구성을 시도할 필요가 있다.

생태사회적 경제 모델에서 '생태사회적인 것'은 기후, 건강, 도시농업, 숲가꾸기, 플라스틱 쓰레기에 의한 해양오염 등을 뚜렷한 사례로 한다. 최근의 기후변화의 위기나 코로나19와 같은 인수공통 감염병의 대유행은 생태계, 사회체계 간 실재적 관계성을 입증하는 또 다른 예이다. 나아가 자연에 대한 파괴 뿐 아니라 젠더, 인종, 세대, 장애 등을 둘러싼 차별과 배제 역시 생태사회적 문제로 평가되어야 한다. 이 장에서 본격 조명하지는 않지만 지구체계에 대한 세계체계의 착취에 주로 초점을 맞추는 생태사회적 경제는 장애인은 물론 이주민, 여성, 고령세대 등의 생태사회적 배제집단을 주축으로 하는 또 다른 특성을 지니고 있다.

이 장에서는 생태사회적 경제를 세계–지구체계 속 사회적 경제가 중시해야 할 영역으로 파악한다. 〈그림14〉는 세계체계와 지구체계의 접면을 도넛으로 그리는 레이워스(2018)의 제안을 보여준다. 그녀에 따르면, 도넛

---

16 예컨대 미국의 발전소가 이산화탄소 생산에 대해, 또 스페인 어업회사가 세계의 대양에서의 과잉어획에 대해 아무 지불도 않는다는 바로 그 실제적인 사실은 비용 이전에 대한 성공을 가리킨다. 즉 오염이나 자원에 대한 제로 가격은 시장실패보다는 권력관계에 대한 신호라는 것이다(Martinez-Allier, 2012 : 94).

의 안쪽인 세계체계의 사회적 기초는 식량, 물, 에너지, 보건, 주거, 교육, 각종 네트워크, 최소소득과 일자리, 성평등, 사회적 공평, 정치적 발언권, 평화/정의의 기초요소로 나눠져 있다. 그리고 도넛의 바깥쪽인 지구체계의 생태적 한계는 기후변화, 해양산성화, 화학적 오염, 질소/인 축적, 담수고갈, 토지개간, 생물다양성 손실, 대기오염, 오존층 파괴로 구별된다. 이처럼 도넛은 인간의 사회적 기초가 충족되면서 지구의 생태적 한계를 파괴하지 않는 두 경계 사이의 최적 지점을 뜻하며, 세계-지구체계의 안전과 정의를 상징한다.

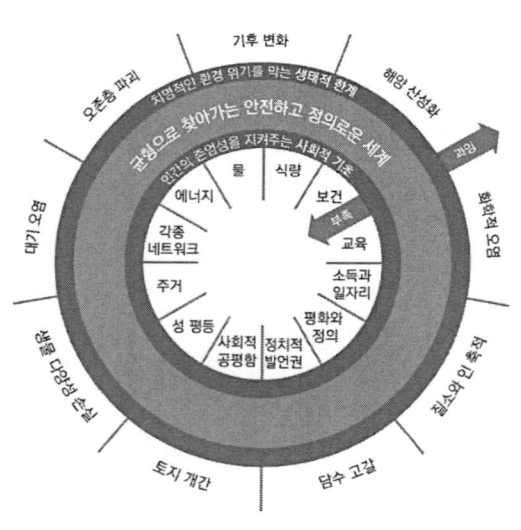

〈그림14〉 세계-지구체계의 도넛 경제

출처 레이워스(2018).

요컨대 생태사회적 경제 모델은 기후재난 시대 생태위기에 대응하여 사회적 경제가 갖는 생태적 가치 지향과 지방, 민족국가, 글로벌 스케일의 장애인, 여성, 고령세대, 이주민 등 사이의 상생·협치를 융합하는 기획이다. 이 개념의 좁은 의미는 생태적 초점을 갖는 사회적 경제활동으로 읽혀지지만, 넓은 의미로는 경제의 생태사회적 전환이라는 패러다임 이동으로 확장될 수 있다. 또한 생태사회적 경제는 녹지, 생산입지나 주거용 토지 등이 기본적으로 협동조합 원리나 노동자, 주민의 공동 책임 아래 있어야 함을 강조한다. 기본적인 도시 하부구조 등은 지역사회 수준에서 커먼즈로 관리되어야하기 때문이다(Elsen, 2019: 88).

한편 한국에서 사회적 경제 자체에 대한 논의는 21세기 들어 크게 증가해 왔으나, 지역사회 활성화 방향과 관련해서는 지방정부와의 거버넌스 혁신 측면이 주된 초점이 되어 왔다(김경희, 2013; 유현종 외, 2018 등). 예외적으로 엄한진 외(2014)는 강원지역에서의 사회적 경제가 지역공동체 차원의 대안운동으로 발전할 가능성을 검토하고 있다. 다른 한편 김기섭(2018: 57-76)은 지역공동체 결사와 상호부조 및 환대 등에 초점을 맞추어 한국 사회적 경제의 발전 방향을 탐색한다. 오단이(2021: 357-359) 또한 비슷한 흐름에서 커뮤니티 돌봄이 도시재생에서의 사회적 경제의 역할을 부각시키고 있다.

한국에서 사회적 경제를 '생태적인 것'과 관련지어 연구한 결과는 흔치 않다. 한상진(2018a)은 '생태적 자활'이라는 개념을 제안하여 자활기업(당시 용어는 자활공동체)가 갖는 생태적 의미를 논구한 바 있다. 그 밖에 재생에너지 가운데 태양광 발전에 초점을 맞추어 에너지협동조합의 수익성을 분석(김두연 외, 2018)하거나 그것이 에너지 전환운동에 대한 함의를 도출하는 연구들(박종문 외, 2017)도 있다.

하지만 '생태적 자활'이라는 개념화는 사회적 경제의 실제 활동을 생태적 전환과 결합하는 시도라기보다 생태사회적 자족에 대한 추상적 접근에 가까우며, 뒤의 두 연구 또한 넓은 의미의 생태사회적 경제에 관련된 것으로 포괄시킬 수는 있으나 생태적 한계에 대응하는 대안적 활동을 다루지는 않고 있다. 이와 함께 김병권(2021)은 사회적 기업, 마을기업, 협동조합 등의 사회적 경제기업이 기후위기 대응 및 탄소중립의 대안적 시민 중심 거버넌스에 입각해야 함을 강조하고 있다.

2) 연구방법

(1) 연구의 범위 및 자료수집방법

이 장에서의 지리적 범위는 울산광역시, 경상남도, 부산광역시 전 지역이다. 그리고 내용적 범위는 사회적 경제기업 중 생태적 한계에 대응하는 폐자원 재활용 및 재생에너지, 산림경영, 생태교육 및 관광, 도시농업 및 로컬푸드 등을 포괄한다. 또 여기에서 지칭하는 사회적 경제기업으로는 보건복지부 지정 자활기업(자활근로사업단 포함), 고용노동부 인증 사회적 기업(예비사회적 기업 포함), 행정안전부 지정 마을기업(울산의 경우 두레기업 포함), 사회적 협동조합 및 일반 협동조합(기획재정부 및 각 중앙정부 부처 인가) 등이 포함된다.

자료수집은 2021.12.~2022.2.에 '울산경남 지역혁신플랫폼'의 지원을 받아 설문지 조사방식으로 이루어졌고, 그 결과 동남권 지역에서 넓은 의미의 생태사회적 경제에 종사하는 107개 업체의 사례가 모아졌다. 지역별 표본은 부산, 울산에 비해 경남의 사회적 경제기업이 좀 더 많이 추출되었다.

(2) 분석의 틀

위의 이론적 배경에 근거하여 이 장의 분석 틀을 제시하면 〈그림15〉와 같다. 다만 생태사회적 경제의 가설 아래 주요 업종으로 제시한 재생에너지는 조사 결과 동남권 지역에서는 거의 발견되고 있지 않아, 본론의 분석에서는 생태교육 및 관광, 도시농업 및 로컬푸드 등으로 대치되었음을 밝힌다.

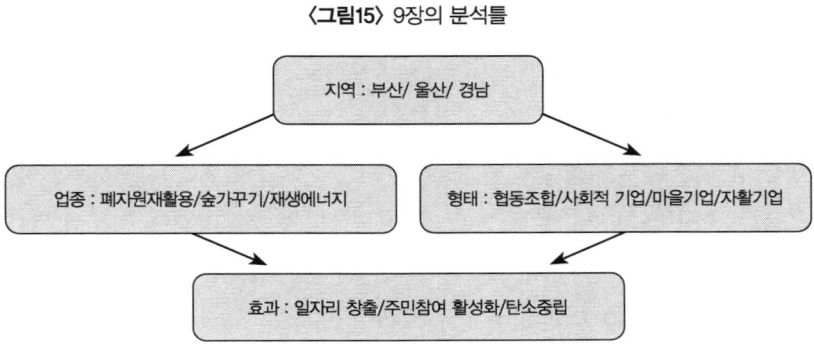

〈그림15〉 9장의 분석틀

3. 동남권 생태사회적 경제의 구성

설문조사 결과에 의거하여 동남권에서 고용 및 주민참여, 생태위기 대응을 동시에 꾀하는 생태사회적 경제활동의 기본 현황을 살피기로 한다(〈표20〉 참조). 무엇보다 동남권 생태사회적 경제의 항목별 구성을 보면, 로컬푸드 및 농업(농촌)이 36.5%로 가장 많고 재활용 15%, 산림목재 및 생태교육관광 14.9%의 분포를 보인다. 집수리를 포함한 기타 업종도 33.6%로 꽤 많은 편이다.

그리고 조사대상 사회적 경제 기업의 소재지는 경남이 가장 많고 울산, 부산은 비슷한 숫자이며, 형태별 비중의 경우 사회적 기업(예비 포함)이 53.3%로 가장 많고 일반 및 사회적 협동조합(31.8%), 마을기업(19.6%), 자활기업(11.2%)의 순서이다. 이와 함께 창업후 지속기간은 4-10년이 전체의 절반 가까이 되고, 종업원 수는 4인 이하 영세 규모가 44%로 가장 많은 편이다. 매출액의 경우 1억-10억원 사이를 가장 많이 손꼽았으나, 매출 10억원 이상의 사회적 경제 기업도 21.6%에 이르고 있다.

부산, 울산, 경남 등 동남권의 행정구역별로 생태사회적 경제의 업종과 기업형태를 교차한 결과는 〈표21〉과 같다. 업종별로는 부산의 경우 재활용과 생태교육 및 관광, 기타 등이 비교적 많으며, 울산의 경우에는 산림, 목재 및 청소, 방역 관련 업종이 상대적으로 많다. 경남의 생태사회적 경제는 농촌이 많은 행정구역 특성 상 로컬푸드 및 농업 관련 업종이 전체의 50%를 차지한다. 다른 한편 동남권 생태사회적 경제기업의 제도적 형태를 볼 때, 부산, 울산은 사회적 기업과 일반협동조합의 비중이 큰 데 비해 경남에서는 사회적 협동조합, 마을기업이 앞서 두 지역보다 활발한 것으로 짐작된다.

이에 덧붙여 생태사회적 경제의 새로운 스케일로서 동남권이라는 초광역 단위를 구상하는 데 참고할만한 민산관 거버넌스의 현황을 살피도록 한다. 우선 공적 영역과 생태사회적 경제 간 연계를 전체적으로 보면, 조사대상 업체의 재정지원 출처는 중앙정부 24.3%, 광역지자체 36.4%, 기초지자체 45.8%로, 기초지자체라는 풀뿌리 단위에서의 협력이 좀 더 두드러짐을 알 수 있다.

여기서 시사받을 수 있는 것은 중앙정부보다 광역지자체 단위의 재정지원이 더 크다는 사실에 비추어, 초광역 스케일에서의 새로운 사회적 경제 지원방식도 현재의 중앙부처별 재정 보조보다 좀 더 효과적일 수 있다는 점이다. 이에 덧붙여 행정구역별 지원의 효과를 설문한 결과 중앙정부 92.3%, 광역지자체 97.4%, 기초지자체 98% 등이 도움이 된다는 반응이어서, 이 역시 기초지자체 차원의 풀뿌리 파트너십이 효과적임을 암시한다.

<표20> 동남권 생태사회적 경제의 기본 특성

(단위: 개사, %)

		사례수	비율(%)
전체		(107)	100.0
업종	재활용(업사이클링 포함)	(16)	15.0
	로컬푸드	(20)	18.7
	산림, 목재관련	(6)	5.6
	생태교육 및 관광	(10)	9.3
	농업 및 농촌	(19)	17.8
	집수리	(6)	5.6
	기타(청소방역 포함)	(30)	28.0
소재지	부산	(30)	28.0
	울산	(29)	27.1
	경남	(48)	44.9
기업 세부 유형 (중복)	사회적기업	(40)	37.4
	예비 사회적기업	(17)	15.9
	일반 협동조합	(22)	20.6
	사회적 협동조합	(12)	11.2
	마을기업(두레기업 포함)	(21)	19.6
	자활기업(광역자활기업 포함)	(12)	11.2
업력	3년 이내	(38)	35.5
	4~10년	(51)	47.7
	10년 초과	(18)	16.8
종업 원수	4인 이하	(47)	43.9
	5~9인	(33)	30.8
	10인 이상	(27)	25.2
매출액	1억 미만	(36)	37.1
	1~10억	(40)	41.2
	10억 이상	(21)	21.6

〈표21〉 동남권 지역별 생태사회적 경제기업의 특성

(단위: 개사, %)

		사례수	재활용 (업사 이클링 포함)	로컬 푸드 및 농 업농촌	생태교 육 및 생태 관광	산림, 목재 관련	집수리	청소 (방역 포함)	기타
전체		(107)	15.0	36.5	9.3	5.6	5.6	12.1	15.9
소재지	부산	(30)	23.3	26.7	13.4	3.3	10.0	3.3	20.0
	울산	(29)	10.3	24.1	6.8	17.2	0.0	27.6	13.8
	경남	(48)	12.5	50.0	8.3	0.0	6.3	8.3	14.6

		사례수	사회적 기업	예비 사회적 기업	일반 협동 조합	사회적 협동 조합	마을 기업	자활 기업	기타
전체		(107)	37.4	15.9	20.6	11.2	19.6	11.2	0.0
소재지	부산	(30)	40.0	16.7	30.0	6.7	13.3	13.3	0.0
	울산	(29)	41.4	10.3	24.1	10.3	17.2	10.3	0.0
	경남	(48)	33.3	18.8	12.5	14.6	25.0	10.4	0.0

이는 조사대상 사회적 경제기업의 주요 협력기관 분포에서도 확인되는데(〈표22〉 참조), 전체적으로는 지자체가 52.3%(광역 9.3%, 기초 43%)로 가장 높고, 사회적경제지원센터(이하 사경센터)가 16.8%, 광역자활센터(이하 광역자활) 및 마을공동체지원센터(이하 마을센터)가 각각 7.5%, 공기업 및 일반 사기업의 경우 각각 4.7%로 구성되어 있다. 여기서 주목할 것은 사경법이 제정되기 전일지라도 광역자활이나 마을센터 등 개별 부처와의 협력을 추구하는 사회적 경제기업 중간지원조직보다 개별 사회적 경제 형태를 어느 정도 연계하는 사경센터와의 협력이 좀 더 빈번하다는 점이다. 이렇게 볼 때 전국이나 광역보다는 기초 수준에서의 사회적 기업, 마을기업, 자활기업, 협동조합 간 네트워킹이 더욱 촉진되어야 하며, 이 장에서의 관심인 생태사회적 경제와 같은 업종별 특성화가 동남권 사회적 경제의 통합적 혁신 방향 가운데 하나일 수 있다.

끝으로 이 절의 논의를 바탕으로 동남권 생태사회적 경제에 대한 함의를 탐색해 보면 다음과 같다. 앞서 생태사회적 경제 거버넌스에서 광역지자체의 역할은 경남보다 부산, 울산 등 대도시 형태에서 더욱 두드러짐을 알 수 있었다. 따라서 생태사회적 경제의 초광역 스케일 협력은 행정구역 단위로 한정하는 것에서 더 나아가, 생활권이 유사한 부산, 양산, 울산이나 울산, 경주, 포항 등에 적용하는 창의적 업스케일링이 요청된다 하겠다. 생태사회적 경제 영역과 관련하여, 부산, 창원, 거제 등의 해양권이나 밀양, 양산, 울산 등을 연계하는 산림권의 설정도 생각해 봄직하다.

4. 동남권 생태사회적 경제의 고용창출, 공동체 활성화 및 생태적 대응에 대한 평가

여기서는 설문조사 결과에 근거하여 부산, 울산, 경남의 생태사회적 경제기업의 고용창출 및 공동체 활성화, 생태적 한계에 대한 대응효과 등을 검토한다. 먼저 2019년, 2020년, 2021년의 동남권 생태사회적 경제기업 평균 종업원수는 각각 7.9명, 8.8명, 10.0명으로 집계된다. 〈그림16〉은 최근 세 해에 걸친 총 종업원수에 대비하여 고용형태별, 취약계층별 평균 인원은 어떠한지 나타낸 것이다. 고용형태를 볼 때, 2019-21년 기간에 정규직 비율이 70%를 꾸준히 상회하고는 있으나 비정규직 비중도 15.8%에서 17.1%로 약간이나마 늘고 있다. 또한 취약계층별 비중은 세 해 모두 고령자가 가장 많은 수준이고, 그 다음은 저소득자, 청년, 경력단절 여성, 장애인 등의 순서이다. 그런데 장애인 비율이 전체적으로 높지는 않으나 2021년 들어 2.3%로 상대적으로 증가하고 있다.

<표22> 동남권 지역별, 기업유형별, 업종별 주요 협력기관

(단위: 개사, %)

		사례수	광역자치단체	기초자치단체	공기업	일반사기업	사회적경제지원센터	광역자활센터	마을공동체지원센터	기타
	전체	(107)	9.3	43.0	4.7	4.7	16.8	7.5	7.5	6.5
소재지	부산	(30)	16.7	36.7	3.3	10.0	20.0	10.0	0.0	3.3
	울산	(29)	10.3	37.9	10.3	0.0	24.1	6.9	6.9	3.4
	경남	(48)	4.2	50.0	2.1	4.2	10.4	6.3	12.5	10.4
기업유형(중복)	사회적기업	(57)	10.5	43.9	8.8	5.3	22.8	3.5	0.0	5.3
	협동조합	(34)	11.8	52.9	2.9	5.9	5.9	0.0	5.9	14.7
	마을기업	(21)	0.0	52.4	0.0	0.0	14.3	0.0	33.3	0.0
	자활기업	(12)	0.0	25.0	0.0	0.0	0.0	58.3	0.0	16.7
업종	재활용	(16)	12.5	37.5	6.3	6.3	12.5	6.3	0.0	18.8
	로컬푸드	(20)	5.0	45.0	0.0	0.0	25.0	0.0	20.0	5.0
	산림, 목재관련	(6)	33.3	66.7	0.0	0.0	0.0	0.0	0.0	0.0
	생태교육	(3)	0.0	33.3	0.0	0.0	33.3	0.0	0.0	33.3
	생태관광	(7)	0.0	57.1	14.3	0.0	28.6	0.0	0.0	0.0
	농업 및 농촌	(19)	5.3	42.1	5.3	10.5	15.8	0.0	21.1	0.0
	집수리	(6)	0.0	16.7	16.7	0.0	16.7	50.0	0.0	0.0
	청소, 방역	(13)	7.7	23.1	7.7	7.7	23.1	30.8	0.0	0.0
	기타	(17)	17.6	58.8	0.0	5.9	5.9	0.0	0.0	11.8

2022년 현재 고용상태를 <표22>의 독립변수별로 교차한 결과는 <표23>과 같다. 생태사회적 경제기업의 고용인원 중 비정규직 비율은 울산, 마을기업, 청소(방역 포함) 업종에서 상대적으로 높다. 또 고용인원 중 저소득층의 비율은 조건부 수급권과 연동되어 있는 자활기업에서 두드러지며, 고령자 비율은 대상집단으로 고령자를 명시하고 있는 사회적 기업에서 좀 더 많다. 전체 고용인원 가운데 장애인 비율은 경남과 농업, 농촌 업종에서 비교적 높고, 청년층 비율의 경우 마을기업과 집수리, 생태관광

등에서 상대적으로 큰 편이다. 한편 고용인원 중 경력단절여성의 비율은 울산, 마을기업과 로컬푸드 업종에서 좀 더 큼을 알 수 있다.

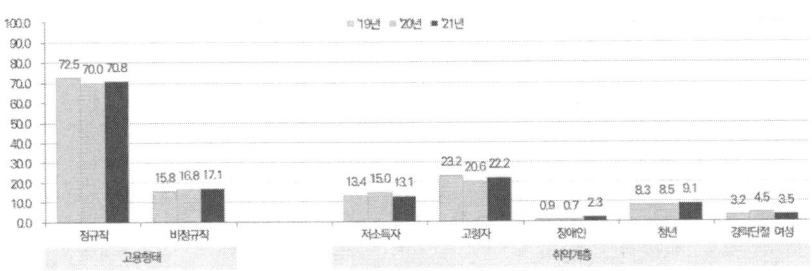

〈그림16〉 총 종업원수 대비 고용형태별/취약계층 비율 추이(2019-21)

또 다른 종속변수인 주민의 공동체 참여 활성화와 환경문제 해결 각각에 대한 기여를 4점 척도로 동남권 사회적 경제기업에게 설문한 결과는 〈표24〉, 〈표25〉와 같다. 우선 전체적으로 매우 및 약간 기여한다는 반응은 공동체 참여의 경우 90.7%, 환경문제 해결의 경우에는 91.3%이다. 공동체 참여에 대한 기여도는 울산 소재, 마을기업, 로컬푸드, 산림생태교육관광 등의 업종에 관련된 생태사회적 경제기업에서 더욱 긍정적으로 평가되며, 환경문제 해결 기여도의 경우 마을기업과 재활용 업종에서 상대적으로 평가점수가 비교적 높음을 알 수 있다.

이와 함께 조사대상 업체들이 공동체 참여 활동 중 중요하다고 손꼽은 순서대로 보면, '주민의 유급근로자 참여'(38.3%), '경영 수익의 지역사회 환원'(26.2%), '주민 대상 교육 제공'(9.3%), '관련 지자체 주민서비스 지원'(8.4%), '주민의 자원봉사 활성화'(7.5%), '관련 시민단체 활성화'(7.5%) 등으로 나타난다.

<표23> 동남권 지역별, 기업유형별, 업종별 고용형태 및 취약계층 비율(2022)

(단위: 개사, %)

		사례수	총인원(명)	고용형태(%)		취약계층(%)				
				정규직	비정규직	저소득층	고령자	장애인	청년	경력단절여성
전체		(88)	7.9	72.5	15.8	13.4	23.2	0.9	8.3	3.2
소재지	부산	(22)	9.4	79.8	6.5	13.1	25.0	0.0	6.9	2.3
	울산	(24)	7.0	63.6	27.4	14.7	18.9	0.0	3.2	5.1
	경남	(42)	7.6	73.4	14.5	12.8	24.7	1.8	12.1	2.7
기업유형(중복)	사회적기업	(47)	9.2	74.4	11.0	9.3	31.4	1.1	5.6	0.7
	협동조합	(25)	5.5	71.9	6.3	11.5	18.9	0.3	4.1	2.9
	마을기업	(19)	4.3	59.9	29.0	5.7	16.2	1.1	19.5	9.1
	자활기업	(11)	12.1	75.6	24.4	56.6	11.9	0.0	3.2	0.0
업종	재활용	(12)	6.5	90.9	0.0	17.5	30.7	0.0	6.7	0.0
	로컬푸드	(16)	8.3	69.1	16.7	10.0	32.0	0.5	7.7	13.2
	산림, 목재관련	(5)	3.8	100.0	0.0	0.0	20.8	0.0	0.0	0.0
	생태교육	(3)	2.3	100.0	0.0	16.7	33.3	0.0	0.0	0.0
	생태관광	(6)	2.2	84.7	15.3	0.0	5.6	0.0	16.7	8.3
	농업 및 농촌	(17)	4.8	53.9	19.1	6.1	20.8	3.3	15.7	0.9
	집수리	(5)	6.6	80.4	19.6	29.5	22.8	0.0	17.4	3.6
	청소(방역 포함)	(10)	16.2	56.1	33.9	26.8	30.4	1.0	4.8	0.0
	기타	(14)	11.8	73.2	19.1	16.4	11.4	0.0	1.9	0.0

또한 환경문제 해결과 관련되는 중요한 활동은 '쓰레기 줄이기'(36.4%), '생활환경 개선'(17.8%), '탄소줄이기'(16.8%), '먹거리 안전'(13.1%), '생태환경의식 제고'(11.2%) 순으로 응답되었다.

<표24> 동남권 지역별, 기업유형별, 업종별 공동체 참여에 대한 기여 평가

(단위: 개사, %)

		사례수	기여함	매우 기여함	약간 기여함	기여하지 않음	별로 기여하지 않음	전혀 기여하지 않음
	전체	(107)	90.7	43.9	46.7	9.3	8.4	0.9
소재지	부산	(30)	86.7	43.3	43.3	13.3	10.0	3.3
	울산	(29)	96.6	51.7	44.8	3.4	3.4	0.0
	경남	(48)	89.6	39.6	50.0	10.4	10.4	0.0
기업유형 (중복)	사회적기업	(57)	91.2	43.9	47.4	8.8	8.8	0.0
	협동조합	(34)	85.3	55.9	29.4	14.7	11.8	2.9
	마을기업	(21)	100.0	52.4	47.6	0.0	0.0	0.0
	자활기업	(12)	83.3	8.3	75.0	16.7	16.7	0.0
업종	재활용	(16)	87.5	43.8	43.8	12.5	12.5	0.0
	로컬푸드	(20)	100.0	50.0	50.0	0.0	0.0	0.0
	산림, 목재관련	(6)	100.0	100.0	0.0	0.0	0.0	0.0
	생태교육	(3)	100.0	66.7	33.3	0.0	0.0	0.0
	생태관광	(7)	100.0	57.1	42.9	0.0	0.0	0.0
	농업 및 농촌	(19)	84.2	47.4	36.8	15.8	15.8	0.0
	집수리	(6)	100.0	16.7	83.3	0.0	0.0	0.0
	청소 (방역 포함)	(13)	92.3	23.1	69.2	7.7	7.7	0.0
	기타	(17)	76.5	29.4	47.1	23.5	17.6	5.9

5. 결론 및 전망

사회적 경제의 제도적 형태인 자활기업, 사회적 기업, 마을기업, 협동조합은 각각 보건복지부, 고용노동부, 행정안전부, 기획재정부 등 상이한 중앙부처의 지침에 의해 관리되고 있어서, 지자체 내 수평적 연계 육성이 어려운 상황이다. 이 장에서는 생태사회적 경제의 초광역, 광역, 기초 스케일간 연계의 필요성을 제안하고, 설문조사를 통해 동남권에 실재하는 생

〈표25〉 동남권 지역별, 기업유형별, 업종별 환경문제 해결에 대한 기여 평가

(단위: 개사, %)

		사례수	기여함	매우 기여함	약간 기여함	기여하지 않음	별로 기여하지 않음	전혀 기여하지 않음
전체		(107)	81.3	37.4	43.9	18.7	17.8	0.9
소재지	부산	(30)	83.3	40.0	43.3	16.7	16.7	0.0
	울산	(29)	79.3	34.5	44.8	20.7	17.2	3.4
	경남	(48)	81.3	37.5	43.8	18.8	18.8	0.0
기업유형 (중복)	사회적기업	(57)	80.7	42.1	38.6	19.3	17.5	1.8
	협동조합	(34)	82.4	50.0	32.4	17.6	17.6	0.0
	마을기업	(21)	85.7	23.8	61.9	14.3	14.3	0.0
	자활기업	(12)	75.0	16.7	58.3	25.0	25.0	0.0
업종	재활용	(16)	100.0	50.0	50.0	0.0	0.0	0.0
	로컬푸드	(20)	85.0	50.0	35.0	15.0	15.0	0.0
	산림, 목재관련	(6)	83.3	33.3	50.0	16.7	16.7	0.0
	생태교육	(3)	66.7	66.7	0.0	33.3	33.3	0.0
	생태관광	(7)	85.7	0.0	85.7	14.3	14.3	0.0
	농업 및 농촌	(19)	78.9	42.1	36.8	21.1	21.1	0.0
	집수리	(6)	83.3	16.7	66.7	16.7	16.7	0.0
	청소 (방역 포함)	(13)	69.2	15.4	53.8	30.8	23.1	7.7
	기타	(17)	70.6	41.2	29.4	29.4	29.4	0.0

태사회적 경제의 구성이 어떠한지 판별하고자 했다. 그리고 한 때 활발하게 논의되었다가 지체 상태인 '부울경 메가시티'와 관련해서 보면, 이 장에서의 논의 결과는 경제활성화, 주민참여, 생태적 한계 대응 등에 복합적 효과가 있는 생태사회적 경제활동이 초광역화에 매개변수가 될 수 있음을 함축한다.

분석 결과 동남권 사회적 경제는 로컬푸드 및 농업, 재활용 15%, 산림 목재 및 생태교육 관광 등의 업종을 주축으로 구성 중이다. 이들 업종은 세계-지구체계의 행성적 경계를 보전하기 위한 공통점을 지니지만, 독자적 특수성도 갖고 있다. 현재 국가 스케일의 부처별 전달체계에 종속되어 기초, 광역 스케일에서 작동되고 있는 사회적 기업, 마을기업, 자활기업 등에 대한 협력 거버넌스는 초광역 스케일로의 탈행정구역 업스케일링을 통해 동남권 특성에 걸맞는 수평적 파트너십으로 재창조될 필요가 있다. 본론에서 언급했듯이 동남권 생태사회적 경제의 거버넌스는 광역지자체에 한정하지 말고 업종별로 다양한 지자체간 연대를 실험하는 것도 요청된다.

  마지막으로 이 장에서의 논의가 갖는 한계는 사례 수가 107개로 상대적으로 적은 관계로, 다변량분석을 실시하지 않았다는 점이다. 추후 연구에서는 공동체 참여 및 생태적 한계 대응에 영향을 미치는 생태사회적 경제 관련 변수들을 좀 더 추적하기로 한다.

4부

생태복지사회를 향한 산림경영과
먹거리 안전의 사례

제10장

생태사회적 경제 모델에 의거한 울주형 산림일자리사업의 회복력 기여 평가

1. 머리말

이종수(2021)에 따르면, 국토의 64%가 산으로 이루어진 한국에서 1970년대 이후 산림녹화로 조성된 '푸른 숲'은 조림, 숲가꾸기, 수확, 조림의 반복적 순환으로 건강한 산림생태계를 유지하는 '선순환의 산림경영'으로 전환되어야 한다. 그는 산림순환경영의 과제가 사유림 산주의 참여를 유도하고 집단화, 규모화하는 데 있다고 지적한다. 우리나라 산림의 67%가 사유림이어서, 영세하고 이해관계가 다양한 이들 산주의 참여 없이는 숲의 회복력과 목재 수확으로 인한 마을경제의 회복력을 달성할 수 없기 때문이다.

조림 후 40여년이 지난 한국의 많은 숲에서는 산림경영에 의한 솎아베기 목재생산과 그것의 가공, 나아가 생태관광을 위해 사회적 경제 접근이 요구되고 있다(유영민, 2021). 이 장에서는 마을기반의 숲가꾸기 및 목재활용의 전략을 9장에서 소개한 생태사회적 경제 모델에 의지해 톺아봄으로써, 산림 자체와 마을경제, 그리고 그 안에 살아가는 사람 모두의 회복력을 어떻게 증진할 수 있는가에 주목한다. 이 때 산주의 사유재산권을 인정하면서 지상권, 입목권의 위탁출자로 사업집적화를 유도하는 산림 커먼즈의 시도 또한 생태사회적 경제의 주요 측면이라 할 것이다.

이 장에서는 생태영역의 마을기반 사회적 경제(community-based social economy)를 생태사회적 경제 모델로 규정하고, '울주형 산림일자리사업'이 생태적, 경제적, 심리적 회복력에 어떻게 기여하는지 살핀다. 산림일자리사업의 경우, 생태사회적 경제의 범주는 산림경영이라는 생태적 경제와 숏아베기로 배출되는 목재의 2차, 3차 산업으로의 순환이라는 사회적 경제의 통합 틀로 해석될 수 있다. 저자는 생태사회적 경제에 대한 상이한 접근을 '사회적 경제의 생태화'와 '그린뉴딜(Green New Deal) 거버넌스'로 구별하여, 각각과 관련된 울주형 산림일자리사업의 사례가 어떻게 회복력을 증진하는지 검토할 것이다.

이 장은 울주형 산림일자리사업의 내용을 2019년 이후 '백년숲사회적협동조합(이하 백년숲)' 활동을 중심으로 개관한 다음, 사회적 경제의 생태화 접근에 해당하는 산림 커먼즈의 시도, 목재순환 사회적 경제기업 활동 등을 서술한다. 또한 그린뉴딜 거버넌스 접근과 관련해서는 대-중소-사회적경제 기업을 연계하는 환경사회 거버넌스(Environmental Social Governance; 이하 ESG) 구축, 퇴직자 대상 산림목재 기술 전환교육센터 추진 등을 다룬다. 결론에서는 전자, 후자와 관련되는 사례에서 심리적, 경제적, 생태적 회복력에 어떻게 이바지하는지 잠정적으로 평가할 것이다.

2. 이론적 검토와 연구방법

1) 생태사회적 경제 모델의 두 접근 – 사회적 경제의 생태화와 그린뉴딜 거버넌스

'생태사회적 경제'는 9장에서 다루었듯이 생태경제학과 사회적 경제를 융합하는 상상력의 도구이다. 생태사회적 전환을 향한 추동력은 시민사회의 교정적 대항력에서 찾을 수 있다. 협동조합을 비롯하여 시민사회에 근거한 사회적 경제조직은 시장과 국가에 대해 열린 자세로 비공식적 해결책을 공식화시키거나 공식적 정책을 마을기반 결사체(community-based association)로 변형시키는 인큐베이터 역할을 수행한다(Elsen, 2017: 61). 엘센(Elsen, 2019: 85)에 의하면, 마을기반 경제는 '경제'를 자유로운 시장거래로만, '일'을 시장이 주도하는 지불노동으로만 환원하는 이데올로기에 맞서 경제의 의식적 재복합화(conscious repluralization)를 추구해 왔다.

한편 협의의 사회적 경제는 한국에서 협동조합, 사회적 기업, 마을기업, 자활기업, 소셜벤처, 영림협업체 등 사회문제 해결과 일자리 창출을 결합하는 경제활동으로 이해되어 왔다. 하지만 넓은 차원에서 파악하면 그것은 첫째 공동체 참여를 통해 사회적 자본을 강화하고, 둘째 풀뿌리 역량 강화에 의해 대안적 민주정치를 고안하며, 셋째 시장가치에 맞서 사회적, 생태적 가치를 지향하는 대안(Amin, 2002)이라 해석된다. 이 장에서 '사회적 경제의 생태화'라는 용어는 위의 세 번째 의미와 비슷하게 기후위기, 플라스틱 쓰레기문제 등의 생태적 비상 상황에서 사회적 경제활동이 자원순환, 재생에너지, 산림경영 등으로 확장되는 경향을 포착하고 있

다.[1]

생태사회적 경제 모델은 기후재난 시대 생태위기에 대응하여 사회적 경제가 갖는 생태적 가치 지향과 마을, 국가, 글로벌 스케일에서의 이해당사자간 상생·협치를 융합하는 것이다. 이 개념의 좁은 의미는 생태적 초점을 갖는 사회적 경제활동으로 읽혀지지만, 넓은 의미로는 경제활동의 생태사회적 전환이라는 패러다임 이동으로 확장될 수 있다. 전환 담론과 관련해 볼 때, 이 모델은 '경제의 생태사회적 전환'을 최대 원칙으로 하고 탄소감축 및 흡수를 위한 '자본주의 시장의 생태적 기반 확대'를 최소 원칙으로 한다.

또한 생태사회적 경제 모델은 이해당사자 네트워킹과 '마을'이라는 지역공동체성에 초점을 맞추기 때문에, 시장경제의 재프레임화 차원에서 커먼즈에 의거한 다양한 소유권 관계를 인정한다(Elsen, 2019: 88). 인간과 지구를 위해 경제가 다시 위치하려면, 자산소유에 대해 물건들 관계가 아닌 사람들 관계로 재고되어야 한다. 그러므로 시민의 생계수단과 공적 커먼즈의 장기적 활용 면에서 그것의 교환가치 부동산에로의 투기적 변형은 배제되어야 한다. 또한 생태사회적 경제는 녹지, 생산입지나 주거용 토지 등이 기본적으로 협동조합 원리나 노동자, 주민의 공동 책임 아래 있어야 함을 강조한다. 도시 하부구조와 같은 기본적 공동자산은 지역사회 수준에서 공적 재산으로 관리되어야하기 때문이다.

이와 함께 이 장에서 '사회적 경제의 생태화' 접근에 대비시키는 생태사회적 경제의 또 다른 모델인 '그린뉴딜 거버넌스' 접근은 자연과 인간사회의 상생과 더불어 노사민정 상생에 의한 일자리 창출을 좀 더 부각시킨

---

1 사회적 경제의 생태화는 논란의 여지가 있는 개념화이다. 그럼에도 불구하고 사회적 경제의 활성화에 따라 탄소중립이나 자원순환을 목표로 삼는 협동조합, 사회적 기업, 마을기업의 등장은 이러한 개념이 어느 정도 타당함을 지시하는 것이라 하겠다.

다. 김수진(2021)은 그린뉴딜의 주된 스토리텔링이 전세계적으로 경제성장, 일자리, 생태위기 등을 동시에 충족시키는 대규모의 공공투자 정책으로 협애하게 해석되어 왔음을 지적하고 있다. 나아가 용어의 의미론적 차원에서 볼 때 그린뉴딜은 100여년전 미국 루즈벨트의 공공투자 정책을 계승하고 있기 때문에, 기존의 지배적 관행에서 벗어나 새로운 관점이나 정책행위를 만들어내는 '뉴딜'로 볼 수 없다고 비판된다.

서구에서 그린뉴딜 용법은 2008-09년, 2019-20년 사이에 차별성이 존재한다. 1차 그린뉴딜(2008-09)의 경우 영국, 미국 등에서 에너지효율 개선, 재생에너지에 대한 공공투자 중심으로 제기되었고, 한국에서는 이명박 정부의 '저탄소 녹색성장'으로 포장되었다. 한편 2차 그린뉴딜(2019-2020)은 글로벌 사회불평등의 심화 속에서 기후위기 대응 차원의 정의로운 전환에 주목해 왔다.[2] 이처럼 그린뉴딜에는 에너지 전환을 향한 탈탄소화 산업정책 필요성, 에너지부문의 사회화, 복지국가 확대를 통한 사회적 취약계층 보호 등 시장경제의 대안이 될 잠재력이 포함된다고 볼 수 있다. 문재인 정부는 한국판 뉴딜정책의 한 축으로 그린뉴딜을 강조할 뿐 아니라, 그 추진체계로 상생형 지역일자리라는 거버넌스 형태에 초점을 맞추고 있다.

2) 산림의 가치와 회복력 개념

(1) 산림의 경제적, 사회적, 생태적 가치

산림과 관련된 많은 재화, 서비스의 가격화는 대개 그 시장가치를 간접 추정하는 기법에 의존한다(Davis et al., 2001: 395). 숲에서 비롯되는 산물

---

[2] 최근 유럽의 그린 딜은 1조 유로를 투자하여 향후 10년 동안 1990년 대비 EU 온실가스 배출량을 최소 50% 감축하도록 계획하고 있다(김수진, 2021).

중 목재, 임산 먹거리(forage) 등은 재목과 육류의 최종 생산물에 대한 상품 투입 차원에서 시장이 잘 확립되어 있다. 그러나 산림을 둘러싼 재화, 서비스는 대부분 경관에 분배되기 때문에, 거래가격을 이상적 경쟁시장가격이나 사회적 최적가격으로부터 이론적으로 이탈하도록 만드는 시장 불완전성이 존재한다. 예컨대 생산된 목재나 임야 자체는 장기간 생산이 필요 없어 보일지라도, 솎아베기한 나무를 거래 가능한 크기로 만드는 것은 상대적으로 오랜 벌기령을 요구하는 것이다.

산림관리를 둘러싼 의사결정은 투입, 산출, 조건에 대한 상대적 가치를 이해하는 데서 출발한다.[3] 숲의 결과물인 목재에 대해서는 자체 시장가치뿐 아니라 관련된 노동, 자본, 이자, 기구, 법적 자문, 조세 및 기타 관련 활동 등 투입에 대한 비용가치를 측정하기가 비교적 용이하다. 하지만 산림 관련 레크리에이션, 물, 야생, 생물다양성, 환경서비스, 관리의사결정의 생태적 과정 등에 결부된 가치는 훨씬 측정하기 어렵다. 그럼에도 불구하고 숲의 시장가치, 사회적 및 생태적(내재적) 가치 등을 구분하여 이해하는 것은 바람직한 결과 및 조건의 혼합을 얻기 위해 산림자원을 효과적으로 배분하는 기반이 될 수 있다.

숲과 관련하여 생태적 가치, 사회적 가치, 시장가치의 관계를 설명하면, 그 자체로 생태적 가치를 가지면서 ESG 및 목재 사기업에 대한 소재 제공 등의 시장가치, 인간의 건강, 웰빙을 제고하는 사회적 가치를 낳는다고 할 수 있다. 그리고 밀생, 방치되어 있는 숲을 적절하게 솎아베기하여 다양한 영급의 나무가 공존하도록 만드는 산림경영은 숲의 휴양기능 창출

---

3 일반적으로 규정된 목표에 적절한 의사결정을 위해서는 물건의 값어치(worth)에 대한 측정이 필요하다. 일상생활에서 시장가격은 다양한 이유로 결함이 있음에도 불구하고 슈퍼마켓 먹거리, 증권과 주식 및 대학등록금 등처럼 물건들의 상대적 값어치를 가리킨다. Davis et al.(2001: 395) 참조.

과 일자리 창출, 간벌목의 목재제조업 원료화 등의 선순환 관계를 상정할 수 있다.

(2) 심리적, 생태적, 경제적 회복력

옥스퍼드 영어사전(Bonss, 2016에서 재인용)은 회복력을 두 가지 방식으로 정의한다. 하나는 '내용이나 대상이 형태를 갖추게 되튀는 능력, 즉 탄력성'이다. 이는 원료의 탄력성을 가리키는 좀 더 과학적으로 정향된 정의이다. 다른 한편 회복력은 '어려움으로부터 신속하게 회복하는 역량으로서의 불굴성'으로 정의되기도 한다. 그러므로 회복력은 종류에 상관없는 교란에 직면할 때 굴복하지 않는 기술체계, 사회체계의 능력으로 이해된다. 이처럼 회복력에 대한 정의는 보편적으로 알려진 '불굴성'이라는 핵심어와 함께, 실제로는 용어의 거의 모든 가능한 다양성을 포괄한다.

첫째, 회복력에 대한 가장 오래된 변형은 워너(Warner)가 확립한 심리학적 연구에서 발견된다. 발달심리학자인 그녀는 1950년대에 출생한 698명의 아동에 대해 10년에 걸친 장기연구를 수행했다. 또 한국에서의 심리적 회복력에 대한 접근은 '회복력이 시련을 행운으로 바꾸는 마음근력의 힘'이라는 김주환(2011)의 논의가 대표적이다. 그는 심리적 회복력 요소로 자기조절 능력과 대인관계 능력을 강조하는데, 전자는 생태적 회복력과 상승작용을 할 수 있으며 후자는 호혜성의 경제적 회복력 증진에 좀 더 유의미한 것이다.

둘째, 심리학 연구로부터 가장 독립적인 또 다른 노선은 생태적 회복력 담론이다. 1장에서도 언급했듯이 홀링(Holling)은 생태적 회복력 논의의 원조이다.[4] 그에 따르면, 생태적 회복력은 '정태적 변수, 추동변수 및 상수

---

4 홀링은 '회복력과 생태계의 안정성'에 관한 기념비적 논문을 1973년에 출판했다. 이러한 초기 저작에 이어 '적응적 환경평가 및 관리'에 대한 책이 출간되었고 이후 파나키(panar-

의 변동을 흡수하고 여전히 지속될 수 있는 체계의 능력'으로 주로 정의된다. 즉 생태적 회복력은 본질적으로 동일한 기능, 구조, 정체성 및 피드백을 보유하기 위해 변동을 경험하는 동안 흡수하고 재조직하는 생태계의 능력이라 말할 수 있다.

셋째 경제학에서의 회복력 개념은 시장을 중시하는 주류경제학부터 사회적 경제 입장에 이르기까지 다양한 용법으로 사용되어 왔다. 전자의 관점에서 거시경제 회복력이란 코로나19처럼 경제에 충격을 주는 사건이 발생했을 때 소득이나 자산 손실을 최소화할 수 있는 능력으로 규정되고는 한다(런던 정경대·스위스 리 연구소, 연합뉴스, 2019.9.11에서 재인용). 즉 경제적 회복력은 시장경제 모델에서 보면 시장가치 측면의 회복력으로 이해될 수 있지만, 마을기반 사회적 경제 모델에 의거할 경우 일자리 창출이나 주민간 공정한 분배 등 사회적 가치와 연관되는 것이다. 이 장에서 경제적 회복력은 루이스 등(2015: 521)이 주장하는 '민주적, 분권적이며 다양성을 촉진하고 부를 분배하는 해결책'이라는 맥락에서 정의될 것이다.

루이스 등(2015: 522-523)에 의하면, (경제적) 회복력이란 소유권을 다양화하고 분권화하는 것, 즉 외부 충격에 자체 대응할 수 있는 모듈을 늘리는 것이다. 그들은 인간의 존재양식과 생태적 한계를 매개하는 차원에서 회복력 지상주의를 주장한다. 이 때 사회적 자본과 실험, 혁신들은 평등한 소유권의 공유 및 기업 지배구조에 대한 민주적 참여를 통해 경제적 회복력의 중추가 되도록 하고 있다. 달리 말해 경제적 회복력은 시장경제보다는 생태사회적 경제의 포괄적인 사회적, 생태적 가치와 맥락이 닿아있는 것이다. 이처럼 회복력은 경제를 시장에서 끌어내어 있어야할 자리로 인도하고 인간의 사회적, 생태적, 경제적 존재 양태 사이에 피드백 루프를

---

chy) 개념 및 '생태적 회복력의 기초'에 관한 전집이 출판되었다. Bonss(2016) 참조.

촘촘하게 조직화하는 것을 뜻한다.

3) 연구의 방법

(1) 자료수집방법

이 장에서의 논의는 질적 접근으로서 액션 리서치에 주로 의존했다. 저자는 울산광역시 울주군과 백년숲이 고용노동부 노사발전재단으로부터 수탁한 '노사상생형 일자리 컨설팅 지원사업(이하 컨설팅사업)'에 2021년 3월부터 본격 참여하여, 생태사회적 경제의 모델을 구상하고 울주형 산림일자리사업의 전개 양상을 '사회적 경제의 생태화'와 '그린뉴딜 거버넌스' 각각의 접근에 의거해 관찰해 왔다. 특히 '사회적 경제의 생태화'와 관련한 사례 검토는 2021년 5-8월에 걸쳐 일반협동조합, 사회적 협동조합 및 사회적 기업 등 세 개의 사회적 경제조직 대표를 심층면접한 결과를 요약한 것이다.

(2) 연구의 대상

연구의 지역적 대상은 울주군을 주축으로 하되, 목재 완·교구 사회적 경제나 목재 관련 ESG 등을 다룰 때에는 울산광역시 전역으로 확대하기로 한다. 그리고 연구의 내용적 대상은 숲과 관련한 1,2차 산업 구분 및 노사민정 거버넌스 활동에 조응하는 것이다. 우선 사회적 경제의 생태화를 고찰하는 내용은 산림 1차산업의 커먼즈 방식의 산주조직화, 목재순환 관련 2차산업의 사회적 경제활동을 주요 대상으로 한다. 다음으로 그린 뉴딜 거버넌스를 고찰하는 내용은 목재 2차산업에서의 대기업 ESG와 노사민정 거버넌스를 통한 산림영역 퇴직자 전환기술교육 시도 등을 주요 대상으로 삼았다.

(3) 잠정적 연구가설

이 장에서의 독립변수와 관련되어 잠정적으로 가설화할 수 있는 명제는 다음과 같다. 첫째, 생태사회적 경제 모델 가운데 사회적 경제의 생태화 접근은 상대적으로 심리적 회복력이 크며 시장경제에 대한 회복력은 작다. 둘째, 사회적 경제의 생태화 접근은 상대적으로 사회적 가치가 크나 시장가치는 작다. 셋째, 생태사회적 경제 모델 가운데 그린뉴딜 거버넌스 접근은 상대적으로 시장가치가 크나 사회적 가치는 작다. 그런데 두 접근의 생태적 가치에 대한 차별적 영향은 가설적으로 판단하기 어려워 본문에서 직접 기술하기로 한다.

3. 예비적 고찰 – 울주형 산림 일자리사업 개관

독일의 경우 자동차산업 관련 일자리 수가 약 70만개인데 비해, 산림 일자리 수가 약 110만개로 1.6배라고 추정된다고 한다. 독일의 산촌에서는 목재 칩을 활용한 신재생에너지 발전 및 일자리 창출 모델이 개발, 적용되어 왔으며, 그 예로 상트페터 마을 내 일자리 400개 중 150개가 목재와 관련되어 있다(백년숲사회적협동조합, 2020a). 한국에서는 '울주군 사회적 경제 활성화를 위한 종합계획(2020~23)'이 산림자원 연계 사업의 발굴·육성을 지역특화 모델로 선정한 바 있다. '울주형 산림일자리사업'은 도농 복합형 도시인 울산광역시 울주군에서 2019년 이후 백년숲의 주도로 실험되고 있는 '산림경영을 통한 목재활용' 일자리 창출사업을 일컫는다. 백년숲사회적협동조합(2021)에 의하면 울주형 일자리 모델의 배경은 다음과 같다.

"산림이 전체 면적의 68.5%인 울주군에는 울창한 참나무숲과 산악관광지로 유명한 영남알프스가 자리하고 있다. 숲에서 일자리를 창출할 수 있는 조건이 충분한 울주에서 산림을 가꾸고 부산물로 목재상품을 만들고 숲과 생태에 대한 교육과 체험, 관광을 포함하는 전반적인 순환경제 체계를 만들고자 한다."

울주군에서 전개되고 있는 산림일자리사업을 '울주형'으로 부를 수 있는 이유는 다음의 두 가지에서 비롯된다. 첫째 솎아베기(간벌)에 의한 산림 관리 개념이 부재한 채 나무심기에 치중해 온 한국에서 울주군 일대에는 1974년 10월부터 '한독산림경영 사업기구'[5]가 발족하여 이후 10년 동안 최초로 산주협업체의 결성이 시도되었기 때문이다(임업협동조합중앙회 임업기술연구원, 1998). 둘째로는 전국이 도시화되고 있는 상황에서 도농복합지역인 울주군의 임야가 갖고 있는 솎아베기 및 목재가공의 잠재력은 한국에서 퇴직자 일자리 창출의 새로운 모델이 될 수 있다는 점이다.[6]

---

[5] 한독산림경영 사업기구는 1966년 한독기술협회 기본 협정을 포함한 베를린 조약에서 출발했다. 이후 과학기술처에서 임업 및 산림공업 분야의 기술 협력을 독일 정부에 요청했고 1972년 독일 전문가들이 한국에 와서 타당성을 조사한 후 총 20년간 진행되었다(마상규 외, 2017: 185-186 및 다음 11장 참조). 이 기구는 산주들로 구성되는 산림경영 협업체 조직, 전문지도원 파견에 의한 수평적 업무 대행, 협업영림 계획서 작성으로 계획적인 영림 시행, 산림개발 작업단 조직에 의한 양질의 임업노동력 적기 공급, 공익 기능의 반대급부적 차원에서의 정부 지원 등을 협업경영 운영수단으로 삼았다(임업협동조합중앙회 임업기술훈련원, 1998).

[6] 이강오(2021)는 최근에 조선일보가 보도한 '민둥산 환경훼손', '오래된 나무가 더 중요하다', '산림파괴보다 원전이 낫다' 등의 프레임을 '벌채는 정상적 산림경영활동', '영급(齡級) 구조의 개선 필요', '산림을 통한 탄소흡수원 전략' 등의 논리로 극복해야 함을 주장한다. 1960-80년대 미국에서는 국유림 경영을 둘러싸고 목재생산과 환경운동의 대립이 극심하여, 북서부 천연림의 점박이 올빼미를 둘러싸고 전국 쟁점이 된 바 있다. 하지만 이는 생태적 회복력을 갖춘 산림경영으로 가는 진통으로 보아야 하며, 결국 1992년에 미 연방 산림청은 생태계 관리의 채택을 선언한 바 있다.

특히 둘째 근거와 관련하여 울산광역시는 자동차, 중공업, 화학에 특화되어 있는 한국 최대 산업도시이지만, ㅎ중공업그룹 본사의 수도권 이전과 자율주행 모빌리티 및 탈석유 재생에너지의 부상 등에 따라 제조업 불안 및 침체가 나타나고 있다는 점이 주목된다. 베이비부머 세대의 대규모 퇴직은 전국적 현상이어서, 국토의 63%가 산지인 한국(이강오, 2021)에서 산림의 생태적 회복력 유지 및 목재산업과의 가치사슬 연결은 울주군 뿐 아닌 모든 지역사회에서 퇴직자 일자리 창출이라는 경제적 회복력, 건강한 노후생활이라는 심리적 회복력에 긍정적 영향을 미칠 수 있다.

백년숲은 2019년 10월 결성되어 이후 울주형 산림일자리사업을 주관해 왔다. 이 기관은 2021년 현재 사유림 산주에 대한 커먼즈 방식의 조직화에서부터 목재산업 및 산림 서비스의 연계, 퇴직자 산림 일자리 전환교육에 이르기까지 울주형 산림일자리의 틀을 짜고 있다. 특히 노사발전재단의 컨설팅 사업 1차년도 성과를 바탕으로, 2021년 산림일자리사업의 방향을 '생태산업-사회적 경제기반 울주형 그린뉴딜 일자리 창출'로 설정하여 사회적 경제의 생태화 지향을 명확히 하고 있다. 또 2021년의 컨설팅 사업 2차년도에는 산업자원통상부의 상생형 지역일자리 신청에 필요한 투자기업 확보의 차원에서 '그린뉴딜 거버넌스'에 입각하여 화이트바이오[7] 신소재를 둘러싼 대-중소-사회적 기업 상생을 추구하고 있기도 하다.

---

7 화이트 바이오란 식물 등 재생가능한 자원, 즉 미생물이나 효소 등을 사용해 기존 화학소재를 바이오기반으로 대체하는 것을 의미한다. 옥수수, 콩, 사탕수수 등의 식물 외에도 산림경영에 의해 배출되는 목재류는 생분해되는 화학제품이나 바이오 연료의 주요 원료가 될 수 있다(황계식, 2021).

4. 사회적 경제의 생태화 사례 – 산림 커먼즈와 목재순환 사회적 경제

1) 산주포럼 조직화에 의한 산림 커먼즈의 시도

김종관(2020)에 의하면, 우리나라 산림의 ha 당 임목축적은 1960년에 8m² 내외였던 것이 2020년에는 160m²로 20배 증가했다. 현재 한국의 산림은 청장년격인 40년생 나무가 46%여서 4영급 임분에 편중되어 있고, 어린나무 숲은 거의 없다. 50년 조림 역사를 지닌 한국에서 백년숲의 생태적 회복력을 추구하려면, 4영급 숲으로 밀생된 나무를 간벌해 주고 그 자리에 어린나무를 심어 1영급 유령림 임분을 확보해 주어야 한다. '백년숲'이라는 울주군 산림의 생태적 회복력 추구 목표에서 알 수 있듯이, 울주형 산림일자리모델에서 숲 생태계와 사회적 경제활동의 연계는 커먼즈 원리에 입각한 소규모 사유림의 통합관리 여부에 달려 있다고 판단된다.

울산 백년 숲 추진위원회(2019)에 따르면, 산림 커먼즈의 가능성은 사적 소유권에 기반하여 공유경제를 구축하는 파이낸싱 파트너십 개념으로 접근되고 있다. 이는 사적 소유자들이 산지 소유권은 유지하면서 산림에 대한 경영권을 위탁하여, 백년숲과 같은 생태사회적 경제조직이 지역 산림경영을 실행하고 그 수익을 다시 산주에게 돌려주는 방식이다. 나아가 울주형 그린뉴딜 일자리모델 1분과 위원회(2021)에 의하면, 커먼즈 이행을 위한 준비조직으로 울주군 산주포럼의 설립이 현재 준비되고 있다. 이 포럼은 산주들의 의견 표출 및 상호소통 부재 속에서 생산적 산림관리를 통한 산림복지의 증진과 일자리 창출, 산림소득의 증대를 목표로 하고 있다. 산주포럼은 울주군내 리 단위로 조직화될 수 있으며, 지역사회 산림을 소

유한 산주가 회원이 되는 속지주의를 채택하고 있다.[8]

이와 함께 여기서는 산림 커먼즈의 시도가 본격화되기에 앞서 울주형 산림일자리사업의 맹아 격으로 2018년에 발족한 울산 '산촌임업희망단 사회적 협동조합(이하 산촌희망)'이 어떤 활동을 전개해 왔는지 검토해 본다. 산촌희망은 2018년에 생산직 퇴직자를 비롯한 15명의 베이비부머가 모여 결성한 사회적 경제 조직으로, 백년숲과도 긴밀하게 연대하고 있다. 2019년에는 조합원 8명이 산림청의 선도산림경영단지 공동영림단에 참여하여 현장기능을 습득했으며, 2020년에는 백년숲과 함께 지역·산업맞춤형 일자리창출 사업으로 '도시 숲 포함 숲길 조성관리·활용 교육훈련 및 취창업 지원'을 수행했다. 해당 교육훈련을 수료한 퇴직자 중에는 2021년에 도시정원사로 취업한 경우도 있어, 산촌희망이 영림기능 습득의 중간노동시장 일자리로 기능할 수 있음을 보여준다.

2013년에 ㅎ 중공업 노조 지부장을 역임하고 퇴직 이후 산촌희망을 이끌고 있는 정○○씨와의 면담 결과, '철수(鐵手)'라는 용접 등 조선업 생산직에 종사했던 퇴직자가 '목수'는 아니지만 솎아베기와 같은 생태사회적 경제 활동에 종사하게 된 반응은 다음과 같다. 우선 숲 속의 맑은 공기 등 작업조건에 대해서는 심리적 만족도가 높으나, 간벌과정이 실제로 노동력을 많이 소진하게 하여 하루에 4시간 노동을 원하는 경우가 많다. 그러나 임금수준을 고려하여 하루 6시간 노동 수준을 지향하고 있는데, 상대적으로 고임금을 경험한 대기업 생산직 퇴직자는 산촌희망에서의 노동력 댓가가 상대적으로 적다고 느끼는 경향이 있다. 그 결과 몇 명은 산촌희망에서 퇴사하기도 했다.

---

8 김수환(2021)에 의하면, 산주포럼은 1년 동안 산주들의 학습과정을 거쳐 산주협의회 결성으로 진행될 계획이다. 그 다음에 산주협의회는 울산 임업후계자협회로 결성됨으로써, 산림청의 국공사유림 공동경영사업 등에 적극적으로 참여할 예정이다.

2) 목재 완·교구 사회적 경제조직의 실태

산주포럼은 사회적 기업, 마을기업, 협동조합 등과 같은 제도적 형태의 사회적 경제조직은 아니지만, 산림 커먼즈라는 지역공동체 기반 생태사회적 경제를 선도할 수 있다는 점에서 '사회적 경제의 생태화'에 유의미한 관계에 있다. 울산 울주군에 있는 사회적 경제조직은 2020년 현재 사회적 기업 21개, 예비사회적 기업 20개, 마을기업 16개, 사회적 협동조합 5개 등 모두 62개이다(울산광역시 울주군, 2020). 이 장에서는 목재 완·교구를 생산하는 사회적 경제기업 두 군데에 대해 각각의 대표를 심층면접하여 조사했다. 이들 기업은 울주군에 소재하는 사회적 기업과 일반 협동조합이다.

이 가운데 ㅋ 기업은 2015년에 고용노동부 인증을 받아 현재 18명의 일자리를 창출하고 있는 장난감 자원순환 사회적 기업으로, 플라스틱 완구소재의 대체재로 목재활용에 관심을 갖고 있다. 해당 기업의 대표인 이○○씨와의 면담 결과, 장난감 자원순환 비즈니스에서 사회적 경제조직이 갖는 차별적 이점은 취약계층을 고용하여 사기업이 참여하기 꺼리는 어렵고 힘든 업무를 감당하는 데에 있다고 한다. 이 기업은 배출원이 돈 내고 버려야 하는 중고완구를 무상으로 수거, 세척하여 시장가치를 창출하는 비즈니스로부터 시작하여, 현재 상대적으로 고가 상품인 목재장난감의 개발에까지 관심을 갖고 있다. ㅋ 기업은 자원순환의 가치창출 방식에 의거, 2021년 울산시설공단이 유료로 폐기하는 가로수를 재이용하도록 해당 기관에 제안하여, 후술할 ㅇ 기업, 백년숲 등과 공동으로 가로수를 활용한 목재완구 소재개발을 수행하고 있다.

ㅇ 기업 대표인 강○○씨와의 면담 결과, 해당 사업은 울산시설공단이 1년에 3-5천만원을 들여 가지치기 후 버리는 은행나무, 벚나무, 낙엽송

등의 가로수를 무상수거하는 방식으로 진행된다. 이 기업은 2015년에 일반협동조합으로 설립되어, 목공체험 키트 제작과 해당 키트를 활용한 목공체험 교육을 실시해 왔다. 하지만 2020년 이후 코로나19로 목공체험의 교육 수요가 위축됨에 따라, ㅇ 기업은 백년숲 컨설팅 사업에 참여하여 울주군내 목재 관련 사회적 경제기업을 조직하여 '울주군 목재산업협회'를 결성하는 등 목재교구의 2차 가공에 주력해 왔다. 이 기업은 양산에서 수입목재를 1차 가공하는 업체에서 재료를 공급받아 체험키트를 제작하고 있는데, 앞서 다룬 사유림 커먼즈 방식의 솎아베기에서 나오는 목재로 1,2차 가공에 연계하기에는 시기상조라고 느끼고 있다.

3) 회복력에 대한 잠정적 평가

이제 산촌희망, 백년숲 등 사회적 협동조합, 산림 커먼즈 방식을 모색하는 산주포럼, 자원순환에 의한 목재 완·교구 개발에 참여하는 사회적 경제기업 등이 추구하고 있는 '사회적 경제의 생태화' 사례가 심리적, 경제적, 생태적 회복력에 어떤 함의를 갖는지 정리해 보자. 우선 심리적 회복력의 측면에서 볼 때, 산촌희망에 종사하는 퇴직자들은 과거의 용접 일 등에 비해 공기 좋은 숲에서의 동료들과의 협력노동에 비교적 만족감을 느끼고 있다. 한편 경제적 회복력과 관련하여, 시장경제 가치 및 마을기반 경제의 가치 각각의 측면에서 서로 다른 평가가 내려질 수 있다. 산촌희망의 경우 심리적 회복력이 증진되고 솎아베기의 결과 산림의 생태적 회복력에도 어느 정도 긍정적이나, 대기업 생산직에서 퇴직한 조합원에게 경우 경제적 회복력에 요구되는 노동력의 시장가치가 기대 이하인 것으로 나타난다.

반면에 버려지는 나무장난감, 가지치기된 가로수 등의 자원순환으로 목재완·교구를 생산, 유통하는 사회적 경제 활동은 GDP 방식의 시장가치에는 부정적일 수 있다. 그러나 생태사회적 경제의 관점에서 보면, 마을 공동체내 활발한 목재순환으로 외부의 경제 충격에 대응함으로써 경제적 회복력의 증진에 명백히 기여한다.[9] 이와 함께 생태적 회복력 측면에서, 산촌희망에 의한 솎아베기가 영급의 다양화에 부분적으로 기여했을지라도 아직 걸음마 단계인 산주포럼에 의한 사유림 공동자산화는 성과가 뚜렷하지는 않다. 산림의 생태적 회복력 향상을 위해서는 산주 조직화에 의한 아래로부터의 커먼즈 시도 뿐 아니라 민법 상 '제3의 소유권' 인정, 산림청 수준의 국공사유림 통합관리 정책 및 산림 준공영제 실시 등 상위 스케일에서의 생태사회적 제도화 노력이 병행될 필요가 있다.

5. 그린뉴딜 거버넌스 구축 사례 – 생태적 시장 확대, 또는 경제의 생태사회적 전환?

1) 목재산업 관련 대–중소–사회적경제 기업 간 네트워킹의 모색

울주형 산림일자리사업은 2021년 8월 현재 노동조합 및 사용자, 대학, 광역·기초 지자체 등과의 노사민정 상생을 추구하면서, 대기업 ESG 및 화이트바이오 기술개발을 연결하는 대–중소–사회적기업 상생을 모색 중이다. 이 가운데 후자와 관련해서는 목재·펄프 기반 바이오신소재를 개

---

9 백년숲 관계자에 따르면, 2021년 8월 울산시설공단, 백년숲, ㅋ 기업, ㅇ 기업, 울산대 LINC+ 사업단 간 사업 협약을 맺는 자리에서 자원순환형 에너지센터의 설립이 제안되었다. 이 제안은 울산시설공단을 비롯한 지역 내 간벌 물량 중 미이용목재를 활용하여 장난감, 전시물, 정원 지주목 등으로 사용하고 마지막 단계의 폐기목은 울산공기업인 ㄷ 발전이 바이오매스 열병합 등으로 에너지화하는 구상이다.

발하는 ㅎ 자동차, 목재.플라스틱 결합 신소재 기술력을 갖춘 ㅁ P&P 등의 대기업, 자동차 내장용 경량 바이오신소재 개발부품업체·신소재건축재업체·3D프린팅 가구업체 등의 중소기업, 그리고 플라스틱 재활용목재기반 신소재 완·교구를 제작하는 사회적 경제기업까지 망라하는 목재산업 네트워크 클러스터가 설계되고 있다. 이는 탄소중립을 목표로 생태적 시장 확대를 꾀하는 '그린뉴딜 거버넌스'의 구축 과정이라 평가된다.

목재산업 신소재의 가치사슬은 뒤에 다룰 노사상생의 일자리 창출을 뛰어넘는 그린뉴딜 거버넌스의 대규모 기획이다. 노사민정 거버넌스가 ESG 규제에 대한 대기업 대응까지 유인할 수 있다면, 자연과 인간사회 간 윈-윈이라는 다소 당위적인 그린뉴딜의 목표는 대기업-중소기업-사회적경제기업의 상생으로 구체적으로 실현될 수 있다. 이 같은 생태적 시장 확대의 전략 역시 생태사회적 경제의 범주에 포괄되며, 플라스틱 폐기물의 획기적 감축과 화이트바이오 신소재 시장의 창출을 통해 사회적 경제의 생태화 접근보다 생태적 회복력에 더 크게 이바지하면서 막대한 시장가치를 낳으리라 전망된다. 하지만 '그린뉴딜 거버넌스'의 방향을 정의로운 전환과 연계해 탐색해 본다면, 기업간 상생이 해당 기업의 노사상생에 어떻게 긍정적으로 기여할지, 산림 커먼즈 등 마을기반 경제와의 접면을 어떻게 형성할지 등은 아직 불명확하다.

2) 생산직 고령화에 따른 산림일자리 전환교육 및 관련 서비스

이정민(2021)에 따르면, 2020년 현재 울산 인구 가운데 베이비부머는 14.5%이다. 그리고 최근 3년간 베이비부머가 울산에 전출입한 상황을 보면, 전입자 수 8,518명, 전출자 수가 1,779명으로 매년 천명 수준의 베이비부머 탈울산이 나타남을 알 수 있다. 전입자의 이유는 직업 요인이 가장 많고 전출자의 이유는 주택 관련 요인이 상대적으로 크다. 베이비부머의 재취업 인식을 알아보면, 선호 직종은 생산직 31%, 자영업 18%, 사무기술직 15% 등이며 경제활동의 최종 은퇴시기로는 45.1%가 65~69세, 35%가 70~74세를 손꼽는다.

생산직 고령화의 추세 속에서 백년숲은 1차년도 컨설팅 사업에서 민주노총과 한국노총의 지역본부가 참여하는 그린뉴딜 전환교육센터 설립(안)이 합의된 바 있다. 퇴직자 인생재설계와 지역의 자연을 결합하는 이 기획은 회복력 가치의 차원들에 비추어, 목재 신소재를 둘러싼 '대-중소기업의 생태적 시장 확대'보다는 '경제의 생태사회적 전환'에 더욱 근접한 것이라 판단된다. 이정민(2021)은 전환교육기관의 목적을 숲과 함께하는 삶의 디자인, 삶의 방식과 일자리 관점의 전환, 지역사회 및 주민과의 사회경제적 균형 생각하기에서 찾으면서, 그린뉴딜 상생형 일자리가 지역사회 및 자연과의 유대관계 등 돈으로 환산할 수 없는 가치를 발굴해야 한다고 주장한다.

나아가 백년숲사회적협동조합(2020b)은 정의로운 전환의 일환으로 관련 노사와 더불어 산림청, 울산광역시 및 구군, 근로복지공단 등 노사민정 거버넌스를 운영 주체로 하는 '산재노동자 치유의 숲' 사업을 추진하고 있다. 또한 해당 입지가 확보될 경우 이를 산림청에 사회공헌형 탄소상쇄림으로 등록하고 숲길, 목조시설물 등의 조성에 베이비부머 퇴직자 일자리를 연계할 예정이다. 이를 통해 산재노동자와 그 가족의 힐링 프로그램은 물론 일반시민의 숲 체험, 치매마을 등 코로나19의 온상이 되어온 요양병원의 산림 재배치까지 구상되고 있다.

3) 회복력에 대한 잠정적 평가

대-중소기업 연계에 의한 화이트바이오 신소재 개발은 플라스틱 폐기물을 획기적으로 감소시켜 시장가치를 제고하고 생태적 회복력을 뚜렷이 증진하는 잠재력이 있다. 기후재난 상황에서 경제적, 심리적 회복력보다 생태적 회복력에 우선적 가치를 부여할 경우, 이러한 기술 중심의 기획은 크게 환영받을 만하다. 이러한 입장에 의하면, 사회적 경제는 자본주의 하 시장경제의 보완적 역할에 국한(장원봉, 2006)되며 생태사회적 경제활동 또한 '사회적 경제의 생태화' 수준이 아니라 경제의 사회적 포괄이라는 '경제의 생태사회적 전환' 차원에서 해석되어야 한다.

실제로 사례 사회적 경제기업의 목재 자원순환이 생태적 회복력에 미치는 영향은 그리 크지 않은 것이 사실이다. 이에 비해 화이트바이오 신소재 기술은 생태적 회복력 및 시장가치 증진에 직접적으로 기여하면서 생태적 시장의 개척을 통해 후속 일자리를 만드는 간접적 사회적 가치 효과 또한 기대될 수 있다. 그러나 노사민정 협의에 의해 대-중소기업의 투자를 유인하는 '그린뉴딜 거버넌스' 접근은 '사회적 경제의 생태화'에 비해 마을 기반의 경제적 회복력이나 산림 작업환경을 선호하는 종사자의 심리적 회복력 측면에서 취약할 수 있다. 따라서 대기업 기술력에 대한 과잉의존보다는 산림일자리 자체의 사회적 가치에 초점을 두는 적정기술(appropriate technology) 원칙의 견지가 요청된다.

6. 맺음말 – 울주형 산림일자리사업에서의 생태사회적 경제의 초점과 정향

생태사회적 경제 모델에 의거해 울주형 산림 일자리사업을 전반적으로 평가해 볼 때, '그린뉴딜 거버넌스' 접근은 해당 사례인 화이트바이오 기술개발이나 노사상생 전환교육 및 치유의 숲 조성 등이 아직 구상 단계라 그 효과를 예단하기 어렵다. 이에 비해 '사회적 경제의 생태화' 접근은 산촌희망의 심리적 회복력 실험, 사회적 경제기업의 목재 완·교구 자원순환에 의한 마을기반 경제적 회복력의 가시화 등으로 서서히 성과를 나타내고 있다.

사례 검토의 결과 추론할 수 있는 사실은 산림일자리 종사자의 심리적 회복력이나 마을기반의 경제적 회복력은 '사회적 가치'와 밀접히 관련되어, 그 자체로 생태적 가치에 직접 연계되지는 않으나 공동체 연대의 활성화를 통해 생태적 회복력을 간접적으로 제고할 수 있다는 점이다. 그러므로 친환경 신기술을 개발하여 대-중소-사회적 경제기업의 클러스터에 의해 생태적 가치, 시장가치를 제고하는 것이 유의미하나, 위의 심리적, 경제적 회복력이 생태적 가치를 간접적으로 증진시키는 영향 역시 중시되어야 한다. 요컨대 화이트바이오 등의 친환경 신기술이 생태적 회복력에 뚜렷이 이바지한다고 하더라도 그것이 일자리 창출 등 마을기반의 경제적 회복력 및 그 일을 감당하는 인간의 심리적 회복력에 기여하지 못한다면 그 의미는 제한적일 수밖에 없다는 것이다.

생태적 가치가 중요한 것은 사실이지만, 그 기술개발을 주도하는 대기업이 시장가치를 독점하지 않고 대-중소-사회적 경제기업 상생이 확산되기 위해서는 적정기술 원칙의 견지와 함께 노사민정 상생 거버넌스의 실질적 작동이 시급하다. 문재인 정부가 강조해 온 노사민정 거버넌스는 경제, 사회, 환경에 대한 그린뉴딜 접근과 결합하여, '사회적 경제의 생태화'보다도 파급력 있는 경제의 생태사회적 전환으로 진전될 잠재력을 지닌다. 하지만 '광주형 일자리' 등 많은 상생형 지역일자리 정책의 실제 결과는 대-중소기업 상생을 표방함에도 불구하고 노사상생은 물론 자연과 인간사회의 상생이라는 그린뉴딜의 목표 달성에까지 미치지 못하고 있다.

이 장에서의 사례에서처럼 '그린뉴딜 거버넌스'가 구상 수준에 머무르지 않고 경제의 생태사회적 전환을 향한 디딤돌이 되기 위해서는, 산림경영, 목재제조업, 산림서비스 등을 일관되게 네트워킹하는 주체의 확보가 필수적이다. 생태사회적 경제 모델은 '그린뉴딜 거버넌스'라는 위로부터의 정책 설계를 실현함과 동시에, 영세한 수준일지라도 목재순환 사회적 경제 기업이 목재완·교구에서 더 나아가 목조건축은 물론 관련 목재신소재 개발로 발전하는 전략을 요청받고 있다.[10] 또 그린뉴딜 거버넌스가 생태적 시장의 확대 수준을 넘어서기 위해서는 백년숲과 같은 중간지원조직 주체가 정부 예산이나 대기업 ESG에 지나치게 의존하는 것보다, 산림 커먼즈 역량을 강화하면서 '사회적 경제의 생태화' 성과를 중소-대기업의 그린 비즈니스와 실질적으로 접합시키는 현장의 실천에서 답을 찾아야 하겠다.

---

10 그런데 이와 관련하여 백년숲의 산림경영 및 목재순환 사회적 경제 모델에 대해 반대 입장에 있는 다음의 견해에도 주목할 필요가 있다. 익명의 울주군 생태공동체 관계자는 다음과 같이 서술하고 있다(카카오톡 단체방에서 인용). "나무를 체계적으로 베어서 일자리를 만들겠다? 그건 숲을 어떻게 바라보느냐는 철학의 차이라 봅니다. (중략) 울주형 산림일자리 중 가장 큰 비중을 차지하는 목재산업에 대해서도 주민들은 탄소중립을 위해 목재를 수확해야겠다고 한 사람이 없어요! (중략) 산촌 주민들의 갈증이 뭔지 그거부터 긁어줘서 내 편으로 만들고 목재산업은 차차 그 뒤에 추진해도 늦지 않아요."

제11장

울산 '사회적 임업'의 묘목을 심다

− 한독산림경영사업 50년, 울산 숲 거버넌스의 함의

1. 머리말

2024년은 울산광역시 울주군에 한독기구가 설치된 지 50년이 되는 해이다. 독일[11]과 한국의 산림전문가에 의해 울주군, 강릉시 등에서 20년 동안 시행된 한독산림경영사업(이하 한독사업)은 한국에서 사회적 임업(social forestry)을 본격적으로 도입하는 계기가 되었다. 한독사업의 프로젝트는 독일이 한국에 주는 선물은 아니었다. 산주들이 협동조합이라는 사회적 경제 조직화에 의해 산림경영에 직접 투자하는 조건을 만드는 것이 목적이었다. 이러한 산림경영협업체(이하 협업체)의 방식은 자발성이 핵심이어서, 당시 독일 산림전문가로 울산에서 일했던 에르하르트는 "우리가 한 것이 있다면 산주들에게 동기를 부여한 것"이라고 회고하고 있다(이종호,

---

11 1974년에 독일은 통일 전이므로 서독으로 표기하는 것이 타당하나, 한독사업의 파트너라는 뜻에서 독일로 지칭한다.

2018b).

1978년부터 1984년까지 발간된 '산림경영협업체 소식' 중 16호에서는 당시 독일 헤센주 산림청장이었던 프뢸리히(1982)가 울산에서의 한독기구 운영의 원칙들을 다음과 같이 밝히고 있다. 이는 첫째 사회복지와 관련되어 실행되어야 하고, 둘째 임업과 환경의 원칙을 준수하여 보속적이며 전문적이고도 올바르게 계획되어야 하며, 셋째 산림경영을 통해 수확과 이익을 증대시켜야 한다는 것이다. 이들 세 원칙은 사회적 임업의 목적과 방향을 명확히 지적하고 있다. 이 장에서는 한독사업 50년을 맞이하여 향후 50년을 향한 울산 '백년숲'의 전망 아래 사회적 임업의 관점에서 한독사업의 과정과 성과를 평가하고자 한다.

울산 울주군에서 1974년부터 1984년까지 10여년 진행된 한독사업은 다음의 세 가지를 초점으로 삼았다(김종관, 2023a). 첫째 산주들로 구성된 '협업체'를 조직하여 영세 사유림의 경영규모를 확대하기 위한 '사유림 협업경영 시범사업'이다. 둘째 임업기술의 선진화를 위한 숲가꾸기 작업기술의 개발과 산림작업 효율화를 위한 '산림작업단'의 시범 운용이다. 셋째 임업경영 기반을 확충하기 위한 '소호령 임도' 등 시범 임도를 설치하여 사유림 임도 설치의 가능성을 제시하는 것이다.[12]

한독기구의 개입으로 인해, 두서면, 상북면에 소재하는 약 1만5000ha 산림은 아름답고 울창한 숲으로 변모했다. 이제 사람들은 이 숲을 50년생 '한독 숲'이라고 부른다. 울산의 도시화에 따라 현재 두서와 상북의 산림은 도시 숲 기능도 수행하고 있다. 그리고 한독사업에서의 사회적 임업 접

---

12 김종관(1997)에 의하면, 한독사업에서 협업경영을 위한 운영수단인 협업체는 산주들로 구성되며 현지에 파견된 임업 전문지도원에 의해 수평적 지도사업과 행정업무 대행 등을 지원받았다. 협업체는 협업영림계획서를 작성하고 산림개발작업단을 조직하여 계획적 숲가꾸기와 적기의 질 높은 임업노동력 공급을 추진했다.

근은 2019년 결성된 '백년숲'을 통해 다양한 산림경영 거버넌스의 시도로 계승되어 왔다. 오십년 숲이 된 한독 숲은 이제 울산 백년숲의 비전 아래 전국적, 세계적 숲가꾸기[13]의 대안으로 보전, 관리될 필요가 있다.

2. 예비적 고찰

1) 이론적 배경 : 사회적 임업과 숲 거버넌스

(1) 사회적 임업이란 무엇인가?

마상규 외(2017: 230-231)는 나무를 관리하는 숲 사회와 인간 사회는 서로 다르기도 하고 비슷하기도 하다고 말한다. 예컨대 병들고 장애가 있는 나무는 베어 버리지만, 인간 사회에서는 복지 차원에서 보호해야 한다는 점이 다르다. 한국 사회는 고령화로 심각한 몸살을 앓고 있는데, 숲도 마찬가지 상황이다. 다양한 연령대가 함께 성장해야 지속가능한 숲이 된다. 경제 역시 대기업만 배불리고 중소기업, 자영업자가 망하면 결국 전체가 경제적으로 망가질 수밖에 없다. 숲 또한 마찬가지로, 몇몇 큰 나무가 숲을 지배하면 병충해나 산불에 의해 일순간에 사라질 수 있다. 다양한 종류의 큰 나무, 중간키 나무, 작은 나무와 초본류가 함께 사는 숲을 유지하는 것이 산림경영의 목표이다. 나무들은 개인과 같고 숲은 마을이나 도시 사회와 같다.

2020년대 한국과 울산에서 '사회적 경제', '사회적 농업(social agriculture)' 등은 주민이 참여하여 사회문제와 경제 및 농업의 문제를 동시에 해결하

---

13 마상규(2019b)는 '숲가꾸기'를 조림에 초점을 둔 좁은 의미로 이해하여 21세기 산림경영의 방향을 간벌 및 불량수종 갱신에 초점을 두고 제시한다.

는 활동을 뜻하는 대중적 용어가 되었다. 하지만 전국의 2/3 가까이가 산지인 한국에서 사회적 임업의 용어는 아직까지 생소하다. 사회적 임업 및 그 동의어인 지역 임업(community forestry)은 거의 인간이 숲을 사용했을 때부터 실행되어 왔다.[14] 숲은 인간에게 나무, 약품, 먹거리, 맑은 물과 레크리에이션 등 셀 수 없는 재화와 서비스를 제공한다. 역사를 통틀어 산림자원을 사용할 때, 인간은 빈번하게 공식, 비공식 규칙을 스스로 확립하고 조직해 왔다. 그러나 산림과학이 오래 전부터 숲과 그것이 제공하는 목재에 대해 갖는 기능에 치중해 왔듯이, 사회적 임업에 대한 이해는 대개 발전도상국에서만 실행되며 소득창출과는 연계됨 없이 복지를 다루는 임업의 하위 주제에 한정되는 경향이 있다.

현재 숲 자원이 점점 세계적으로 희소해지고 기후위기에 대응하는 숲의 기능이 목재 생산 이상을 포괄한다고 인지되는 가운데, 사회적 임업은 재발견되고 다시 정의되고 있다. 유엔 식량농업기구(FAO, 1978)는 지역 임업을 종종 사회적 임업이라 불리는 것으로, "지역주민, 특히 빈곤층의 생계를 지속가능하게 개선하기 위해 과제의 기획 및 실행에 관여하는 (참여적) 방법론을 일반적으로 사용하는 나무 및 다년생 식물의 증진, 자조적 관리 및 사용"이라 정의한다(〈표26〉 참조). 위의 정의에서 빈곤층에 대한 준거만 없다면, 사회적 임업과 다른 종류의 임업 사이에 과연 어떤 구별이 있는가라는 의문이 생길 수 있다. 즉 이러한 정의는 사회적 측면에 대한 어떤 공식적 인정 없이 나무의 사용, 지속가능성 및 생계의 개선 등과 같은 임업의 이상적인 관행만을 묘사하는 문제가 있다.

따라서 사회적 임업와 관련해서는 어떤 지역사회 주민이 자조적 관리를 행하며, 어떤 유형의 나무가 사용되고, 지속가능성이 어떻게 정의되는

---

14 이하 이 절의 논의는 라쿠나-리치맨(Lacuna-Richman, 2012: 1-6)에서 요약된 것임.

지, 어떤 사람의 생계가 개선되는지, 참여 수준은 어떠하고, 어떤 유형의 프로젝트 설계가 선호되는지, 누가 그러한 설계를 실행하는 책임을 맡는지 등의 질문이 해명되어야 한다. 그런데 이를 위한 논의는 숲 관련 정책이 오랜 기간 도시 수준의 생태 및 사회제도에 근거하여 자생적으로 탄생된 서구 선진국에서 확립되어 온 것이 사실이다. 이들 나라의 임업은 한대 및 온대 숲에 대한 지식은 물론 숲으로부터의 다양한 사회적 수요를 긴밀히 반영해 왔다. 하지만 유럽 전통에 기초한 과학적 임업의 도입이 아시아, 아프리카, 중남미의 열대 지역에 있는 많은 발전도상국에 대해 같은 효과를 갖고 올 수는 없다. 다만 1970년대 당시 발전도상국에 속했으면서도 북반구에 위치한 한국은 서구에서의 사회적 임업 접근이 적용될 수 있는 생태적 조건을 어느 정도 갖추었다고 말할 수 있다.

라쿠나−리치맨(Lacuna-Richman, 2012: 4)은 발전도상국 가운데 자생적인 사회적 임업 프로그램을 성공적으로 발전시켜 온 사례 가운데 하나로 대한민국을 손꼽는다. 이는 1960년대에 한국이 농촌 활성화의 의도로 주민참여를 강조하는 지역 임업을 채택했다는 해석에 의거한 것이다. 그는 한독사업 이전 상황에서도 유실수 및 연료나 목재용, 이윤의 몫과 비용, 식재 지역 등과 같은 숲 유형에 대한 의사결정이 정부, 마을 산림공동체 간 합의를 통해 어느 정도 이루어졌다고 주장한다.

물론 숲 관련 마을공동체의 식재 장소 선택에 대한 책임만으로 사회적 임업의 필요충분조건이 이행되었다고 볼 수 있는가라는 쟁점은 좀 더 설명이 필요하다. 어쨌든 1970년대 한국은 지역임업의 관점에서 재조림 목표를 충족했으므로 사회적 임업의 성공 사례라고 간주되고 있다. 이 때 참여자에 대한 토지 보유의 보장이 한국 임업의 독특한 측면으로 거론되지만, 그 밖의 요소로서 안정된 법 질서, 인구의 상대적으로 동질적인 사회경제적 지위 등도 영향을 미쳤다고 보고 있다. 이처럼 한국이 사회적 임업, 지역임업의 전통이 다른 발전도상국보다 앞서게 된 배경에는 1970년대 중반 이후 한독사업의 역사가 기여한 바가 크다고 할 수 있다.

요컨대 사회적 임업은 지역임업과 혼용되는 공동체 방식의 산림경영 방식을 의미하는 것으로, 사회적 경제의 근간인 협동조합 조직화에 바탕을 둔다고 할 수 있다. 이 장에서 다루는 울주군에서의 한독기구의 경험은 산림경영 협동조합의 다른 표현인 '협업체'라는 그 당시 한국에서는 선구적인 사회적 임업의 조직화를 지향했다. 10년 동안의 한독사업에 참여했던 한국과 독일의 산림전문가와 산주, 산촌주민들은 1984년의 울주군에서의 사업 종료 이후에도 사회적 임업의 토착화를 기대했을 것이나, 현실은 그렇게 전개되지는 못했다. 이러한 상황이 40년의 시차를 극복하고 울산광역시 울주군에서 사회적 임업에 의거한 산림경영의 재창조가 요구되는 이유이기도 하다.

(2) 숲 거버넌스

숲의 생태적 기능과 과정은 능동적, 수동적 관리를 통해 다양한 생태계 재화나 생태계 서비스를 제공한다. 예컨대 목재, 바이오매스 등을 생산하는 데 사용되는 직접적 편익인 생태계 재화는 생태계 과정인 나무의 생장으로부터 도출된다. 최근에 기후위기와 더불어 주목을 받고 있는 탄소고정도 나무 생장에서 비롯되는 생태계 서비스 중 하나이다. 어류 집단, 환경, 수역 등은 낚시꾼에 의해 레크레이션 편익을 직접적으로 생산하기 위한 생태계 재화 및 서비스이며 생태계 과정의 결과이기도 하다. 공기 질은 대기권 침전이라는 생태계 과정으로부터 결과하는 직접적 편익으로 인간 건강에 기여하는 생태계 서비스이다. 또 수질은 생태계 과정인 영양물 및 수문학적 순환으로부터 결과하는 직접적 편익인 생태계 재화이다. 이들 생태계 재화 및 서비스 중 어떤 것들은 공식적 시장(입목 등)과 신규 시장(탄소고정 등)에서 거래된다(Wagner, 2012: 266).

넓은 의미의 숲가꾸기가 위에서 다룬 사회적 임업의 특성을 갖는 까닭은 대기, 하천, 바다 등과 아울러 산림이 갖고 있는 커먼즈로서의 성격에서 비롯된다. 오스트롬(2010)은 목초지에서의 '공유지 비극'(tragedy of the commons)을 주장한 하딘(Hardin)을 비판하면서, 주민의 거버넌스 참여를 통한 공동자원 관리가 더욱 효과적임을 논증했다. 나아가 오스트롬은 커먼즈를 하나의 자원일 뿐 아니라 사회적, 생태적 관계의 타협, 과정, 사고방식 및 복합체계(Chan et al. 2019: 407)로 이해했다. 한편 최근에는 환경 관리와 임업의 맥락 모두에서 거버넌스 개념이 의사결정의 증가하는 복합성 및 다양성을 인식하여 더욱 강조되고 있다. 우선 환경 거버넌스는 더 이상 순수히 국가가 지배하지 않고 일련의 결합된 상호작용, 새로운 제도, 새로운 관행과 함께, 시장은 물론 시민사회와도 관련된다.

환경 거버넌스를 검토할 때 정치생태적 인식이 중요하다. 이는 환경 거버넌스에 대한 분석이 권력, 갈등의 쟁점과 누가 의사결정에 접근할 수 있는가에 대한 고려가 필요함을 의미한다. 정치생태학의 접근은 환경 거버넌스에서 주요 정치담론이 무엇이며 핵심 개념들이 행위자 및 이해관계자에 의해 어떻게 그리고 왜 정의되는지를 확인할 수 있게 한다(Konijinendijk et al., 2015: 35-36). 정치생태학에 근본적인 권력, 접근성과 상이한 담론 및 정의의 쟁점은 환경 거버넌스 내 특정한 분야 가운데 하나인 숲, 나무 및 관련 초본류 등을 둘러싼 거버넌스에도 핵심적이다.

사회적 임업의 특성은 통합성, 사회적 포용, 전략성으로 규정되며, 그 중 통합성은 상이한 거버넌스 수준에 있는 공공기관과 기타 행위자 간의 '수직적' 통합 뿐 아니라 섹터 및 자원 경계(예를 들어 가로수부터 근교 숲)를 넘어 '수평적'으로 바라보아야 함을 가리킨다. 또 사회적 포용이라는 성격은 공평성 쟁점과 이해관계자 및 도시주민의 더욱 폭넓은 참여에 관계된다. 전통적으로 (특히 지방)정부의 강력한 역할에도 불구하고 임업은 공적 부문, 사적 부문, 시민사회가 관여하는 협동적 접근으로 발전했다. 한편 전략성과 관련해 보면, 목표를 향한 인간 행동의 조정 노력이 중요하다. 거버넌스에서 다양한 행위자들은 통제, 주도성, 책임성 등을 추구한다. 학자들은 단순하거나 표준화된 거버넌스 해결책 및 모델을 배제하면서 어려운 숲 문제 및 임업 맥락의 복합성을 인식해 왔다.

요컨대 숲 거버넌스는 산림경영을 정부의 일방적 통치에 위임하는 것이 아니라, 숲과 관련한, 다양한 이해당사자의 협치라는 새로운 지배구조를 지향한다. 유영민(2021)은 이러한 숲 거버넌스에 대해 법과 제도를 통한 통제가 아니라, 자율적 규제를 특징으로 한다고 이해하고 있다. 〈표26〉은 앞서 다룬 FAO(1978)의 정의를 포함하여 지역임업에 대한 여러 학자들의 접근을 보여준다. 이 표에서의 지역임업, 더 나아가 사회적 임업의 정의들에는 산림경영과 관련된 의사결정 과정에서 영향력을 지역주민이 행사하는 산림경영 거버넌스의 방향을 시사받을 수 있다. 즉 이 장에서의 사회적 임업의 범주는 사회적 경제 방식의 협업체 자체에서 더 나아가 산림경영을 둘러싼 정부 및 지자체, 산주, 산촌주민, 비영리조직 등의 협치구조로 확장해 파악되어야 한다.

⟨표26⟩ 지역임업(community forestry)에 대한 다양한 개념화

구분	지역임업의 개념
FAO(1978)	• 임업활동에 지역주민들이 적극적으로 참여해서 목재와 기타 임산물 생산을 위해 나무를 키우거나 임산물을 가공하는 등의 모든 행위
Eckholm et al. (1984)	• 주민들이 지역 산림의 이용 계획에 의견을 제출하고 계획대로 임업 작업을 시행하는 것
Martel et al.(1992)	• 주민들이 집단적으로 공동 소유 산림에서 산림계획을 수립하고, 임산물을 재배하고 판매하여 사회적·경제적·생태적 혜택을 누리는 행위
Duinker et al. (1994)	• 지역에 의해 지역사회의 복합적 가치와 편익을 위해 산림을 관리하는 것
Jeanrenaud(2001)	• 지역주민 또는 지역사회의 산림관리에 대한 통제
McDermott et al.(2009)	• 지역주민들이 산림자원에 대한 이용 및 임산물 생산과 분배 등 산림경영과 관련된 활동에 독점적으로 참여하거나 의사결정 과정에서 영향력을 행사하는 것

출처 유영민(2021: 66).

2) 독일과 한국의 산림 실태에 대한 비교

1906년 산림행정 예산을 심의하는 회의에서 독일의 상원의원 토마(Thoma)는 "우리 조상들은 원시림에서 생활했고 따라서 독일인의 영혼 깊은 곳에는 숲에 대한 사랑이 존재합니다."라고 말했다(고유경, 2022). 이와 같이 '독일의 숲'은 민족정체성의 구심점이었고, 벌목하기에 편리하도록 체스판 형태로 구획된 숲은 지금도 독일의 문화적 경관에서 적지 않은 부분을 차지한다. 독일에서 정립된 임학은 위의 농학, 광산학, 수렵학 등과 아울러 산림측정·산림생태 연구·산림법 제정에 필요한 수학·식물학·동물학·법학 등 인접 분야의 성과를 토대로 1759년에 처음 등장했다. 근대 임학의 성립과 더불어 독일 숲의 외관은 점차 바뀌었다. 목재부족 현상을 해소하기 위해 벌목의 감시와 통제에 주안점을 두었던 초기 임업행정

은 숲의 성장과 관리로 강조점을 옮겼다. 숲을 인간에게 유용하도록 길들이는 '경영' 대상으로 간주하게 된 것이다(고유경, 2020: 113-120).

이렇게 산림경영에 대한 자각운동이 일어나면서 "어떻게 하면 지속적으로 산림을 유지·관리할 수 있는가?"에 답하고자 독일은 '보속사상(保續思想)'이라는 철학체계를 세우게 되었다. 이후 1826년에 '법정림(法正林) 모델'의 기초가 만들어진 뒤 전 세계에 전파되어 각국의 산림정책을 수립하는 데 활용되어 왔다. 이 때 법정림이란 이상적인 산림축적을 갖추고 숲의 나이를 일정한 단위로 구분, 배치하여 지속적인 생산이 가능하게 하며 연간 생장량이 일정해 국가에서 필요한 목재를 일정하게 공급할 수 있게 조성된 숲을 의미한다(마상규 외, 2017: 196).

1920년에는 묄러(Moeller)에 의해 '항속림 사상(恒續林思想, Dauerwald-Gedanke)'이 제시되면서 산림경영의 전기가 마련되었다. 이 사상은 산림을 단순히 목재생산 측면에서만 볼 것이 아니라 자연생태계와 조화를 이루는 차원에서 다루어야 함을 제기했다(우종춘, 2021: 2-3). 이는 UN 지속가능 발전 개념의 원형이 되었을 뿐만 아니라, 기후위기에 대응하는 울산 숲 거버넌스에서 '탄소흡수림 조성'이라는 새로운 과제에 부응하는 산림경영의 역할에 시사하는 바가 크다. 산림경영의 원조인 독일은 숲 가꾸기에 치중한 결과, 2018년 현재 입목 축적이 헥타르 당 367m³를 기록했고 목재자급률도 90%를 넘고 있다.

한국만큼 사유림 비중이 큰 독일의 경우 개인소유 산림에 대해서도 주 산림청, 영림서, 영림부서 등의 거버넌스 아래 임업전문가가 체계적인 숲 가꾸기를 전담하고 있다. 헤센주의 경우 영림서들은 숲 경영에 대한 전반적 사항을 결정하고 헤센주 산림청에 보고한다. 그러면 주 산림청은 주 산림법에 따라 영림서에 예산을 지원하고 영림서에서 발생된 수익도 회수하여 관리한다. 독일 연방정부의 『2020 산림개발전략』에 따르면, "지역에 적응을 잘하고 자생종인 나무를 심어 혼효림을 늘이는 것이 기후변화를 완화시킨다". 그 결과 독일은 2010년대 후반에 들어 활엽수림과 혼효림이 전체의 39%를 차지할 정도로 증가했다(이종호, 2018).

한편 김장수(1971)에 의하면, 1960년대 후반 한국의 산림 실태는 식재 수종(樹種), 작업종의 측면에서 열악한 것으로 분석되었다. 우선 1970년대 초 한국의 수종은 리기다 소나무, 일본잎갈나무 일색이고, 용재림 수종, 속성 수종, 농용림 등으로 구분하여 집약적으로 관리되지 못하고 있었다. 그리고 작업종의 측면에서도 모두베기에 전적으로 의존할 뿐 아니라, 도벌, 남벌이나 지나친 벌목과 같은 산림경영 이전 단계의 특성을 나타내고 있었다. 이는 해방 직후 한국 산림이 당면하고 있던 화전, 황폐지 등 무립목지의 증가와 임목 축적의 감소를 반영한 것이었다. 배재수(2009: 664)는 '황폐의 윤회'라는 용어를 제시하면서, 1970년대 한독사업 이전 한국의 숲 상황이 무립목지에 나무를 심는다 하더라도 주민들이 연료재로 이용하기 위해 벌채한다면 언젠가 또 황폐화될 수밖에 없는 상황이었음을 지적한다.

또 유의할 것은 독일과 한국에서 사유림이 대다수라는 공통점이 있음에도, 독일과 달리 한국은 산림경영의 책임을 산주에게 맡겨두고 있다는 점이다. 그 결과 한국의 산림경영은 산주에게 방임되어 있는데, 그 이유는 산주들이 대부분 도시로 떠나 있고 소유 규모 또한 영세해 숲 경영에 관심을 두기도 어렵기 때문이다. 김종관(1989)에 따르면, 한국의 산림 중 70% 정도가 사유림이고, 부재산주 비율은 1971-93년 사이 16%에서 45%로 급증했다. 더욱이 〈표27〉에서 20년간의 한독사업이 마무리된 직후인 1990년대말 현재 사유림의 소유구조를 볼 때, 100ha 이상의 규모를 소유한 산주의 산림면적은 전체의 13%에 불과하여 대다수의 산림이 영세산주에 의해 소유되어 있음을 알 수 있다.

〈표27〉 한국의 사유림 소유구조

단위 : 천명, 천ha, ha

	1ha 이하	1-30ha	30-100ha	100ha 소계	100ha 이상	합계
산주수 (%)	1,194(61)	745(38)	13(1)	1,952(100)	2(0)	1,954(100)
면적(%)	330(7)	3,164(67)	608(13)	4,102(87)	589(13)	4,691(100)
평균소유 면적	0.3	4.2	46.8	2.1	294.5	2.4

출처 김종관(2003: 93).

또 다른 이유는 산림을 산주의 사유재산으로 인식함으로써, 산림경영에 대한 주체적 계획이 부재하다는 데서 비롯된다. 마상규(2019a)는 숲이 공유 재산이고 목재 역시 2차·3차로 가공되는 공익성 자원이라고 파악했다. 1970년대 이후 한국의 산림은 물질적 가치가 증가되는 가운데, 숲 생태계 또한 꽤 복원되어 왔으며 경제위기 때에는 산림일자리를 제공하는 역할을 수행했다. 최근에도 휴양, 경관풍치, 귀산촌인을 위한 전원주택 조성 등 숲 관련 복지 서비스가 확대되어 왔다. 이 같이 숲의 생태복지적 가치가 증대되어 온 데에는 한독사업의 직간접적 효과가 자리잡고 있다(마상규, 2018).

3. 울산에서의 한독사업(1974~1984)의 경과 및 평가

1) 울주군 한독사업의 개관

숲의 가치를 실현하기 위해서는 산지, 숲, 사람, 기술, 정보 등의 요소가 투입되어야 하고, 이를 관리하기 위해서는 의사결정조직과 실행에 옮기는 경영관리조직, 그리고 국가사회의 경영지원체계 등이 있어야 한다. 1974년 이후의 한독사업에서는 독일과 한국의 관리인단이 국가사회적 역할을, 산주들이 결성한 협업경영체가 의사결정을, 3인의 산림기술자가 경영관리를 담당하는 조직을 갖추었다. 여기에 교육훈련, 경영계획 편성, 시험연구 등 경영지원조직이 이를 뒷받침했다(마상규, 2019b). 좀 더 구체적으로 한독사업에서의 독일과 한국의 역할을 구분해 보면, 독일은 기술인력, 기계, 묘목 등 3개 경영요소를, 한국 정부는 노동력과 재료를 제공했다고 볼 수 있다(마상규 외, 2018: 190).

한독기구는 1966년 9월에 체결된 '한독기술협력 기본협정'과 1974년 7월의 '한독 산림경영사업에 관한 협정'에 의거하여 1974년 10월에 발족했다. 한독기구의 본부는 당시 산림청 구내인 서울 홍릉에 두었고, 울주군 인근 '경남 양산사업소'의 경우 1975년 4월에 개설되어 1984년 5월까지 존속했다. 한독사업 종료 이후 양산사업소는 '임업기술훈련원'으로 명칭이 바뀌었고, 1993년 강릉에서의 한독사업까지 종료된 이후에는 산림조합중앙회로 사업이 이관되었다(김종관, 1999). 이러한 한독사업의 일환으로 산악임도 설계시공, 기계화 생산, 휴양림 조성 등 한독사업을 통해 다양한 제도들이 도입되었다(마상규, 2018). 1974~1984년에 진행된 한독사업의 대상 지역은 〈그림17〉과 같다.

<그림17> 울주군 한독사업 시행지역

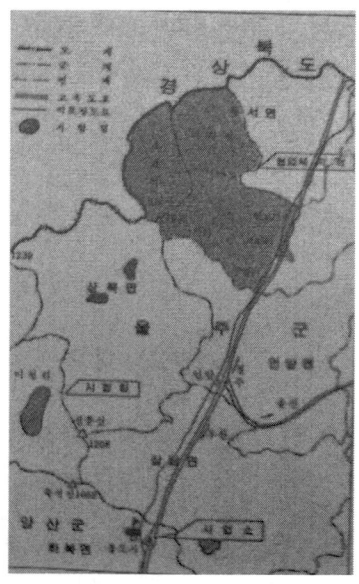

　　1974년에 설치된 울산 한독기구는 1976~1977년 동안 울주군 시범사업지 내 사유림 경영의 하부구조를 조사했다. 조사의 결과, 한독사업은 산림경영의 문제점으로 산림소유 규모의 영세성, 경영기술의 부족 및 산림경영 지원 조직의 미비, 과도한 행정구속력, 산림사업 자금의 결핍, 타성적 관습 등을 찾아냈다. 한독기구는 이를 개선하기 위해 사유림 경영이 공동경영, 산림소유자로 구성된 경영주체 조성, 임업기술자 고용 및 재정적, 기술적 지원 등을 수반해야 함을 인식했다(산림청·한독산림경영사업기구, 1980). 그리하여 1977년 12월 수차례의 지역산주와의 회의를 거친 다음, 두서면에 '서하리 용재림경영협동체'가 설립되었다. 이틀 후에는 상북면에 '소호리 용재림경영협동체'가 설립되었고 1978년 12월 그 명칭을 '협업체'로 개칭하였다. 또한 1978년 12월 '내와리 산림경영 협업체'가 발족했고, 다음해 1979년 2월에는 '차리·구량리 산림경영 협업체'가 결성되었다(김

종관, 2018).

이 중 소호리, 내와리의 경우 해발 400m 내외의 비교적 오지인 산촌 지역이며, 서하·인보리, 차·구량리의 경우 해발고도가 비교적 낮고 면소재지와 가까운 야산지역이다. 이로써 한독기구 시범사업지 내에 4개의 협업체가 발족되었으며, 당시 협업체 지역이 포괄하는 총 산림면적은 4,800ha였다. 한편 1980년에 위의 4개 협업체는 '고헌산 산림경영 협업체 연합회'를 결성하고, 소요 자재의 공동구매와 생산물의 공동판매 및 기술 정보 교환 등 협력의 공간을 마련하여 사회적 임업의 거버넌스를 확대하기도 했다. 그리고 한독사업이 종료된 후에는 천마 협업체라고 불리는 두서면 활천·복안리의 협업체가 1993년 9월에 결성되었고, 미호리 협업체가 1995년 9월에, 전읍리 협업체가 1997년 9월에 발족했다.

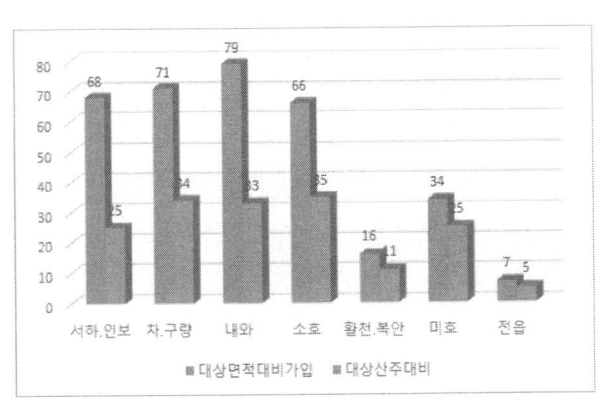

〈그림18〉 울주군 산림경영 협업체의 대상면적 및 대상산주 대비 가입비율

〈그림18〉은 한독산림경영기구(1998)의 자료를 바탕으로 작성된 7개 산림경영 협업체의 가입대상 면적 및 산주 대비 가입비율을 보여준다. 한독 사업 이후 자체적으로 결성된 협업체에 비해 한독기구 존치 기간에 발족

된 네 개의 협업체가 더욱 활발한 참여 정도를 나타냄을 알 수 있다. 특히 가입대상 면적 기준으로는 내와리 협업체가 79%의 매우 높은 가입률을 보이고 있다. 또한 한독사업 기간 중인 1970년대말 결성된 4개 협업체의 경우 가입대상 산주 중 25-35%에 이르는 꽤 높은 비율이 가입되어 활동한 것으로 나타난다.

2) 울주군 한독사업의 과정과 성과

1974년에 발족한 한독기구의 대표자는 2명이었는데, 공동관리인은 한국의 정부 관료였고 사업관리인은 독일 정부에서 파견한 전문가였다. 김종관(2003: 264-265)에 의하면, 한독기구의 현장 사업소가 울주군에 입지한 이유는 첫째 1966년의 한독기술협력 기본협정이 한독산림시범사업장을 산림청의 14개 계획조림단지 중 마지막 단지인 제14단지(양산, 울산, 밀양, 청도 등) 내에 둔다고 명시했고 둘째 독일 전문가들이 상주하려면 부산과 같은 대도시 부근에 위치하여 교통이 비교적 편리해야 된다는 점이 작용한 것이었다. 1984년에 한독사업이 종료된 이후 산림조합이 이 모델을 확대, 보급하는 역할을 맡았는데, 그 결과 1999년에는 전국적으로 250여 개의 협업체가 조직되었다(김종관, 2022).

1977년의 협업체 발족 이후 한독기구는 2명의 산림경영 담당자를 고산지대(소호리, 내와리) 협업체에 1명, 야산지대(서하·인보리, 차·구량리) 협업체에 1명씩 배정하여 조림, 숲가꾸기, 공동소득사업 등 협업체를 지원하도록 했다. 1979년 6월 당시 울주군 고산 및 야산지대 산림경영 담당자였던 박경·김종관(1979)은 당시 협업체의 성과 및 문제점에 대해 다음과 같이 보고하고 있다. 우선 협업체의 성과로는, 고산지대 경우 산주의 자발적인 조림사업 참여 및 산지 보호, 독일로부터 도입한 기계기구의 활용 등이 거론되며, 야산지대 경우 봄철에만 62ha에 걸쳐 25만 그루의 용재수를 식재하는 데 성공한 점이 언급된다. 한편 협업체의 문제점으로는, 고산지대 경우 임지투자의 불투명한 경제성, 노동력 감소와 임금 증대, 협동정신 결여 등이 꼽히고 야산지대 경우 기계사용 노동자의 훈련 미숙, 창고 미비, 협업체의 법적 정당화를 위한 입법 및 행정조치의 미흡, 협업체 산주에 대한 지속적 재정지원 필요 등이 지적되고 있다.

그리고 한독사업에서 산주의 조직화를 위해서는 홍보가 중요했다(김종관, 2003: 275). 당시의 홍보 내용은 산을 잘 가꾸면 수익이 나온다는 것과 산을 잘 가꾸기 위해 개인보다 산주단체를 만들어 공동으로 해야 된다는 것, 그리고 산주 조직을 만들면 산림사업에 필요한 자금도 융자해 주고 한독기구의 전문직원이 파견되어 업무도 도와주고 필요한 기술도 지원해 준다는 것이었다. 또 산주들을 모으기 위해 영화 필름을 빌려 마을회관 등에서 상영한 후, 설명회를 개최하기도 했다. 이러한 설명을 들은 산주들은 처음에 반신반의했다. 어떤 산주들은 산주조직에 가입하면 일제 강점기에 일본인이 산을 빼앗아간 것처럼 독일 사람들이 산을 빼앗아갈 것이라고 말할 정도였다. 그런 까닭에 소호리 협업체에 속해 있던 황채두(1982)는 한독기구가 협업체 설립 전 산주들을 이장 집에 모아놓고 홍보를 할 때 뒤로 빠져나가는 사람이 많았다고 말한다.

그 이유로는 한독사업이 시행되기 몇 년 전 모 제지회사가 벌채를 허가해 주면 산물을 구입하겠다고 해 놓고, 정작 주민이 인감증명서를 제출하면 지상권 설정으로 지상임목을 빼앗아 버린 경험이 작용했다고 풀이한다. 그는 외국 사람도 있는데 설마 속이겠냐는 생각에 1977년에 가장 마지막으로 산주회원으로 가입한 후, 한독기구로부터 도움 받은 점들에 대해 다음과 같이 기술한다(황채두, 1982). 한독사업은 영세한 산주들에게 영림계획(현재의 산림경영계획)을 편성하고, 묘목과 비료, 초지종자 등의 자재를 무상으로 지원했다. 또 풀베기 작업, 비료주는 숲가꾸기 작업 등에서 발생하는 인건비를 3년 동안 30%까지 보조했으며, 가장 중요한 것으로 협업체 회원에 대한 장비대여 및 기술지도를 통해 산주들의 산림경영에 도움을 준 것을 언급하고 있다.

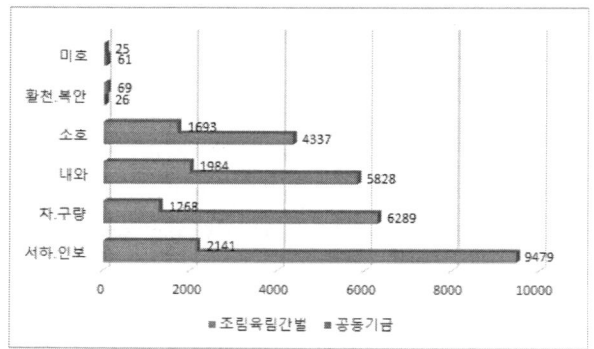

〈그림19〉 울주군 산림경영 협업체별 숲가꾸기 면적과 공동기금 액수(단위: ha, 만원)

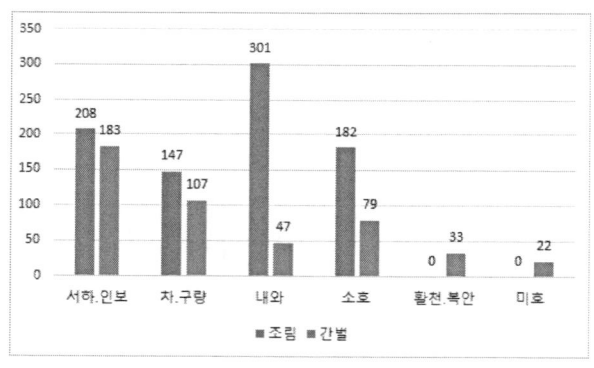

〈그림20〉 울주군 산림경영 협업체별 숲가꾸기 중 조림 및 간벌 면적(단위: ha)

〈그림19〉와 〈그림20〉은 한독산림경영기구(1998)의 자료에 의거하여 한독기구 사업의 성과를 집계한 것이다. 협업체별 조림, 숲가꾸기, 간벌 등

의 사업은 1970년대 말에 설립된 서하·인보리, 내와리, 소호리, 차·구량리 등에서 더욱 활발하고 한독사업이 종료된 후 자생적으로 설립된 두 지역에서는 미미한 실적이었음 보여준다. 특히 1998년까지 남아 있는 공동기금 액수는 서하·인보리 협업체에서 압도적으로 많은 편이다. 또한 숲가꾸기 내용 중 조림과 간벌의 면적을 살펴보면, 조림면적은 내와리 협업체에서 가장 넓었으며 간벌은 서하·인보리에서 상대적으로 활성화되었음을 알 수 있다. 한편 최종천 외(1996a: 127)에 의하면, 1984년에 한독기구의 철수 당시 협업체 가입비율이 대상 산주의 16%, 대상 산림면적의 25%였던 것이, 산림청과 산림조합에 의해 현지화된 후 10여년 지난 1995년에는 전국적으로 각각 21%, 33%로 증가한 것으로 나타난다(〈표28〉 참조).

〈표28〉 한국의 산림경영 협업체 가입실적(1984, 1995)

단위 : 명, ha, %

	가입대상		협업체 가입실태			
	산주 수	산림면적	산주 수	비율	산림면적	비율
1984.6.1. 현재	7,145	37,577	1,121	15.7	9,284	24.7
1995년말 현재	98,259	459,646	20,711	21.1	152,183	33.1

출처 최종천 외(1996a: 127).

결론적으로 1974~1984년의 10년 동안 사유림 경영개선을 위한 한독사업의 성과를 총괄하면 다음과 같다(김종관, 2018). 첫째, 산주 모임인 산림경영협업체를 조직하되 가입과 탈퇴가 자유의사이며 그 운영이 민주적으로 실시되도록 했다. 둘째, 임업전문 교육을 받은 임업지도원(또는 산림경영 담당자)을 현지에 파견, 협업체에 배속케 하여 협업체의 육성을 지원하고 산주의 기술자문에 응하는 수평적 임업지도를 담당케 했다. 셋째, 과학적이며 현실적인 협업 영림계획서를 작성하여 지역 내 산림사업을 계획성 있게 경영, 관리함으로써 경영규모 확대의 효과를 기대할 수 있었다. 넷째, 전문 임업기술 훈련을 이수한 임업노동자로 구성한 산림개발작업단을 조직하여 지역 내 산림사업에 필요한 노동력을 공동으로 공급했다. 다섯째 효과적인 산림사업에 요구되는 정부재정 보조금이나 임업금융을 적극 지원했다.

3) 한독사업의 사회적 임업으로서의 특성

1976~1977년간 울주군 사유림의 경영개선 과정에서 주목해야 할 것은 사회적 임업 관점에서 협업체의 조직화를 제안한 데 라쏭(de Lasson)의 역할이다. 김종관(2003: 274-275)에 따르면, 데 라쏭은 1977년 9월부터 한달간 울주군 사업소에 체재하면서 "Report on the Establishment of Forest Management Cooperatives"라는 한국의 산주 협업체 조직 육성을 위한 지침서를 제출했다. 이 보고서는 사회적 임업의 조직 틀인 협동조합 방식의 산림경영의 방향을 제시하는 의의가 있는 것으로, 그 해 12월의 산주조직 단체 명칭이 용재림 경영협동체(Timber management Cooperatives)로 결정되는 데 기여했다.

또 사회적 경제 방식의 협동조합 운영이 생소했던 1970년대의 한국 현실에서 산림협업체를 착근하기 위해서는 산주 주도의 협업영림계획의 수립이 필수적이었는데, 그러한 작업이 1979년부터 모색되기 시작했다. 이와 같은 한독식 영림계획은 1979년부터 2년간에 걸쳐 울주군 전체 협업체 지역의 4,800ha에 대해 적용되었다. 그 결과 1981년에 각 리, 동별로 6권의 영림계획서와 영림계획 작성요령서가 완성되었는데, 이는 1984년 한독사업의 종료 이후에도 전국적으로 사회적 임업의 교과서로 전파되었다. 그리고 사회적 경제 방식의 임업에서 산주 지도력 발굴이 핵심이라는 측면에서, 당시 내와리 협업체 회장의 다음과 같은 포부(김재상, 1979)에 주목할 필요가 있다.

그는 "첫째 지금까지는 군 산림과가 지정하여 조림하여 산주와 주민의 관심을 끌지 못한 반면 협업체를 통한 조림은 산주 자신을 위한 산주조림이다. 둘째 지금까지의 조림은 산주의 결정에 의해 마을 노동력을 감안하여 면적을 정하지 않았다. 이제 조림뿐 아니라 키우는 일까지 협업체를 통해 우리가 결정하고 결과적으로 우리 수익이 될 것이다. 셋째 아직 협업체의 취지를 모르는 산주가 많고 또 산림기술도 없다. 우리 함께 기술을 배우자. 우리가 작업해 본 조림 괭이나 기계의 성능도 좋다. 넷째 산림은 수확이 늦는 것이 문제이다. 그러나 한독기구의 도움이 있으니 우리가 해 보고 불가능한 것은 찾아서 도움을 청하자. 다섯째 간단한 사업으로 제안하는 것은 양묘를 우리 손으로 하는 것이 좋겠다는 것이다."는 의견[15]을 나타낸다. 이러한 협업체 지도자의 의식은 한독사업을 매개로 하여 산촌 지주의 자발적 협동이 지역임업을 주도하는 동력이 되었음을 엿보게 한다.

한편 한독사업이 산주의 자발성을 모을 수 있었던 데에는 자생적 지도자의 발굴이 주효했지만, 1974년 10월에 최초의 사업관리인으로 독일에서 부임한 폰 크리스텐(von Christen)의 산주 지도방식도 기여한 바 컸다. 그는 한국의 사유림 경영개선을 위한 산주 지도체계를 사회적 경제 원리에 의거한 수평적 인간관계를 조성하는 방향으로 전환시키도록 했다. 산주 및 산촌주민과 산림공무원의 관계가 지시적인 하향식일 경우 산주의 자발적, 자주적 산림경영 참여를 유도하기란 매우 어렵기 때문이었다. 그에 따라 산림경영을 담당하는 협업체 지도원은 하루에도 수십 명의 산주

---

15 김재상(1979)의 글을 저자가 가다듬은 것임.

들을 가가호호 방문하여 인사하고 근황을 물었다고 한다. 나아가 산주들에게 믿음을 심어주기 위해 식사도 같이 하고 놀 때도 같이 놀았다. 어떤 산주들은 가정생활에서 어려운 문제가 생길 때 이들 지도원을 가장 가까운 의논 상대로 여기기까지 했다(김종관, 2003: 311-312).

이와 같은 민-관의 수평적 관계는 숲 거버넌스의 본질이 관 주도의 형식적 지배구조가 되어서는 곤란하고, 협동과 연대의 사회적 임업 원리가 구현되어야 함을 시사한다. 물론 앞서 1970년대의 사회적 경제에 대한 낮은 인식 수준 가운데 독일이 지원하는 협업체 구성에 대한 초기의 불신에 대해 서술했지만, 배성동(2019)에 의하면 내와 협업체 산주들은 "나도 한독산림 부역 나갔지. 그 땐 남녀 없이 다 나와야 했어, 한 집에 한 사람씩 나와 일했지, 그래 가지고 돈 한 푼 안 받다가 나중에 조금 받았지"라고 구술하고 있어 주민들이 여전히 '부역'이라는 수동적 의식을 갖고 있었음을 암시한다. 그럼에도 '숲이 우거지면 부자가 나오고 숲이 망가지면 마을이 망한다'는 당시의 슬로건은 이 장의 도입부에서 명시한 사회적 임업의 특성인 '숲 주변 주민의 생계를 지속가능하게 개선하기 위해 과제의 기획 및 실행에 관여하는 참여적 방법론'에 부합한다고 하겠다.

다른 한편 마상규 외(2018: 191)는 1970년대, 1980년대의 시대적 한계로 말미암아 한독사업이 사회적 임업으로 계승되지 못했던 한계를 성찰하고 있다. 그들에 의하면, 한독사업 당시 산촌 조사를 위해 울주군에서의 자원봉사에 참여한 YMCA 동아리 대학생들은 "왜 산주를 지원하나요? 산주는 지주계급이고 더군다나 독일과의 협력사업인데 가난한 주민을 지원해야지 산주를 지원해야 하는 것은 형평성에 맞지 않는 것 같습니다."라고 심각하게 문제 제기했다고 한다. 한독사업 당시는 물론 50년이 지난 현재에도 국민 세금으로 사유림을 가꾸는 정책은 도입되지 못하고 있다. 마상규 외(2018)는 '숲이란 살아서 국민과 지역사회를 위해 존재하고 죽어서야 그 이득을 산주에게 귀속시킨다'는 차원에서 그 해결책을 찾아야 한다고 강조한다. 그럼에도 불구하고 사회적 경제 원리에 의거한 숲 거버넌스의 구축에서도 부재산주와 산촌 주민 간 이해관계 차이는 유념할 필요가 있다.

21세기 들어 사회적 경제의 제도화에 힘입어, 사회적 농업과 더불어 사회적 임업의 방향은 다음과 같이 제시될 수 있다(권오복, 2013: 143). 첫째, 산림이 갖는 공익적 기능을 최적화하기 위해 임업 경제 활성화와 임업소득 향상이 필요하다. 둘째, 기후변화에 대응하려면 산림경영 활성화를 통한 산림가치의 극대화가 요구된다. 셋째, 경제사회적 지속가능성의 위기에 직면한 농산촌 지역에서 고령의 취약계층 주민에 대한 사회적 협동조합 결성이 요청되고 있다. 50년전의 한독사업은 협업체를 선도적으로 결성하여 산주와 산촌주민의 소득 증대를 꾀함으로써, 현단계 사회적 임업이 갖는 과제의 해결 방향을 시범적으로 제시한 것이었다. 특히 부재산주 증가라는 새로운 현실 속에서 한독사업을 계승한 '위탁 및 협업의 원리'를 구현하는 산림경영의 새로운 거버넌스 틀을 만드는 것이 필수적이라 하겠다.

4. 울산 숲 거버넌스의 함의와 과제

김종관(2021)에 의하면, 우리나라 산림의 ha 당 임목 축적은 1960년에 8m^3 내외였던 것이 2020년에는 160m^3로 20배 증가했다. 현재 한국의 산림은 청장년격인 40년생 나무가 46%여서 IV영급(齡級) 임분에 편중되어 있고, 어린나무 숲은 거의 없다. 50년 조림 역사를 지닌 한국에서 '백년 숲'의 생태적 회복력을 추구하려면, IV영급 숲으로 밀생된 나무를 간벌해 주고 그 자리에 어린나무를 심어 1영급 유령림(幼齡林) 임분을 확보해 주어야 한다. 〈표29〉에 의하면, 2010~20년 사이 울산광역시는 전국 평균과 똑같이 0.13%의 산림이 감소되었고, 울주군은 이보다 약간 낮은 0.1%의 산림면적 감소율을 보인다. 특히 울산과 울주군 모두 산림면적의 감소가 2010년대 전반에 비해 2010년대 후반에 더욱 두드러지고 있다.

〈표29〉 울산과 울주군의 산림면적 감소 추세(2010-2020)

단위 : ha, %

	산림면적			감소면적 및 감소율		
	2010	2015	2020	2010-20	2010-15	2015-20
울주군	52,394	52,314	51,856	538(0.10)	80(0.03)	458(0.17)
울산광역시	68,917	68,671	68,001	916(0.13)	246(0.07)	670(0.19)
전국(1,000)	6,368	6,334	6,286	82(0.13)	34(0.11)	48(0.15)

출처 김종관(2022).

〈표30〉 울산의 영급별 산림 면적, 구성비, 축적(2020)

단위 : ha, %, m³

	I영급	II영급	III영급	IV영급	V영급	VI영급	계
면적	500	727	1,765	23,564	32,107	4,346	63,009
구성비	0.79	1.15	2.80	37.40	50.96	6.90	100
축적	-	32,401	211,211	4,073,315	6,161,011	923,888	11,401,826

출처 김종관(2022)에서 재구성.

그리고 〈표30〉을 통해 울산의 영급별 분포를 검토해 보면, 전국 평균과 비슷하게 IV영급, V영급 산림이 대다수임을 알 수 있다. 이는 1970년대 후반 이후 한독사업의 조림이 일정하게 영향을 미치고 있다고 풀이된다. 그러나 김종관(2022)은 IV-V영급의 비율이 88%에 해당하는 현재 상태를 방치하면, 앞으로 울산의 숲은 유령림을 찾아볼 수 없고 노령림만 남아 희망이 없으리라고 경고한다. 그 밖에 울주군의 산림 현황을 구체적으로 살펴 볼 때, 우선 소유별로는 국유림 10%, 공유림 2%, 사유림 88%로 사유림에 대한 편중 정도가 전국 평균 67%에 비해 더욱 큼을 알 수 있다(백년숲사회적협동조합, 2020). 이러한 상황은 한독사업 방식을 창조적으로 계승하는 산주들의 위탁경영, 협업경영이 활성화되어야 하며, 산촌주민, 지자체, 사회적 경제조직 등이 참여하는 숲 거버넌스가 필요함을 암시한다. 한편 울주군 산림의 임상 및 수종분포를 보면, 침엽수림 37%, 활엽수림 48%, 혼효림 12%의 분포를 보여 전국 평균 침엽수림 38.5% 활엽수림 33.4% 혼효림 28.1%에 비해 활엽수림의 비율이 높다고 할 수 있다.[16]

  그렇다면 50년전에 사회적 임업의 묘목을 심었다고 비유될 수 있는 한독사업이 2020년대 울산의 숲 거버넌스에 대해 갖는 함의와 과제는 무엇인가? 김종관(2023b)은 한국에 적합한 숲 거버넌스의 얼개를 〈그림21〉과 같이 제안한다. 이러한 울산형 숲 거버넌스는 1970, 1980년대 이후 40년의 시차에 따라 지역산주 주도의 협업체가 지자체, 산림조합과 임업진흥원은 물론 '임업지원센터'라는 중간조직과의 협치 구조로 전환할 필요성을 보여준다. 임업지원센터는 산주포럼(또는 산주협의체)이라는 산주협업체의 신뢰에 바탕을 두고, 기술, 장비 및 인력을 확보하여 산림법인 등 영림단의 실행을 담당한다. 이와 관련하여 한독사업의 현재적 함의는 독일 지원에 의거한 정부와 지역산주 협업체 간 협력의 경험이 지역 영세산주는 물론 산림조합, 임업진흥원, 지자체, 영림단 및 산촌주민의 참여를 유도하는 선례가 된다는 데 있다.

---

16 울주군의 침엽수는 소나무가 118백ha로 가장 많고, 곰솔, 리기다류, 일본잎갈나무 순으로 분포되어 있다. 또한 활엽수로는 굴참나무, 상수리 등 참나무 류가 전체의 60%를 차지하고 있어, 참나무류의 활용방안을 구체화할 필요가 있다(백년숲사회적협동조합, 2020c).

<그림21> 한국에 적합한 숲 거버넌스의 얼개

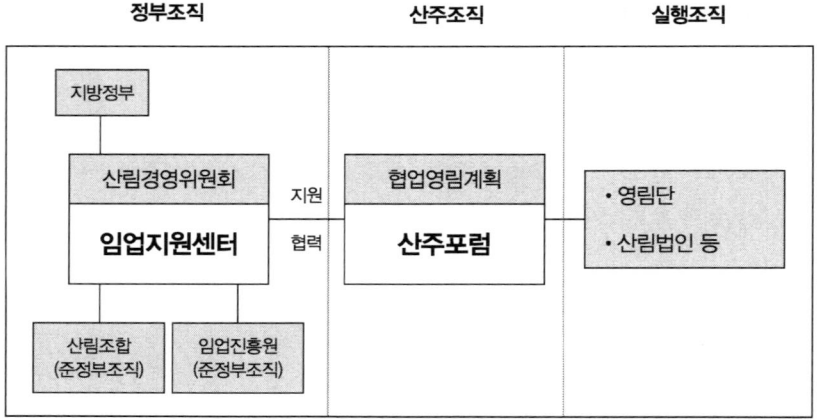

출처 김종관 2023a.

　부재산주의 비율이 매우 높은 21세기 한국의 현실에서는 산주, 산촌주민, 지역내 시민단체 등의 실질적 협치구조를 작동하기 위해, 독일의 사례처럼 국가가 사유림에 대해서도 위탁 산림경영의 틀을 만들지 않으면 안 된다. 한독기구의 시범사업이 1984년 이후 적극적으로 계승되지 못한 원인 가운데 하나는 국가와 지자체의 제도적 협력이 미흡한 데서도 찾아진다. 이에 백년숲은 2021년에 "산림과 사회적 경제를 기반으로 한 지역순환경제 네트워크"를 울산 숲 거버넌스의 과제로 제시한 바 있다(백년숲사회적협동조합, 2021a). 이 같은 울주군 중심의 울산 숲 거버넌스는 자연자원을 소모·훼손하는 것이 아니라 지속가능하게 가꾸고, 숲가꾸기 부산물을 방치·폐기하는 대신 지역산업·기술에 순환 제공하여 한국형 화이트바이오 산업을 활성화하며, 상생의 숲 기반 제조가공업, 서비스업 일자리를 창출하는 지역순환경제 모델을 지향하는 것이다.

　앞서 본 10장의 논의는 울주군을 중심으로 하는 울산 숲 거버넌스를 '울주형 산림일자리 사업'이라는 키워드로 접근하고 있다. 이러한 맥락 아래 백년숲은 울산 제조업 생산직의 고령화 추세 속에서 '그린뉴딜 전환교육센터'의 설립을 구상하고 있기도 하다. 이정민(2021)은 전환교육센터의 목적을 숲과 함께하는 삶의 디자인, 삶의 방식과 일자리 관점의 전환, 지역사회 및 주민과의 사회경제적 균형 생각하기 등에서 찾으면서, 그린뉴딜 상생형 일자리가 지역사회 및 자연과의 유대관계 등 돈으로 환산할 수 없는 가치를 발굴해야 한다고 주장한다. 나아가 울산 백년숲 추진위원회(2019)에 따르면, 부재산주가 많은 울주 숲의 특성 상 사적 소유권에 기반하여 커먼즈 경제를 구축하는 파이낸싱 파트너십의 산림경영 접근이 요청됨을 제기한다. 이는 사유림 산주들이 소유권은 유지하면서 산림경영권을 위탁하여, 중간지원조직이 숲가꾸기를 실행하여 일자리를 창출할 뿐 아니라 수익을 다시 산주에게 돌려주는 방식이다.

울주형 그린뉴딜 일자리모델 1분과 위원회(2021)에 의하면, 울산 숲 거버넌스의 일차적 주체인 산주포럼의 구성을 준비하기 위해 2021년 12월에 울산 산주협의회 발기인 모임이 결성되었다. 산주협의회는 주로 울주군 내 리 단위로 조직되며, 지역 산림을 소유한 산주가 회원이 되는 속지주의를 채택한다. 울산 산주협의회의 목표는 첫째, 건강한 산림생태계를 조성하고 휴양, 치유 공간을 만들어 산주와 주민의 소득증대와 국민의 삶의 질 향상에 기여하고 둘째, 분권과 자치의 시대에 산림의 역할을 고민하고 산림을 소유한 산주의 사회적 책임을 다하며 셋째 산림의 다양한 기능을 활용한 산림 비즈니스 모델을 개발, 공유함은 물론 산주의 산림활용 선택의 폭을 넓혀나가는 것 등으로 제시되고 있다. '울산산주협의회'는 50년 전 한독기구의 전통을 이어받아 협업의 지역순환 산림경영을 통해 지역공동체를 회복하고 지속가능한 산림과 산촌의 발전을 실현해 나가는 첫걸음을 지향하고 있다(울산산주협의회 추진위원회, 2021).

5. 맺음말

　모타니 고스케 외(2015: 160)는 예전부터 인간이 갖고 있었던 휴면자산을 재이용함으로써 경제재생과 공동체의 부활에 성공하는 현상을 '산촌자본주의'라고 지칭했다. 그는 현재의 화폐자본주의를 극복하기 위해서는, 산촌자본주의를 통해 돈이 아니라 사람과의 유대관계를 중시하며 잃어버린 자연과의 유대관계도 회복해야 함을 주장한다. 그런 맥락에서 50년전 독일 산림전문가에 의해 선구적으로 도입되었던 협업체의 사회적 임업조직은 이제 울산에서 국가와 지자체 지원 아래 재창조될 필요가 있다. 이와 같은 문제의식 아래 이 장에서는 사회적 임업과 숲 거버넌스의 개념을 소개하고, 한국과 독일의 임업 특성을 비교했다. 그리고 한독사업의 과정과 성과에 대해 살핀 다음, 2020년대 울주군 숲 거버넌스의 발전 방향을 전망했다.

　여기서는 결론적으로 한독사업의 현재적 함의를 도출하기 위한 성찰의 지점들을 확인하도록 한다. 울산 백년숲 추진위원회(2019) 등이 제안하듯이, 울산에서 사회적 임업이 활성화되기 위해서는 산주 조직화는 물론 부재산주 위탁경영의 제도화를 통해 간벌과 목재유통, 산림관광을 연계하는 시범사업이 실행되어야 한다. 이러한 시범사업은 산림청 등 중앙정부의 제도 변화만을 기다리지 말고, 지자체와 중간지원조직, 전문가 및 산림경영에 관심이 있는 산촌주민을 중심으로 첫 삽을 뜰 수 있다. 그런데 이 같은 숲 거버넌스가 실패하지 않으려면, 1984년 이후 현지화된 협업체 활동이 왜 계승, 발전되지 못했는가를 따져 보는 것 또한 필요하다.

　최종천 외(1996b)는 1990년대 중반 시점에서 당시의 협업체 산주를 대상으로 임업협동조합이라는 사회적 경제조직의 발전 방안을 조사한 바 있다. 그들에 따르면 산주들은 협업체의 법인화에 대해 48.6%가 찬성하고

13.4%는 반대, 36.4%는 모르겠다는 반응을 보였다. 또 임업협동조합의 지도원을 둘러싼 의식을 조사한 결과, 가장 많은 36.1%가 지도원을 거의 만난 적이 없다고 응답하고 있다. 나아가 협업체에 법인격을 부여하기 위한 시도 자체에 대해서도 59.7%가 모르고 있다고 응답하여, 전반적인 임업 행정에 대한 홍보가 미흡한 것으로 결론짓고 있다. 현재 고령화된 산주 및 산촌주민의 실태에 비추어, 울산의 경우에도 사회적 임업이나 숲 거버넌스에 대한 현장 추동력은 크지 않으리라고 예상된다.

결론적으로 기후위기에 대응하는 탄소중립이라는 시대적 과제에 숲 거버넌스가 적절히 부응하기 위해, 울산의 사회적 임업은 다음과 같은 두 가지 과제를 우선적으로 해결하는 것이 요청된다고 하겠다. 첫째, 울주군 한독사업이 종료된 후 40년 동안 어떤 변동이 발생해 왔는지 진단하고, 특히 인구구조 변동과 관련하여 협업체의 퇴조에 대한 포괄적인 원인 분석이 이루어져야 한다, 둘째, 울주군 산촌주민은 물론 울산광역시 전체 시민을 대상으로 숲가꾸기에 대한 욕구 및 목재수요, 산림관광의 방향 등을 면밀히 파악하여 산림생태계의 가치변동에 대한 평가와 지역사회에 대한 영향을 사정(査定)하는 것이 요구된다.

제12장 ─────────────

먹거리체계의 생태사회적 전환을 향한
먹거리 정의의 접근

1. 생태사회적 전환 – 병리적 경로의존성으로부터의 탈각

2024년의 자연은 인간과 공존하는 인간너머 존재가 인간 경제활동을 위한 '환경'일 뿐이라는 근대적 발상의 허구성을 극명하게 폭로하고 있다. 지구적 근대화가 결과한 위험사회는 '코로나19'라는 미생물 바이러스의 습격으로 더 위험해져 왔다. 장마가 아니라 '우기'로 바뀐 집중호우의 요즘 여름은 기후위기의 또 다른 모습임이 명확하다. 그런데도 경제성장의 경로의존성 탓인지, 감염병 창궐과 신종 기후양상에도 불구하고 대한민국은 '부동산 광풍'에 더욱더 사로잡혀 가고 있다. 시장경제는 비인간 생명체가 살아 움직이는 자연을 '돈'의 움직임은 아니라는 의미의 부동산으로 의제화하고, 공적 성격의 토지에 대해 사적 소유제도에 의한 가격을 부과한다. 인간은 지구를 임차해 살다가는 존재인데도, 자가소유자는 물론 소위 개혁적 정치인까지 땅값 떨어진다고 임대주택의 건립에 반대하고 있다.

제도는 '시간에 걸친 높은 정도의 지속성'으로 정의되며, 제도 내에서는 안정적이고 순환하는 반복적인 패턴화된 행위의 성격이 발생한다. 그런데 근대적 위험의 차원에서 보면, 제도가 갖는 안정적이고 강력한 지속성은 오히려 병리적 성격을 나타낼 수 있다. 시장제도는 경제성장이 필수적이며 시장이 그것을 성취하는 최선의 방법이라고 생각하는 사람이 많아질수록 더 강력해진다. 원래 많은 사람들은 '집'이 거주 방편이지 투자의 대상은 아니라고 생각해 왔다. 하지만 시장제도에 길들여진 사람이 많아져 갭투자에 골몰하게 되면, 부동산 세금 강화로는 더 이상 집값 상승을 잡을 수 없게 된다.

드라이젝 등(Dryzek et al., 2019)은 병리적 경로의존성(pathological path dependency)에 대해 '지구 체계의 상태에 관한 정보를 억압하고 협소한 경제적 관심에 대한 우선순위를 체계적으로 앞세우는 환류 기제의 체현을 통한 인간 제도의 지구 체계로부터의 탈각'으로 규정한다. 이러한 병리적 경로의존성은 근대 주요 정치제도인 주권국가와 무관하지 않으며, 인간노동과 자연의 가치를 화폐 기준의 가격으로 환원하는 자본주의의 산물이기도 하다. 근대 자본주의 시장제도에서 인간너머 존재는 전반적으로 무시되거나 기껏해야 잠재적으로 생산적인 토지 및 자원으로 취급되었다. 이 개념은 토지의 경제적 유용성을 위한 재산권 부착에서 비롯되는 것이어서, 생태사회적 전환에 필수적인 정치제도의 변화에서 사적 소유권 문제가 중요함을 암시한다.

'병리적 경로의존성'은 에너지전환, 도시전환 등 전환 담론의 홍수 가운데 어떤 전환이 진정한 생태사회적 전환인가를 판별하는 틀로 응용 가능하다. 예컨대 수소산업과 풍력발전 등 신재생에너지로의 전환이 기후위기의 경감에 기여할지라도, 그것이 제조업 침체에 대한 대안적 성장 동력으로 취급되는 한 경제성장주의의 프레임을 벗어나기 어렵다. 이렇듯 생태사회적 전환은 경제성장주의 프레임이라는 경로에 대한 중독적 의존에서 벗어나 SES의 회복력을 역동적으로 추구하는 과정이다.[17] 그것은 1장에서 다루었듯이 생태적 우선순위가 환류되는 회복력있는 자원순환의 체계를 확보하면서, 동시에 사회체계의 정의를 확보하는 '정의로운 회복력'의 원칙에 입각할 필요가 있다.

생태사회적 전환은 탈탄소 에너지 체계의 지향만으로 충분치 않으며, 현재 전 세계가 겪는 바와 같은 저성장을 인정하자는 입장 또한 넘어선다.[18] 물론 그 핵심 목표는 근대화의 핵심 기제인 시장제도가 갖고 있는 경제성장에 대한 경로의존성에서 근본적으로 벗어나는 데에 있다. 생태사회적 전환은 탈성장 담론과 긴밀히 연관되나, 탈성장을 위한 GDP 비판 등에서 더 나아가 경제성장의 병리적 경로와 근본적으로 다른 회복탄력적 SES의 경로를 도출, 실행하는 것이다. 다시 말해 생태사회적 전환은 SES의 생태적, 사회적 통합을 바탕으로 하여 사회체계의 작동(특히 그 핵심기능으로서의 경제성장 지향)이 생태계 회복력과의 상호의존 가운데 이루어지도록 체계의 구조 및 기능을 변환해 나가는 것이다.

이미 50년 가까운 과거에 '성장의 한계' 담론은 경제성장의 병리적 경로

---

17 맷씨스(Mattheis, 2017)는 생태사회적 전환 모델이 먹거리 생산 및 보급, 지방 거버넌스, 교통 및 주택, 문화생활 등 더 많은 실제적 활동분야에서 채택되고 있다고 언급한다. 생태사회적 전환은 두 단계에 걸쳐 발생해 왔는데, 첫 번째 단계는 폴라니(Polanyi)가 '거대한 전환(great transformation)'에서 언급하듯이 태양에너지와 토지이용에 근거한 농업체제가 화석연료와 다양한 변환기술에 기초한 산업체제로 변화된 것을 가리킨다. 한편 현재 인류가 직면하고 있는 두 번째 생태사회적 전환은 화석연료의 한계로 인한 화석연료로부터 태양 및 기타 저탄소 에너지를 향한 이동으로, 파국적 기후변화를 회피하기 위한 인류세의 전환 노력에 해당한다.

18 정상상태 경제 모델은 효율성 개선이 투입 대비 산출의 증가로만 가능한 것이 아니라, 산출이 정체된 상태에서 투입의 감소로도 이루어질 수 있다는 상식을 일깨운다. 그러므로 생태사회적 전환을 위해 정상상태 경제가 충분조건은 아니지만, 후자가 전자를 향한 출발점의 역할을 수행할 수는 있다.

에 대한 우려를 처음으로 제기했으나, 어떠한 정치제도가 탈성장을 향한 전환에 필요한지 제대로 다루지 못했다. 근대국가는 국내질서 유지, 적대국가 위협에 대한 대처, 이 둘을 위한 화폐의 확보를 주요 과업으로 한다. 나아가 경로의존성의 관점에서 볼 때, 풍요로운 선진국에서 발견되는 탈물질주의에 기반한 환경주의는 경제성장을 지지하는 번영 확대에 부수되는 측면이 있다. 생태사회적 전환은 지구적으로 동시적인 생태계와 사회체계간에 회복력있는 상호 교류를 요구하므로, 서구에 한정된 '풍요 이후'의 웰빙 추구만으로는 분명히 한계가 있다. 따라서 생태사회적 전환은 생태적, 사회적 배제가 중첩되는 빈곤층, 여성, 이민 집단 등 사회적 약자 중심의 환경정의운동에서 그 주도세력을 찾을 필요가 있다.

이 장은 회복력이 있는 먹거리 체계의 구축을 둘러싸고, 먹거리 체계 주체 간의 평등이라는 분배적 쟁점이 중요함을 인정하면서도 '병리적 경로의존성'으로부터의 탈각이라는 절차(제도)적 쟁점, 비인간 동식물의 문제와 같은 승인적 쟁점 또한 추가해야 한다는 입장이다. 이 장의 목적은 먹거리 체계의 생태사회적 전환을 목표로 기존의 지속가능발전 모델을 비판적으로 검토하여 먹거리 정의와 관련된 모델들을 식별하는 것이다. 그리고 분배, 절차, 승인 등의 먹거리 정의 요소들과 연계하여, 정의로운 먹거리 전환에 요청되는 야생민주주의와 원헬스 푸드 플랜의 방향을 탐색할 것이다.

2. 지속가능한 먹거리를 넘어 회복력 있는 먹거리 체계로

먹거리[19]는 인간과 동물의 성장에 기여한다. 또 인간, 동물의 사멸은 지

---

19 먹거리는 2011년부터 표준어로 인정되고 있는데, 사람이 먹을 수 있는 음식재료라는 의미의 '먹을거리'와는 달리 사람이 먹는 온갖 것을 통틀어 이르는 말로 정의된다. 다음 국어사

구의 토양과 물, 에너지로 순환되어 새로운 식물과 동물 및 인간의 먹거리로 통합된다. 먹거리 체계는 "씨앗에서 식탁까지 다양한 먹거리 경로를 구성하는 모든 활동과 관계의 집합으로 어떻게 왜 무엇을 먹는가에 영향을 미치는 것"으로 정의된다(Gottlieb et al. 2013). 먹거리 체계가 생태사회적으로 지속되려면, 이러한 과정이 역동적이되 반드시 회복력을 갖추어야 한다. 다시 말해 먹거리 체계의 생태사회적 전환은 먹거리를 자본주의 시장제도에 대한 병리적 경로의존성에서 탈출시키려는 먹거리 정의(food justice)의 지향과 결합될 수밖에 없다.

1992년 이후 성장의 한계 담론을 계승해 출현한 지속가능발전론은 '지속가능한 먹거리'[20]라는 해결책으로 응용되어 왔지만, 저자는 이 개념이 먹거리 체계의 정의로운 전환에 충분하지 못할 뿐더러 오히려 걸림돌이 될 수 있다고 판단한다. 1장에서 보았듯이 지속가능발전은 생태적 관심보다 경제, 안보, 복지를 본질적으로 우선시하는 근대 주권국가가 환경주의자와 타협하기 위해 고안한 모호한 개념으로, 근대 시장경제에 대한 경로의존성을 문제삼지 않음으로써 지속불가능한 지구를 결과했다. 일반적으로 '지속가능성'은 자연자원에 대한 특정 활동, 과정, 이용에 지속적으로 관여할 수 있는 장기적 능력을 의미한다. 1992년 유엔환경개발회의에서 처음 제기된 이 개념은 이 장에서 강조하는 회복력과는 부합하지 않게 첫째 '인간은 무엇이 어떻게 지속가능할 수 있는지 알고 있다', 둘째 '인간은 일정한 지속가능성, 안정된 균형, 또는 제한된 변동성의 범위 내에서 복잡

전 참조.
20 국제식품정책연구소(IFPRI)는 2020년을 향한 비전에서 '지속가능성 먹거리' 개념에 대해 '모든 사람 가운데 영양실조가 부재하고 식품이 자연자원의 지속가능한 사용과 양립하는 효율적, 효과적이며 저비용의 먹거리 체계로부터 비롯되는 건강하고 생산적인 삶을 지속하는 데 충분할 정도의 식품에 대한 접근성을 갖는 세계'로 이해하고 있다.

한 체계를 유지할 역량이 있다'고 전제한다.[21]

지속가능성의 목표를 30여년 추구했어도 현실의 온실가스 배출과 자원 소비규모는 커져만 갔고 생물다양성 역시 급속히 사라져 갔다.[22] 또 하나 중요한 것은 지속가능발전을 추구하는 집단마다 인간과 환경 사이 관계를 서로 다르게 가정하고 있다는 점이다. 이 장에서는 이들 다양한 가정을 '세 개의 기둥', '중첩된 원', '내포된 영역'이라는 세 가지 모델(Benson et al. 2017)로 식별하고, 이들 모델과 유사한 논법을 구사하는 먹거리 담론으로 각각 먹거리 체계에 대한 기능주의적 접근, 먹거리-에너지-물의 넥서스 접근, 회복탄력적 먹거리 체계 접근을 연계시킬 것이다. 2015년 UN이 권고한 지속가능발전 목표 및 지표 수립 등 주류의 접근은 경제, 사회, 환경 각각을 별개로 취급하는 '세 개의 기둥' 관념에 입각해 있다. 필자는 '중첩된 원', '내포된 영역' 등 후속 모델로 갈수록 지속가능성 담론의 한계를 보완하려는 회복력 관점이 추가되는 것으로 파악한다.

---

21 저자의 입장과 약간 다르지만 이해진(2019a: 86)은 지속가능성과 회복력의 관계에 대해 다음과 같이 언급한다. "회복력과 지속가능성은 불가분의 관계를 갖는다. 지속가능성이 장기적 수행을 평가하는 규범적 도구라면 회복력은 혼란에 저항하거나 적응하는 단기적 능력과 관련(된다....) 회복력이 없으면 지속가능성도 불가능하다. 회복력은 지속가능하게 하는 힘이라 할 수 있다. 회복력은 주체와 구조의 관계를 중심으로 지속가능성이 실현되는 과정과 그것을 가능하게 하는 요인을 파악하는 분석적 도구로 활용될 수 있다."

22 버거(Burger)는 지속가능성이 30년 간 가장 영향력이 큰 환경 아이디어였지만, 그 근저에는 이상주의적, 기만적 담론이 깔려 있다고 다음과 같이 말한다. "지속가능성은 ... 환경정책을 만들어낸 반체제 사회운동의 핵심부에서 근본 변화를 일으키지 못했다. 지속가능성 담론은 우리가 살아가는 방식의 변화, 즉 환경위기를 실질적으로 해결하는 데 필요한 변화를 고무하기보다는 자본주의와 소비 같은 중대한 문제를 일괄하여 다루고 기존 행위자와 위계를 구체화하며 사회조직, 생산, 소비의 기본 패턴을 지지한다. 한 마디로 그것은 여러 면에서 지구적 기후변화를 초래한 기존 역학관계를 영속화하는 기만적 담론일 뿐이다."

1) 세 개의 기둥 모델과 먹거리 체계에 대한 기능주의적 접근

'세 개의 기둥 모델'은 경제, 사회, 환경을 별개의 영역으로 설정하여 각각의 지표 및 목표를 추구하는 주류 모델로서, 한국의 중앙정부, 지자체에서도 지배적인 접근이다. 세 개의 기둥 모델(〈그림22〉)은 지속가능발전을 달성하기 위해 "사회, 생태, 경제라는 주요 축을 동등하게 고려할 필요가 있음"을 강조하지만, 세 체계 사이의 연관관계를 명확하게 설명하지 않는다. 이 모델은 기둥 간 연관관계를 무시하는 가운데, 환경을 거의 항상 가운데 기둥에 위치시킨다. 이는 환경이 제거된다고 해도 지속가능발전이 경제와 사회라는 나머지 두 기둥에 의해 지탱될 수 있다는 것을 암시한다. 세 개의 기둥 모델은 지속가능발전 전반은 물론, 경제발전과 사회복지가 재화 및 서비스를 지속적으로 전달할 수 있는 올바르게 기능하는 생태계에 의존한다는 점을 간과하고 있다. 다시 말해 이 모델은 사회체계와 경제체계가 환경과는 별개로 존재하고 작동할 수 있다는 담론을 영구화한다. 세 개의 기둥 모델은 모든 사회체계와 경제체계가 환경에 의존한다는 매우 현실적이고 중요한 사실을 의도하지는 않았더라도 지극히 교묘한 방법으로 훼손하는 발상을 담고 있다(Benson et al. 2017).

한편 〈그림23〉은 세 개의 기둥 모델과 유사한 먹거리 체계에 대한 기능주의적 접근을 나타낸다. 이 모델은 환경, 농업, 경제, 사회라는 네 개 기둥 간 기능적 상호의존에 관심을 두지만, 먹거리 체계의 전제조건인 환경을 농업, 경제, 사회와 동일한 비중을 갖는 생물체계로 묘사하는 특징이 있다(Neff, 2015). 생물체계 내 종의 다양성, 토지이용, 기후변화 등과 같은 하위체계는 농업을 먹여 살리는 영양분을 만들거나 파괴하기 위해 상호작용하는 것으로만 이해된다. 한편 농업으로부터 나온 먹거리는 도매, 먹거리 가공으로부터 수송 및 상점, 레스토랑과 농부시장(farmers' market)을 포함하는 분배체계에 이르는 경제체계를 통해 순환한다. 이와 함께 사회체계는 수요 체계로서 생활환경이자, 먹거리 기회 및 그러한 기회를 추동하는 문화, 마케팅, 행동변화 개입 등의 요소를 만드는 사회환경으로 설정되고 있다.

〈그림22〉 지속가능발전에 관한 세 개의 기둥 모델

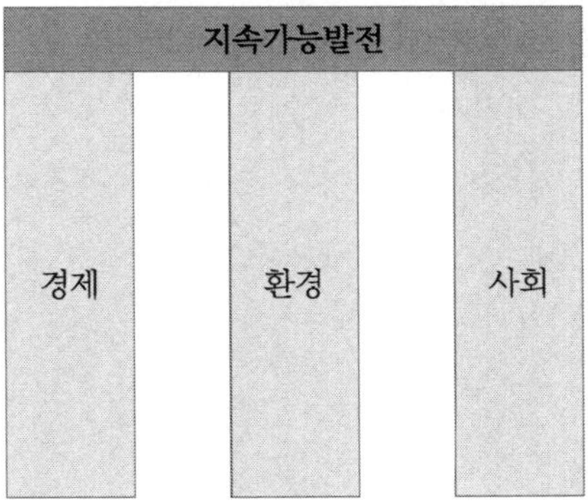

출처 Benson et al. 2017.

〈그림23〉 먹거리 체계에 대한 기능주의적 모델

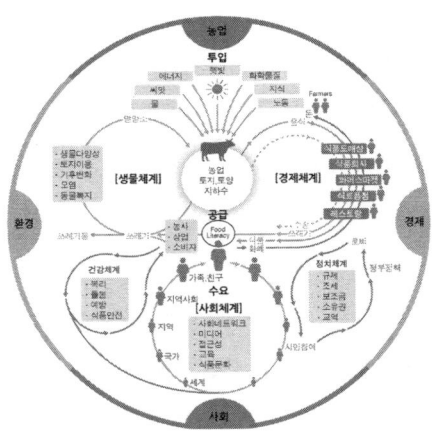

출처 Neff. 2015.

기능주의 먹거리 체계의 틀에서 보면, 빈번한 가뭄 및 홍수, 균열된 농업정책, 유전자조작 종자로부터 산업적 가축생산에 이르는 대기업 집중 및 독점적 통제, 오염된 대기, 수질, 토양 등에 농민들이 노출되는 현실이 간과되는 경향이 있다. 더욱이 세 개의 기둥 비유의 연장선 위에서 유추될 수 있는 '지속가능한 먹거리'라는 어법은 '지속가능한 경제성장'과 마찬가지로, 인구성장을 압도하는 식량 증산의 이미지를 설파할 뿐이다. 체계이론의 기능주의적 발상은 식량 생산 및 소비를 둘러싼 불평등은 물론, 기후위기에 따른 먹거리 위험에 어떻게 회복력 있게 대응할 것인가를 설명하지 못한다. 먹거리 지속가능성이라는 목표는 저비용으로 기아, 영양실조에서 탈피하는 데 필요한 사회경제체계의 농업기술 관심에 국한되어, '먹거리 안전'을 역동적으로 보장하기 위한 생태복지의 과제들을 제대로 포괄할 수 없다.

2) 중첩된 원 모델과 먹거리-에너지-물의 넥서스[23] 접근

　중첩된 원 모델(〈그림24〉)은 '전통적 규율 상 경계와 기존 정책결정 부서를 가로지르며 지속가능발전의 사고와 행동이 통합될 필요'에 초점을 맞춘다. 이 경우 3중 중첩영역은 경제, 사회, 환경의 목표가 최대화되는 영역에서 상호지지적 이득이 동시에 발생할 가능성을 나타낸다. 전체 영역에 비해 중첩된 영역이 작다는 것은 많은 활동의 지속불가능성을 보여주지만, 발상을 바꾸면 중첩 영역이 확대될 잠재력을 의미하기도 한다. 그런데 〈그림24〉 또한 사회, 경제, 환경을 동등한 잣대로 측정할 수 있다고 개념화함으로써, 한 영역(경제)에서의 발전을 다른 영역(환경)에서의 악화와

23　넥서스(nexus)는 차세대 보안 컴퓨팅 기반에서 유래된 것으로 무언가의 중심이나 연결을 나타내는 말이다. 위키백과 참조.

바꾸는 인간 능력에는 한계가 없다고 파악되고 있다. 그 결과 중첩된 원 모델은 세 개의 기둥 모델과 마찬가지로 인간 존재의 환경 '최저선'을 훼손하는 '약한 지속가능성 접근'을 교묘하게 지지하게 된다(Benson, 2017).

한편 〈그림25〉가 나타내는 먹거리-에너지-물(Food-Energy-Water; 이하 FEW) 넥서스는 경제-사회-환경의 중첩 모델과 직접 연계되지는 않지만, 먹거리 체계가 생태사회적 차원에서 에너지, 물과 연결됨을 강조하는 논리적 유사성이 있다. 우선 먹거리는 에너지에 대해 관개, 비료, 수확, 가공 및 저장이라는 영향을 받고, 바이오 에너지의 생산이라는 영향을 주는 관계이다. 다음으로 먹거리와 물은 관개와 가공, 그리고 수질이라는 측면에서 상호 연계되어 있다. 이 접근이 근거하는 관점들은 다음과 같다(Asadi et al. 2020). 첫째 인간과 그들의 욕구를 FEW 넥서스의 출발점으로 삼는다. 둘째 먹거리, 에너지, 물의 작동이 번영하는 데 필요한 공공 지식을 가동시킨다. 셋째 넥서스의 준비와 작동 과정에 지방집단들을 참여시킨다. 이렇게 볼 때 FEW 넥서스 모델은 먹거리와 여타 생태계가 중첩된다는 논지에도 불구하고, 인간중심적, 기술중심적 초점이 견지됨을 짐작할 수 있다.

그러면 FEW 가운데 먹거리-물, 먹거리-에너지를 분리하여, 각각의 넥서스에 관해 살펴보기로 한다(Asadi et al. 2020). 먼저 먹거리-물의 관계를 살펴보면 다음과 같다. 전체 물의 70%는 먹거리, 목재 및 종자 생산 등 농림업에서 소비되며, 물과 관련된 개방된 장소에서의 수분 발포 또한 관개수로와 곡물 생산농지 등의 장소에서 고려되어야만 한다. 세계인구 증가 및 먹거리 소비 성장으로 인해, 2050년경에는 세계수요에 부응하도록 먹거리 공급이 60% 이상 증가되어야 하며 이는 농업의 물 소비를 11% 상승하게 할 것이다. 나아가 물의 양과 질은 먹거리 생산 및 소비에 강력히 연계되어 있다. 물은 광합성과 동물기반 생산물에 핵심적인데, 후자의 경우 직접적으로는 동물 음용을 위해, 간접적으로는 동물 먹이의 생산을 위해 필요하다. 물은 또한 먹거리의 가공, 포장 및 수송에도 중요한 역할을 수행한다.

〈그림24〉 지속가능발전에 관한 중첩된 원 모델

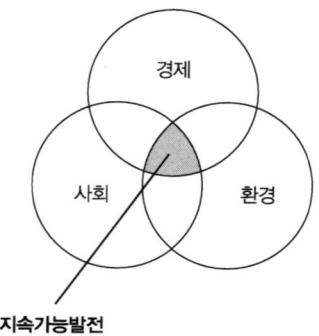

출처 Benson et al. 2017.

〈그림25〉 먹거리-에너지-물의 넥서스 모델

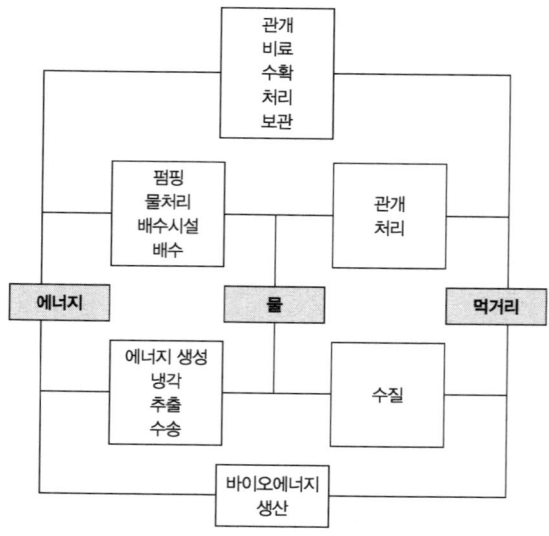

출처 Asadi et al. 2017.

한편 먹거리-에너지의 관계를 살펴보면, 먹거리 부문은 전세계 에너지 소비의 거의 30%를 차지하고 있다. 농업에서의 에너지 소비는 직접적, 간접적 측면으로 구분된다. 전자는 농업 활동에 전력을 공급하는 데 사용되는 경우이고, 후자는 비료나 화합물처럼 공장에서의 농업 투입물 생산에 소요되는 경우이다. 에너지 소비의 세계적 분포는 불균등한데, 저소득 국가들은 먹거리 가공 및 수송에 대부분의 에너지를 쓰고 있는 데 반해 고소득 국가들의 에너지 사용은 대부분 조리와 관련되는 것이다.

3) 내포된 영역 모델과 회복력 있는 먹거리 체계 접근

내포된 영역 모델(〈그림26〉)에서는 생태라는 더 큰 원에는 경제를 나타내는 원과 사회를 나타내는 원이 포함되는데, 그 밑바탕에는 환경적 한계가 지속가능 사회와 경제를 추구할 때의 경계선을 정한다는 인식이 깔려 있다. 이 모델은 "지구 체계의 작동에 해를 끼치는 활동은 궁극적으로 인간 존재 자체의 토대를 약화시킨다"는 점을 드러낸다. 내포된 영역 모델은 지속가능발전의 사회적, 경제적 목표가 궁극적으로는 적어도 중요한 자연자본, 더 넓게는 생태계 재화와 서비스를 제공하는, 풍부하고 잘 작동하는 환경에 좌우된다는 사실을 인정한다. 경제성장론자들조차 기후위기가 지속가능발전의 기획 전체를 무효화시킬 수 있다는 점을 점차 알아차리고 있기 때문이다.[24] 사람들은 이제 경제활동과 사회활동의 지주 역할을 하고 잘 작동하는 환경을 유지해야 최상의 경제적, 사회적 성과를 거둘 수 있다

---

24 삭스(Sachs)는 2015년 〈지속가능한 발전의 시대〉에서 "도시의 위치, 우리가 재배하는 작물, 우리의 산업을 가동시키는 기술 등 우리 문명의 모든 것은 지구에서 곧 사라질 기후 패턴에 기반을 두고 있음"을 강조하면서 기후변화가 지속가능발전을 압박하고 있다고 지적한다.

고 생각한다.

그런데 〈그림26〉은 발전의 한계 앞에서 지속가능발전 목표를 어떻게 추구해야 하는가, 또 생태적 한계로 인해 바람직한 성과(지속적 발전, 빈곤 완화, 번영의 증진, 환경 보호와 회복)를 동시에 달성하기가 불가능할 때 목표의 우선순위를 어떻게 정해야 하는지 설명하지 못한다. 지속가능발전에 관한 내포된 영역 모델은 환경적 제약 가운데 경제 및 사회의 지속 필요성을 포괄한다는 점에서 체계의 외부 교란에 대한 지지 역량에 주목하는 회복력 모델과 일맥상통한다. 하지만 이해진(2019a: 84)에 의하면, 기존의 개인적, 생태적, 공동체적 회복력 패러다임은 회복력의 과정과 주체에 관해 제대로 설명하지 않았다고 비판된다.

이해진(2019a)은 사회(학)적 회복력 모델에 입각하여, 먹거리 위험과 재난에 대응하는 '관계적 회복력'을 강조한다. 그런데 병리적 경로의존성에서 벗어나려는 생태사회적 전환의 전망에서 볼 때, 먹거리 위험 및 재난의 원인인 경제성장의 경로 자체를 문제 삼지 않는 사회체계 수준의 관계 재구성 시도가 갖는 한계는 분명하다. 이 장에서의 회복력 있는 먹거리 체계에 대한 접근은 먹거리와 관련된 사회체계를 그것이 근본적으로 의존하는 생태계로부터 탈구시킬 경우 그 회복력이 저해됨을 명확히 한다. 먹거리 체계가 더 이상 병리적 경로에 의존하지 않게 하는 처방은 생태계 회복력을 고려하는 탈성장이나 먹거리 커먼즈(이해진, 2019b)의 확산 등 생태사회적 전환 말고는 없다. 사회(학)적 회복력 모델은 자연/소비/생산의 연결, 지식과 권력의 배분, 규제와 조정, 분권화, 거버넌스 등을 중심으로 먹거리 체계의 회복력에 접근(이해진, 2019a)하고 있지만, 기존의 사회-생태적 접근보다도 생태계와 인간너머 존재의 위상, 역할을 격하하는 문제가 있다.

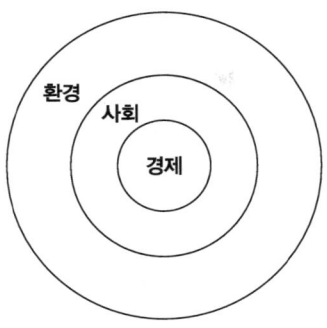

〈그림26〉 지속가능발전에 관한 내포된 영역 모델

출처 Benson et al. 2017.

4) 소결

앞서 다룬 내포된 영역 모델에 입각한 먹거리 체계의 회복력 접근은 아직 구체적 모델로 정립되고 있지는 못하다. 여기서는 주류 지속가능발전 모델이 갖는 기능주의적 근대화론의 문제점, 중첩된 원 모델이 갖는 약한 지속가능성 접근의 한계를 고려하면서, 회복력 있는 먹거리 체계의 모델화에 요구되는 핵심 개념을 검토하고자 한다. 한상진(2018c: 91)은 환경정의의 분배, 역량 차원을 결합하는 '역량의 분배'라는 용어를 고안하여, 기후위기에 따른 빈부격차에 초점을 맞추는 한편 인간/생태 역량에 대한 지속적 사정(査定)으로 에너지, 먹거리 등 지구경제의 회복력 거버넌스가 요청된다고 밝힌 바 있다. 즉 먹거리 체계의 회복력 모델은 7장에서 다룬 홀랜드(Holland, 2008a: 419-420; 2008b: 320-321)의 메타역량 및 그것의 상한, 하한 등과 같은 기준들이 글로벌, 국가, 지역사회라는 스케일별로 실증, 관리되도록 해야 할 것이다.

3. 회복력있는 먹거리 체계를 향한 먹거리 정의의 접근 사례

이 장에서 채택하는 회복력에 대한 입장은 국내 논의 중에는 이승원(2016)에 가까운 편이다. 그는 '체계의 전환', '전환의 정치'의 필요성 아래, 회복력에 대해 평등 수준이 계속 유지되거나 상승하도록 하는 새로운 체계의 역량이라고 정의하고 있다. 이 장에서는 회복력 있는 먹거리 체계의 구축을 둘러싸고, 먹거리 체계 주체 간 평등이라는 분배적 쟁점의 중요성에 동의하면서도 병리적 경로의존성의 탈각이라는 절차(제도)적 쟁점, 인간너머 존재에 대한 승인적 쟁점 또한 추가하고자 한다. 요컨대 먹거리 체계의 회복력에 대한 접근은 분배, 절차, 승인 등 먹거리 정의의 요소들과 연계하여 다루어져야 한다는 것이다. 여기서는 회복력있는 먹거리 체계로의 전환을 위한 생태계 서비스 및 먹거리 안전의 요소를 식별하고, 분배, 절차, 승인이라는 측면에서 먹거리 정의의 접근 및 관련 사례들을 살피기로 하겠다.

1) 회복력있는 먹거리 체계의 요소들

회복력을 갖춘 체계는 생태기능 및 인간복지를 보전하기 위한 장기적 변동을 기대하여 후속적으로 조정할 수 있어야 한다. 사회적 전환으로서의 새로운 회복력 개념은 원상태로 복구하거나 현 상태를 유지하는 것을 넘어서 전환과 변혁을 산출하는 능동적인 과정을 강조한다(이해진, 2019a: 85). 먹거리체계의 회복력을 둘러싼 쟁점들은 지구적 기후위기를 비롯하여, 산업적 가축체계의 성장, 연료를 위한 작물의 이용 증가와 같은 승인의 문제에도 걸쳐 있다. SES 관점에서 보면, 건전한 생태계에 의존하는 먹거리 체계는 건강한 기능을 유지하게 만드는 능력인 생태적 통합이 특정 문턱을 넘어설 경우 기능하지 못하게 된다. 먹거리를 생산하는 역량은 많은 농업 관련 생태계 서비스(인간의 삶에 종종 핵심적인 생태계로부터의 혜택) 가운데 하나이다.

생태계 서비스에는 네 유형이 있다. 첫째 제공 서비스로, 재화(식량, 약품, 목재, 섬유, 바이오 연료 등)의 직접 공급이다. 둘째 규제 서비스로, 자연 과정의 비율 및 범위의 통제(물의 여과, 폐기물 분해, 기후규제, 곡물의 수분, 인간 질병의 규제 등)이다. 셋째 지지 서비스로, 기타 모든 생태계 서비스의 공급에 필요한 기능들(생태를 통한 영양물질의 회전, 광합성, 토양 형성 등)이다. 넷째 문화 서비스로, 생태계 및 인간의 관계로부터의 심리적, 정서적 이득(레크리에이션적, 미적, 영적 경험들)이다. 지구 생명체를 지지하는 생태계 서비스의 약 60%는 식량, 섬유, 목재를 위한 과거 및 현재의 토지 관리에서 비롯된 많은 변화에 의해 지속적으로 악화되어 왔다. 현재의 인간은 이들 서비스를 무료로 향유하여 그 가치를 종종 인지하지 못하나, SES 역량이 문턱에 다다름에 따라 그것의 대치는 너무 비싸져서 불가능하게 될지도 모른다.

먹거리 체계의 회복력에 대한 사회적 관심사는 먹거리 안전으로 대표된다. 먹거리 안전은 일반적으로 "모든 사람들이 모든 순간에 활동적이고 건강한 삶을 위한 영양적 욕구와 먹거리 선호에 부응할 수 있는 충분하고 안전하며 영양가 있는 먹거리에 대한 물리적, 경제적 접근을 가질 때" 가능하다(한상진, 2021: 108). 먹거리 체계와 먹거리 안전 간 연계는 먹거리의 생산, 가공, 소비가 이루어지는 사회체계와 그것을 떠받치는 생태계 간, 그리고 양자 내 역동적 상호작용으로 복잡하게 이루어진다. 먹거리 체계의 회복력은 먹거리의 가용성, 접근성, 안정성 및 먹거리 활용이라는 먹거리 안전의 네 가지 요소(Ziervogel, 2009)에 기여한다.

첫째 먹거리 가용성은 식품의 생산, 분배 및 교환에 의존하며, 적절한 곡물, 가축, 어류 등의 생산 뿐 아니라 야생 먹거리의 수집, 이민 및 원주민 공동체를 위한 자원까지 포함한다. 먹거리 가용성을 위해서는 생태계의 건강이 우선적이지만, 국내 생산, 신뢰할만한 수입 역량, 먹거리 재고의 존재, 먹거리 원조에 대한 접근성 등도 먹거리 공급의 보증 요소가 된다.

둘째 먹거리 접근성은 사람들이 스스로의 기아를 수요로 효과적으로 전환하는 충분성, 배분 및 선호를 가리킨다. 빈곤과 취약성은 가구 및 개인의 구매력은 물론, 먹거리 접근성을 지배하는 사회동학에 관계되는 변수이다. 도시화는 소득 및 사회적 연계망을 더욱 강조하게 만듦으로써, 먹거리 분배체계의 영향력을 제고한다. 사회복지 제도와 같은 국가의 경제적 보장 또한 적절한 먹거리 수송 장소와 시장 하부구조의 존재에서 반영되듯이 접근성의 요소이다.

셋째 먹거리 안정성은 도시에서의 먹거리 공급 및 접근에서의 연속성에 관련된다. 먹거리 안정에 영향을 미치는 요소로는 기후가변성, 가격유동성 및 정치경제적 요소에 의해 영향을 받는 먹거리 공급 및 소득의 계절적 변이 등이 있다. 넷째 먹거리 활용은 한 사람이 섭취하는 먹거리의 질뿐만 아니라 나이, 건강, 질병 등에 의존하는 식품 및 영양분을 어떻게 활용할 수 있는가에 해당한다. 취약한 건강, 불량한 위생 및 부적절한 안전 기준이 만연한 나라들에서는 만성 질병이 사람들의 소화를 조절하며 섭취하는 영양분을 침해할 수 있기 때문이다.

2) 먹거리 정의 접근의 사례들

랭(Lang)과 히즈만(Heasman)은 먹거리 체계 내 불의가 증가하는 특징으로, 먹거리의 잘못된 분배, 좋은 식단에 대한 취약한 접근, 노동과정의 불평등과 먹거리 사슬에서의 핵심 공급자에 대한 불공정한 보상 등을 지적한다. 고틀리에프 외(Gottlieb et al., 2013)는 먹거리 정의를 두 가지 방식으로 식별하는데, 하나는 단순한 정의로서 어떤 먹거리가 어디서 어떻게 자라고 생산, 운송, 분배, 접근, 소비되는가의 이득과 위험을 확증하는 것이다. 다른 하나는 먹거리 불의가 어떻게 경험되며 그것이 도전받고 극복되는 방식에 대해서도 조명함으로써 먹거리 정의의 의미를 명료하게 하는 것이다. 여기서는 환경정의를 둘러싼 분배적, 절차적, 승인적 측면(한상진, 2018a)이 먹거리 체계에도 적용가능하다고 보고, 각각의 접근 사례가 갖는 특성을 정리하기로 한다.

(1) 분배적 먹거리 정의의 접근 사례

먹거리 체계를 둘러싼 분배적 정의의 접근은 무엇보다 정부, 기업의 먹거리 관련 시장 논리와 차별화되는 협동조합의 생산자, 소비자, 노동자 간 평등에 대한 추구로 대표된다. 이와 함께 외국의 예로는 산업적 먹거리 체계를 극복하기 위한 도시 텃밭운동이 있다. 전자의 사례로, 이해진(2019a: 121)은 DDT 검출이라는 먹거리 위험 파동에 대응하여 대안적 먹거리 체계를 지향하는 협동조합이 어떻게 회복력을 구축했는지 분석한다. 그에 따르면, 기업, 정부는 먹거리 위험을 생산자가 책임지게 하는 위험권력인 반면 협동조합은 생산자, 소비자 등 주체 간 권력관계를 민주적, 공동체적 방식으로 평등하게 조정함으로써 먹거리 회복력을 발휘할 수 있었다.

한편 도시 텃밭운동은 여유롭고 건강한 먹거리 접근, 지역사회 자기결정, 경제적 불평등을 다루는 먹거리 정의를 향한 투쟁의 유력한 전략으로 옹호되어 왔다(Alkon et al, 2017). 샌프란시스코 베이 지역에서 텃밭 농사는 대개 단기간만 빈 땅에 허용되는데, 보통 지주들은 경제위기 이후 개발을 선택함으로써 텃밭을 제거하게 된다. 이 지역에서는 도시농업이 대중화되어 왔으나, 지나치게 경쟁적인 토지시장은 공적, 사적 재산을 점점 더 텃밭 경작이 아닌 용도로 내몰고 있다. 그럼에도 불구하고 먹거리 정의운동 조직들은 먹거리 안전은 물론 문화적 권한강화, 도시생태의 변형 등 다양한 사회적 목적을 성취하기 위해 도시에서의 텃밭 경작을 증가시키고 있다.

(2) 절차적 먹거리 정의의 접근 사례

다음으로 절차적 먹거리 정의의 접근은 거시적, 미시적 차원으로 구분해 볼 수 있다. 그 중 거시적 차원의 사례로는 병리적 경로의존성으로부터 먹거리 정책을 탈피시키려는 시도, 먹거리 재난을 준비하는 도시 스케일의 대응 등을 들 수 있다. 그런데 전자의 맥락에서 병리적 경로의존성이라는 제도적 제약과 분배적 정의 간 스케일 긴장(scalar tension)이 발생할 가능성은 없을까? 이 때 먹거리 체계를 둘러싼 스케일 긴장이란 협동조합 스케일에서는 생산자, 소비자, 노동자 간 평등이 어느 정도 실현된다 해도 지구적, 국가적 스케일에서 관철되는 병리적 경로의존성이 분배적 먹거리 정의를 침해할 수 있음을 가리킨다.

앞의 이해진(2019a)의 논의는 일시적인 먹거리 위험에 대처한 분배적 정의의 사례라 할 수 있다. 그러나 신유정(2020)에 의하면, 또 다른 협동조합의 경우 오너 파트너십(owner partnership) 절차를 통해 '주인되기'의 참여가 사업체 자본금 확보를 위한 출자 문제로 소급되는 등 일상적으로 시장 중심의 규율이 관철되고 있다.[25] 이는 시장제도에 대한 병리적 경로의존성이

---

25 사례 협동조합의 경우 소비자 조합원의 자발적인 윤리적이고 착한 소비운동과 농촌 생산자의 생산품 품질 유지를 위한 노력, 그에 걸맞는 서비스를 제공하고 설득하는 노동자의 마케팅 능력 등이 자발적 참여로 논의되는 가운데, 사회적 가치를 표방하는 참여 실천이 적극적으로 이루어질수록 시장 중심적 경향과 소비주의는 강화되고 있다. 나아가 이러한 '참여'의 담론은 소비-유통 측과 농민 생산자들 간의 비대칭적 권력관계나 노동자가 일상

라는 글로벌, 국가 스케일에서의 절차적 불의가 변전되지 못한다면, 협동조합 스케일에서의 분배적 먹거리 정의가 왜곡될 수 있음을 시사한다.

다음으로 후자의 거시적 사례로 미국 록펠러 재단이 지원하는 경쟁력 있는 내부도시 계획(Initiative for a Competitive Inner City; 이하 ICIC)에 의하면, 도시 지도자는 허리케인 등 자연재해에 따른 먹거리 체계의 회복력을 위해 다음의 절차를 마련해야 한다. 첫째 각 도시 내 먹거리 체계의 취약점을 파악하여 상황에 맞는 장단기 계획을 수립한다. 둘째 현존하는 먹거리 계획이 회복력을 추구할 수 있도록 수정, 변경한다. 셋째 도시 내 먹거리 체계의 균형적 제도화를 위해 장기적으로는 먹거리 불안정성 및 불충분한 유통망에 대응하고 단기적으로는 먹거리 은행을 통해 회복력을 지향한다. 넷째 생존이 어려운 소규모 식당을 지원하여 도시 먹거리 체계의 회복력에 도움이 되도록 장려한다. 다섯째 식당 관리를 위한 정책 기준을 융통성 있게 완화하여 이들이 재난 이후 영업에 조속히 복귀할 수 있는 제도를 마련한다. 물론 이러한 절차들은 1장에서 언급한 정의로운 회복력의 원칙 아래 분배적, 승인적 정의로의 전환 기준을 충족해야 할 것이다.

한편 미시적 차원의 절차적 정의에 대해서는 먹거리 정의의 발전 과정에서 일반 시민이 정책 대상으로 국한되는가, 아니면 먹거리 거버넌스를 주도하는가라는 쟁점이 제기될 수 있다. 예컨대 농림축산식품부·식생활교육국민네트워크(2012)에 의하면, 국가 식생활교육 기본계획이 2011년에 4년 주기로 처음 마련된 이후 2015년, 2019년까지 3차에 걸쳐 진화되어 왔다. '2015-19 국가 식생활교육 기본계획'은 지역 단위의 식생활교육 활성화, 식생활교육 체험기회 확대 및 바른 먹거리 접근성 향상, 그리고 관련부처 연계협력 및 민관 거버넌스 강화라는 세 가지 목표를 설정해, 1차

적으로 감내해야 하는 시장중심적 규율과 시선의 문제를 은폐하는 이데올로기로까지 작동하고 있다(신유정, 2020).

기본계획에 비해 시민단체의 중앙정부 및 지자체와의 네트워킹을 좀 더 강조하고 있다.

최신의 계획인 '2020~2024 국가 식생활교육 기본계획'의 경우, 2차 기본계획이 저소득층, 고령자, 다문화가정 등 사회경제적 취약계층을 위한 식생활교육이나 체험 프로그램 보급에서 한계를 보였다고 지적한다(관계부처 합동, 2020: 7). 또한 3차 기본계획은 지역의 커먼즈를 활용한 농업 먹거리 지원과 식생활교육을 명시함으로써, 마을부엌 등의 조성을 통해서 지역 내 먹거리 취약계층의 식생활교육 접근성을 제고하고자 한다(한상진, 2021: 179-180).

(3) 승인적 먹거리 정의의 접근 사례

마지막으로 승인적 먹거리 정의의 접근 사례는 산업적 축산에 대한 저항이 대표적이다. 최근 코로나19로부터 위협받는 보건체계는 동물 축산에서의 항생제 오용과 연결된 항생제 저항의 감염 위기에 의해서도 꾸준히 도전받아 왔다. 그러므로 먹거리 체계가 회복력 궤적에 있는가의 여부를 살피기 위해서는 사회적, 경제적 결정인자 뿐 아니라 SES의 생물리적 동학에 대한 초점도 요청되고 있다. 수많은 작물 및 동물체계는 소비 가능하거나 시장화될 수 있는 상품의 생산이라는 단일한 생태계 서비스를 위해 관리된다(Chapin III, 2009: 268).

그런데 생태적 회복력을 지지하는 다양한 생태계 서비스를 위한 작물 및 동물에 대한 장기적인 관리 목표는 종종 정치제도 지지, 세계적 시장 기회에 대한 반응, 빈곤 감축, 먹거리/먹이/연료를 위한 외부적 수요 부응 등 단기적인 사회적, 경제적 우선순위와 충돌할 수 있다. 가축은 전통적으로 농업 체계와 통합돼 있었고 그들의 식량원천과 밀접하게 길러졌으며, 작물생산의 투입(토양, 영양분 및 경작)으로 사용되었다. 하지만 도시화와 대규모 소매 체인의 발전, 상대적으로 저렴한 사료, 개선된 수송, 사육 및 가공에서의 기술혁신, 먹거리 안전에 대한 관심, 산업의 수직통합 등은 집약적 가축체계의 산업화와 공간집적을 가능케 했다.

더욱이 먹이는 국제시장에서 최저비용 기초로 공급되며 먹이의 구성은 농업 부산물에서 영양과 상업적 가치가 더 높은 곡물 및 생선 먹이들로 변화되고 있다. 산업화의 패턴은 특히 소, 양, 염소 등과 같은 반추동물보다 더욱 효율적으로 먹이를 집중하여 사용하며 급속한 유전자 개량에 유리한 단명 주기를 갖는 돼지, 조류 등 위가 하나인 동물에서 특히 두드러진다. 그러나 가축생산이 그것을 지원하는 자원기초로부터 탈각된다면 지방적 스케일로부터 글로벌 스케일까지 먹거리 체계의 회복력은 문제로 남게 된다.

(4) 소결

지금까지 다룬 먹거리 정의의 분배, 절차, 승인 측면 사례들은 지구, 국가, 지역사회의 스케일별로 좀 더 풍부한 탐구가 요구된다. 특히 절차적 먹거리 정의는 기존에 주로 논의되어 온 먹거리 거버넌스 구축에서 더 나아가 먹거리 생산, 유통, 소비 등과 연관된 제도적 지평으로까지 확대하는 것이 요청된다. 한편 환경정의의 요소들에는 입장에 따라 위에서 다룬 분배, 절차, 승인 외에 생산, 역량 등이 거론되기도 한다. 그 중 역량의 환경정의(누스바움, 2015)는 회복력있는 먹거리 체계 전반을 아우르는 인간 역량과 생태 역량의 정의로운 지속과 관계되는 것이다. 또 생산적 환경정의(최병두, 1999) 역시 먹거리 정의와 관련하여 중요한 쟁점인 먹거리 생산의 글로벌 불평등을 다루는 지침이 될 수 있다.

4. 결론

이 장은 생태사회적 전환의 필요성을 시장에서의 경제성장에 대한 병리적 경로의존성으로부터의 탈각에서 찾고, 지속가능발전을 둘러싼 세 개의 모델과 연관지어 먹거리 체계의 정의로운 회복력 접근이 요청되는 근거를 탐색했다. 그리고 먹거리 정의의 차원들을 분배, 절차, 승인 측면에서 사례화하여 정의로운 먹거리 전환의 방향을 종합하려고 시도했다. 여기서는 생태사회적 전환을 위한 민주주의의 재발명, 먹거리 정의의 실천 전략 구체화 등과 관련된 논의들을 소개하면서 이 장을 마무리 짓고자 한다.[26]

프레인 등(Frayne et al., 2012: 1)은 현재의 도시전환이 기후변화, 빈곤과 먹거리 안전 사이의 관계를 중심으로 추진되어야 한다고 주장한다. 21세기 중반이 되면 지구에 20-30억 인구가 추가될 것으로, 그 대부분이 지구 남반부 도시에서 발생할 것으로 예측되고 있다(한상진, 2021: 190). 여기서는 이 장의 잠정적 결론으로 야생민주주의(wild democracy; Alexander, 2017), 원 헬스 푸드 플랜(one health food plan; 백혜숙, 2020)라는 두 가지 담론 위주로 먹거리 체계의 전환 방향에 대해 검토하도록 한다. 왜냐하면 회복력있는 먹거리 체계의 구축은 경제성장이라는 병리적 경로의존성에 익숙해져 있는 대의민주주의 틀에서 벗어나 인간너머 존재와의 공존을 추구하는 '재야생화'(최명애, 2020)를 필요로 하기 때문이다. 또한 원 헬스 푸드

---

[26] 정의로운 먹거리 전환을 위한 실천은 세계, 국가, 지역사회라는 스케일별로 다양한 형태로 나타나기 때문에, 먹거리 정의와 관련하여 검토해야 할 조건과 요소 등이 여러 층위에서 논의될 필요가 있다. 그 예로는 아캄페시나 등의 운동(세계), 먹거리 연대 및 생활협동조합 진영 등의 실천(국가), 도시 단위 사회적 경제 진영의 실천(지역사회) 등이 있다. 동시에 원 헬스 푸드 플랜의 적용 과정에서는 '지역사회 먹거리 체계' 내 실천과정에서 떠오르고 있는 친환경 대 로컬푸드, 결과로서 안전/건강 먹거리 대 생산과정으로서의 건강/안전 먹거리 등의 쟁점들이 충분히 포괄되어야 할 것이다.

플랜은 먹거리 분야에서의 생태사회적 전환의 지침으로서, 우리말의 '식구'를 가족은 물론, 인간사회와 자연 생태계 차원으로 확장시키는 기획이라고 할 수 있다.

이런 상황 아래 알렉산더(Alexander, 2017: 136)는 탈도시화와 퍼머컬쳐(permaculture)의 대안을 기반으로, '야생민주주의'의 가능성을 탐색한다. 생태계 파괴와 기후위기의 조건 아래서 야생민주주의는 권태로운 좌우 대립을 뛰어넘는 급진적이고 참여적인 생태정치를 제안한다. 야생민주주의는 대의민주주의의 정당정치가 예측가능한 미래에 희망과 구원을 주지 못하리라는 전제에서 출발한다. 야생민주주의는 비록 소규모 사례일지라도 탈자본주의의 생존양식을 창출하는 항의, 직접행동, 시민불복종 등의 전략들을 애용한다. 이런 작은 실천들이 매우 큰 과업인 '낡은 껍질 안에서의 새로운 세계의 구축'을 시작하는 기능을 하면서, 동시에 실제적 영감을 부여하는 교육 형태로도 자리 잡을 수 있기 때문이다.

한편 인간, 동식물, 지구의 '원 헬스'와 연계하는 먹거리 계획의 구축 방안은 도시와 농촌이 공존하여 상생하는 순환경제를 지향한다는 점에서 야생민주주의를 구체화하고 있다. 백혜숙(2020)에 의하면 '원 헬스 푸드 플랜'의 요점은 다음과 같다.

첫째, 생태계의 종 및 유전적 다양성을 높이고 농민과 시민을 보호하는 생태적 순환농업을 적극 육성한다. 둘째, 동물과 식물이 건강한 생태계에서 자랄 수 있도록 동식물의 복지 환경을 조성한다. 셋째, 생태복지의 주체인 농민과 시민이 가깝게 교류하며 직거래할 수 있도록, 다양한 거래 제도에 의거하여 생산자와 소비자의 이익을 보호하는 유통구조로 재편한다. 넷째, 모든 정보 채널을 가동해 원 헬스를 기반으로 하는 생산-유통-소비의 가치 사슬을 데이터로 만들어, 농민과 시민들에게 지속적으로 제공해야 한다. 다섯째, 원 헬스 푸드플랜 위원회 설치와 함께 농림축산식품부, 보건복지부, 행정안전부 등이 협력하는 지역상생 정책을 수립함으로써, 사회적 경제의 활성화, 공동체 지원 농업(Community Supported Agriculture)의 제도화는 물론 소비자운동에 대한 지원 등이 이루어지도록 한다.

예컨대 코로나19 시대에 주목을 받고 있는 농업과 복지가 결합된 '케어 팜(Care Farm)'은 '사회적 돌봄'을 '농장'에서 실현하는 지역사회복지의 생태적 전환을 시도하고 있다. 네덜란드, 독일, 영국 등에서는 사회적 경제 조직이 케어 팜을 운영하는데, 케어 서비스 외에도 농산물 판매와 가공은 물론이고 레스토랑까지 운영하는 등, 새로운 방식의 생산과 유통구조를 갖춰 수익을 창출하고 마을에 생기를 불어넣고 있다(한상진, 2021: 193-194). 도시텃밭 또한 '식욕과 사회적 상호작용'이라는 두 가지 기본 욕구를 동시에 채울 수 있는 공간이다. 코로나19가 장기화되면서 사회적 거리두기로 사람들의 모임이 어려워져도, 공동체 텃밭을 돌보는 당번을 정하고 그 장면을 SNS에 올리거나 온라인 화상회의 프로그램 등을 통해 교류하며 행복한 공동체를 유지해 갈 수 있다. 이렇게 먹거리 체계의 생태사회적 전환은 공동체 회복의 치유 과정에 마중물 기능을 수행하는 도시농업에 초점을 맞출 필요가 있다.

5부

결론

제13장

결론에 대신하여 – 생태복지사회를 향한 구상

    지금까지 이 책은 생태복지사회와 관련된 포괄적 대안 및 관련 사례를 소개했다. 1장에서 12장까지의 내용은 '생태복지사회'를 정면으로 분석하고 있지는 않으나, 그것을 향한 우회로로서 커먼즈, 회복력, 사회적 가치, 생태사회적 경제, 탈식민 사회정책, 행성적 제4의 길 등 다양한 중범위 범주에 초점을 맞추고 있다. 위의 논의들은 생태계와 사회체계가 연계되어 있다는 생태사회적 존재론에 입각하여, 서구의 근대적 환경주의에 뿌리를 둔 지속가능발전 목표, 환경정의 접근 등을 비판적으로 성찰하고 그 대안인 생태복지사회를 탐색하기 위한 것이다.

    기후위기가 재난 상황으로 치닫고 코로나19 대유행의 충격이 가시지 않고 있는 상황에서 이 장은 결론에 대신하여 생태복지사회의 지향에 대한 단편적인 구상을 종합해 제시한다. 우선 근대적 환경주의와 제3세계 탈식민 생태주의 둘 다를 넘어서는 제3의 관점으로 한국적 탈식민 생태주의에 대해 살핀다. 그리고 생태복지사회의 기본 원리로서 호혜성과 집합적 자유 등에 대해 검토하고, 생태복지제도의 사례와 지방적 민주주의의 가능성을 제안한다. 이를 바탕으로 부유한 선진국은 물론 제3세계까지 아우르는 생태복지사회로의 공명(共鳴)의 방향을 탐색하도록 하겠다.

1. 근대적 환경주의를 넘어

1) 근대적 환경주의와 한국의 근대화

1962년에 서구 환경주의(environmentalism) 탄생을 알린 레이첼 카슨의 '침묵의 봄'이 나온 지 60여년이 지난 지금, 환경주의가 지향해 온 '시끄러운 봄'의 의미는 무엇일까? '시끄러움'은 새들의 지저귐을 포함하여 행성 운동에 조응해 부활하는 생명활동에서 비롯된 부산스러움일 것이다. 서구의 다소 낭만적인 환경주의는 근대의 위험을 성찰하는 '생태 근대화론'을 주류로 해 왔으나, 탈물질주의 명제(post-materialist thesis) 등이 주장하듯 경제성장으로 물질적 충족이 이루어진 부국에서만 환경에 대한 관심이 가능하다는 식민주의 발전론으로 왜곡되기 일쑤였다.

카슨의 경고가 세상에 빛을 볼 당시 한국은 빈곤에서 벗어나려는 '조국 근대화'에 압도되어, 공업 생산의 검은 연기[1]를 칭송하는 문화적 분위기에 젖어 있었다. 이후 60여년 동안 한국과 세계는 그야말로 압축적 (포스트)근대성을 경험해 왔다. 그 동안 공업 생산과 토건 개발에 익숙해져 온 한

---

1 1962년 1월의 대한석유공사 기공식에서 박정희 장군은 "제2차 산업의 우렁찬 수레 소리가 동해를 진동하고 산업 생산의 검은 연기가 대기 속에 뻗어나가는 그날엔 국가 민족의 희망과 발전이 이에 도래하였음을 알 수 있을 것"이라고 말했다. 이는 아직도 울산광역시 중심부에 세워져 있는 공업탑의 비문이기도 하다.

국인은 검은 연기와 썩는 물, 사라지는 인간너머 존재를 바라보면서, 식민지 근대와 분단으로 점철된 역사의 흐름 속 생태주의의 싹을 키우기 시작했다. 1986년의 '한살림 선언'이 그 대표적 예이다. 한살림 선언이 발표된 시점, 조국 근대화의 기지였던 울산에서 근대적 산업화에 온몸으로 저항하는 '공해 추방'의 탈식민적(decolonial) 저항이 시작된 것 또한 의미심장한 사건이었다.

서구 환경주의는 포드주의로 추동된 경제성장의 결실인 복지국가 황금기와 궤를 같이 하여 성장해 왔다. 하지만 20세기 후반의 환경주의는 환경이 악화되면 환경의식이 높아진다는 사후적 반영가설(reflection hypothesis)이나 유복한 탈물질주의의 나이브함에 머물러, 복지국가나 민영화된 시장국가가 가중시키는 식민적 지구위기에 맞대응하기 역부족이었다. 서구적 의미의 복지국가가 부재했던 한국은 시장국가의 통제되지 않는 '고도성장'을 지켜보아야 했으나, 20세기말 결국 외환위기와 초유의 실업사태를 겪게 된다. 그런 가운데 한국의 21세기는 한편으로 '기초생활보장'이라는 서구 복지국가 지향과, 다른 한편으로는 '동강댐 백지화'라는 토건국가로부터의 전환에서 상징적으로 출발했다.

서구 근대적 환경주의에 반대하는 탈식민 생태주의는 중남미와 아프리카 등 제3세계를 중심으로 태동되어 왔다. 사실 근대적 환경주의의 산물인 환경정의 담론이 미국의 흑인민권운동 차원에서의 분배적 환경정의 운동에서 비롯되었다는 점은 기존의 환경주의에 인종차별에 반대하는 탈식민적 문제의식이 이미 침투해 왔다는 사실을 반영한다. 브레즈니언 등(Bresnihan et al., 2022: 525)에 의하면, 탈식민적 관점에서 환경주의를 넘어 생태주의에 접근하는 의의는 미국인이나 유럽인인 백인의 영웅담을 해체하여 연관된 사람, 생각 및 운동의 더 폭넓은 결합물(meshwork)로 연계하는 데에 있다. 여기서는 탈식민적 생태주의의 흐름을 중남미와 아프리카 맥락에서 검토해 보자.

2) 중남미, 아프리카 등의 탈식민 생태주의

환경주의를 넘어서는 생태주의(ecologism)의 차원에서 탈식민화를 둘러싼 관점은 다음 세 가지로 식별된다(Bresnihan et al., 2022 523). 첫째 탈식민화는 비유에 그치는 것이 아니라, 북미, 호주와 같은 정착자-식민주의 맥락에서 원주민 토지의 송환과 원주민 주권의 증진을 전제하는 현실 정치의 문제이다. 그러한 탈식민 정치의 내용에는 원주민 생계 보호 대신에 유독성 산업을 원주민 토지 근처에 입지시키는 배제적인 법적, 규제적 체계와 원주민 토지를 불모지(예를 들어 재생에너지를 위한)나 야생적 보존지로 예정하는 환경정책이 포함된다. 이런 흐름에서 볼 때, 원주민 토지의 송환을 추구하는 운동과 연계되지 않는 탈식민화 명제는 의도하지 않더라도 식민주의자의 현상유지를 강화할 수 있다.

탈식민화에 대한 두 번째 관점은 2차대전말에 시작되어 아직도 수행되고 있는 반제국주의 투쟁과 제3세계의 형성이라는 세계-역사적 맥락 속에 위치한다. 카리브해, 아프리카 대륙 및 동남아시아를 중심으로 한 이들 투쟁은 자본주의 서방이나 공산주의 동방의 비전과 구별되는 '제3세계'라는 유토피아적 지평을 발생시켰다. 하지만 제3세계의 비전은 신흥독립국이 냉전의 무대에 서면서, 불평등한 (신)식민주의 경제체계로부터 협공 당해 왔다. 그럼에도 식민주의를 환경정치의 출발점으로 삼는 많은 환경학자 및 활동가는 장기적 역사에 걸친 불균등한 지리적 관계 내에 생태주의를 위치시켜 왔다. 이러한 탈식민 생태주의의 관점이 없다면 환경정의에 대한 접근도 서구와 근대라는 부분적인 프리즘에 의거할 수밖에 없을 것이다.

세 번째 관점은 식민적 근대성에 저항하고 대안을 주조하기 위한 노력에서 탈식민화를 강조한다. 이러한 시각은 윈터(Wynter, 2003: Bresnihan et al., 2022: 523에서 재인용)가 인간의 모습을 서양 남성으로만 이해하여 여성, 원주민, 동식물 자연 등을 인간너머 존재로 떨쳐버렸던 것과 같은 근대 인본주의를 능동적으로 해체시킨다. 생명물질 및 비생명물질을 창조적이고 신성한 야생성의 자원 이상인 어떤 것으로 관계짓는 윤리 및 실천은 원주민의 맥락에서 긴 역사를 갖는다. 이와 관련하여 토지 간척과 관계된 생태운동, 대안적 농업과 종자보전을 위한 운동은 물론, 집합적인 돌봄 하부구조를 통한 몸과 건강에 대한 관계 재구성 시도 등이 탈식민 생태주의에 포함될 수 있다.

브라질의 원주민 운동가인 크레나키(2024: 70-71)는 문명인의 소집단인 유럽인과 아메리카 원주민이 처음으로 접촉하자마자 원주민 세계의 상당 부분이 사라져버렸다는 사실을 상기시킨다. 그리고 그것은 유럽 백인이 중남미 원주민을 제거하려는 의도적 행위 때문만은 아니었다는 사실도 지적한다. 수없는 원주민을 사멸시킨 원인은 계속되는 전염병이었는데, 15-16세기 스페인과 포르투갈의 정복자는 항로를 따라가며 열대 해변에 발을 내리자마자 원주민에게 죽음을 남겼다.

크레나키(2024: 34)는 인간이 추상적 문명 안에서 지구로부터 분리되어 살아 갈 수 있다는 서구 근대의 생각은 말도 안 되는 것이라 언급한다. 이런 생각은 다양성을 파괴하고 삶의 형태와 존재양식의 다원성을 부정하는 것이기 때문이다. 근대성의 연장선 위에 있는 서구 식민주의는 모든 사람에게 같은 음식과 같은 의복을, 가능하다면 같은 언어까지 권고하는 획일성의 문화이다. 이에 반해 아마존의 세계에서 인간은 존재에 대한 관점을 가진 유일하고 예외적인 존재자가 아니다(크레나키, 2024: 43). 인간은 그러한 관점을 수많은 인간너머 존재와 공유하고 그 결과 모든 존재는 끊임없이 자신들 사이의 관계를 신경쓰게 된다는 것이다.

한편 페르디낭(Ferdinand, 2022)은 아프리카의 맥락에서, 노예적 삶에 대한 지배를 연장하는 '노아의 방주'에 연연하는 서구적 환경주의와 달리 탈식민 생태주의가 인간이 지구에 서식하기 위해 부유한 국가 국민과 빈곤한 제3세계 주민이 함께 사는 지향이라 규정한다. 페르디낭에 의하면, 생태계 파괴에 대한 대응은 평등 및 실질적 자유의 요구와 긴밀히 연계되어 있다. 아프리카를 침탈했던 노예선을 상상해 보면, 탈식민 생태주의는 근대의 세계 장악에 대한 분노의 표출이다.

이론적 수준에서 볼 때, 그것은 식민적, 환경적 이중 균열로부터의 사고이며 지구에 대한 진정한 힐링이다. 그에 따르면, 탈식민 생태주의는 탈식민성에 관한 또 다른 사고방식과 지구의 파멸에 대항하는 투쟁에 관한 또 다른 사고방식 둘 다에 의한 이중의 치유이다. 문화적, 역사적, 언어적 수준에서는, 생태위기를 문제화하는 다른 방식을 보여주기 위해 보편적 인류세가 아닌 백인 중심의 자본세(capitolocene)에 대해 저항하는 담론이라고 할 수 있다.

탈식민 생태주의는 세계에 생태적으로 도전해 온 역사적임과 동시에 현존하는 식민성 및 그 유산에 대한 혁신적 비판이다. 탈식민주의는 식민적 관계가 인간집단 간 관계로 환원될 수 없음을 승인하는 입장으로, 지구에 대한 식민적 거주를 통한 비인간, 경관 및 토지에 대한 특정한 관계를 포함한다. 나아가 탈식민 생태주의는 식민 지배로부터의 해방이 인간 간 관계의 변동으로만 생각될 수 없음을 보여준다. 탈식민 생태주의는 식민적 균열에 대한 현존 비판을 생태적으로 확장함으로써, 노예창출 형태에서의 경관 및 비인간에 대한 식민적 관계로부터의 전환을 강조한다(Ferdinand, 2022).

3) '한국형 탈식민 생태주의'에 대한 제안

한국은 식민지 근대화를 거쳐 1960년대 이후의 경제성장에 성공한 드문 사례이다. 한국의 경험은 2차대전후 탈식민화가 분단과 동족간 전쟁으로 왜곡되었음에도 불구하고, 21세기 들어 주변 제3세계에 대한 역식민주의를 통해 준선진국 지위를 획득하는 과정을 보여준다.[2] 위에서 서구 환경주의의 사례를 놓고 볼 때, 근대성과 식민성은 '동전의 양면'이자 '하나의 몸체'임을 알 수 있었다. 김덕삼 외(2023)의 논의는 탈식민주의를 포스트식민주의(post-colonialism)로 이해하고 있음에도, 한국형 탈식민 생태주의에 대한 상상에 일정한 함의를 던져 준다. 그들에 따르면, 특히 탈식민 생태주의에 대한 한국의 역할을 둘러싸고 '한국형 탈식민'의 내적, 외적 환경 변화에 주목할 필요가 있다.

먼저 내적 환경의 변화를 볼 때 과거 식민지 국가는 외부적 힘에 의해서든 자체의 의지에 의해서든 식민지에서 벗어난 이후 자신만의 길을 걷기 어려웠다. 21세기 현재에도 아프리카, 중남미, 동남아시아 등 아직까지 식민지 경험의 피해 속에 존재하는 국가가 대부분이다(김덕삼 외, 2023: 21). 식민지 경험을 지닌 나라 중 경제적으로 성장하여 중진국 이상의 위

---

2 이는 식민주의의 피해를 입은 나라마다 서로 다른 탈식민의 과제를 가짐을 나타내는데, 이처럼 다양한 식민주의의 이유는 다음과 같다(김덕삼 외, 2023: 8-9). 첫째 공간, 즉 식민지역의 다양함이다. 식민지 국가는 아시아, 아프리카, 중남미, 호주 등 지구 곳곳에 존재한다. 둘째 시간, 즉 식민지 통치 기간의 다양성이다. 유럽의 식민지 통치가 1500-1920년 사이에 진행되었다면, 그 속에는 다양한 변화가 존재한다. 물론 식민지를 어떻게 정의하느냐에 따라 고대 국가에서 있었던 침략과 정복 역시 이에 해당하고 오늘날 발견되는 특정 국가에 한해 벌어지는 경제적, 문화적 잠식도 또 하나의 식민통치로 볼 수 있다. 셋째 식민통치 국가의 다양성이다. 영국, 프랑스 뿐만 아니라 일본과 미국 등 식민지를 통치했던 국가들이 다양하다. 그리고 그 국가의 성향이 다르기에 식민지에서의 반응과 대응도 다르게 나타난다. 넷째 이들이 복합적으로 작용하여 나타난 다양성이다. 식민주의는 식민본국과 식민지 상호 간의 관계 속에 존재하기 때문이다.

치를 차지하고 정치적으로 민주화를 이루어 안정된 정치 환경을 구축한 한국과 같은 나라가 부유한 나라의 소비 억제, 가난한 나라의 역량 확보를 아우르면서 생태주의의 전망을 제시하는 데 적절하다는 것이다.

다음으로 외적 환경의 변화를 보면, 동양과 서양의 각도에서 식민/탈식민의 문제가 재조명됨을 알 수 있다. 한국과 중국의 발전을 비롯한 동아시아 위상 강화, 차크라바르티(2014) 이후 세계적으로 일어나는 제국주의적 학문과 관점에 대한 반성, 오리엔탈리즘에 대응하는 리오리엔탈리즘(re-orientalism)의 대두 등이 감지된다(김덕삼 외, 2023: 21-22). 즉 기후 및 감염병 위기에 처한 세계의 극복 대안은 "타인을 억압하고 조작하는 것이 아닌 절대적 자유와 자치의 입장에 서서 상이한 문화와 상이한 민족을 연구"하는 입장을 찾아야 한다. 그러므로 탈식민 생태주의는 가해자가 아닌 피해자의 관점에서, 그럼에도 어느 정도의 정치경제적 능력에 도달한 한국과 같은 나라의 역할을 요구하고 있다.

이 책의 1부에서는 지속가능발전 목표를 서구적 근대 환경주의의 산물이라 비판한 다음, 한국형 제3의 길과 행성적 제4의 길이라는 다소 상반된 대안 경로를 제시한 바 있다. '한국형 탈식민 생태주의'라는 이 책의 결론적 초점에 비추어 자기비판을 해 보면, '한국형 제3의 길'은 글로벌 제3의 길에 대한 한국 상황에서의 생태적 해석임에도 불구하고 포스트성장의 관점을 놓치는 문제점이 있다. 이는 서구 근대성의 글로벌화 수준인 '글로벌 제3의 길'에 대한 비판적 성찰이 부족한 개념화로 자기반성하도록 하겠다. 한국형 제3의 길의 특성으로 저자가 거론했던 보편적 복지와 사회적 경제의 결합, 제3섹터의 주도성 등은 글로벌 제3의 길이 주창해 온 경제성장을 전제로 한 사회투자 및 유급노동의 활성화를 그대로 수용하고 있는 것이 사실이기 때문이다.

다음 절에서 논의할 것이지만, 생태복지사회로의 전환은 교환가치보다는 사용가치에 근거한 호혜성, 집합적 자유를 요구한다. 물론 2장에서도 탈성장, 무성장 등의 개념을 다룬 바 있다. 그러나 고프(Gough, 2017: 171)가 정의하듯, 탈성장은 경로를 가리킬 뿐이므로 포스트성장의 목표가 명확히 설정될 필요가 있다. 3장에서 저자가 제기하고 있는 '행성적 제4의 길'은 탈식민 생태주의의 관점에서 인간너머 존재까지 고려하는 지구 행성의 유한성을 부각시킨다. 한국형 제3의 길을 포스트성장의 차원에서 업그레이드하는 '한국형 탈식민 생태주의'와 행성적 제4의 길이 어떤 관계인가에 대해서는 향후 연구과제로 남기기로 한다. 다만 한 가지 사족을 단다면 저자가 한국형 제3의 길의 세 번째 특징으로 거론한 좌와 우를 넘어서는 녹색 웰빙의 지향은 의도적 탈성장이든, 어쩔 수 없는 구조적 저성장이든 포스트성장의 목표와 관련하여 구체화되어야 한다는 점이다.

이 책은 커먼즈, 회복력, 사회적 가치, 생태사회적 경제 등을 제안함으로써, 탈식민 생태주의가 숲가꾸기, 먹거리 등의 삶의 현장에서 어떻게 실현될 수 있는가를 해명하고자 했다. 나아가 저자는 경제성장을 전제로 서구 선진국에서 발신된 '글로벌 제3의 길'이 유급노동으로의 활성화(activation)에만 몰두해 온 데 반해, 한국형 탈식민 생태주의는 생태사회적 자기활성화(ecosocial self-activation)를 지향해야 한다고 생각한다. 생태사회적 자기활성화는 저자(한상진, 2018a: 192-212)가 고안한 '생태적 자활(ecological self-sufficiency)' 개념을 더 구체화한 것이다. 이 용어는 탈식민의 방향에서 인간 노동이 사회적으로 사용가치에 초점을 둔 삶의 자활로 전환해야 하며, 인간너머 존재의 생태적 차원에서도 행성의 순환에 따라 시끄러운 봄의 생명력을 유지해야 함을 통합적으로 적시한다. 다음 절의 논의는 서구 근대의 연장선 위에 있으나, 탈식민 생태주의 차원에서도 재해석이 가능한 노동의 재사고, 집합적 자유와 호혜성을 다룬다.

2. 생태복지사회의 요소 – 노동에 대한 재사고, 집합적 자유와 호혜성[3]

> 규칙은 변동할 수밖에 없는 것이기에, 우리는 규칙에 의해 세계를 구원할 수 없다(툰베리, 2019; Murphy, 2023: 61에서 재인용).

더 큰 탈상품화를 향한 복지의 재상상은 규범, 행위 및 태도에서의 조정과 돌봄, 일, 소득 및 서비스에 대한 근본적 재사고를 필요로 한다. 시장에 대해 사회를 우선순위에 놓는 탈상품화 과정은 어떻게 우리가 우리의 관계와 상호의존을 이해하는가에 대한 변동 기회를 제공하고 전환을 더욱 가능하게 만들 새로운 주체성을 제공한다. 역량있는 제도는 연대, 상호부조, 협업 및 협동을 재확증하거나 강화할 수 있다. 또 젠더, 민족 및 주변화된 집단, 인간너머 존재 등을 가로질러 노동, 돌봄 및 시간을 재분배하여 더 평등하고 더 돌보는 사회를 용이하게 하는 역량 있는 주체성의 원천이 될 수 있다.

제도는 행동을 구조화하는 공식·비공식의 규칙, 규범, 절차와 조직적 요소이다. 인간이 고안한 제약과 가능태로서 제도는 우리의 정치적, 경제적, 사회적 상호작용을 구조화한다. 그것은 우리가 가치를 부여하는 것대로 살도록 하는 우리의 기회에 영향을 미치지만, 동시에 우리의 사회적 창의성을 악화시키면서 상이한 사회집단에도 불평등한 영향을 준다. 새로운 생태사회적 패러다임은 해방과 자유를 재위치시키고 집합적 호혜성과 상호부조를 통해 실질적 평등을 창출해야 한다. 새로운 제도는 개인주의, 경쟁, 소비 및 이기심의 신화를 유지하는 행태와 신념을 거스를 수 있는 새로운 규범을 촉진하고 옛 규범을 되살리는 역량을 필요로 한다

---

3   이 절의 논의는 Murphy(2023: 59-71)에서 재구성되었다.

(Folbre, 2021).

1) '일'에 대해 다시 생각하기

그러면 앞서 언급한 '글로벌 제3의 길'의 화두인 교환가치 초점의 유급노동으로의 활성화를 염두에 두면서, 노동과 자유의 관계를 성찰해 보자. 자본주의는 호혜성, 자유와 노동 간 연계를 붕괴시켰다. 자본주의의 초기 국면은 사람들을 출현하는 노동시장에서 일하기를 강요하는 새로운 입법에서 시작되었다. 시간이 흘러, 이러한 강제는 노동으로부터 의미, 즐거운 재능과 숙련을 빼앗아, 교환가치에 기초한 유급노동이 삶의 '자연스러운' 부분이 되게끔 만들었다. 그런데도 2차대전 후 복지국가의 재분배적 성격은 시장화된 복지와 개인 및 사회전체적 행위자를 체계적으로 줄이고 복지를 효과적으로 상품화하는 신자유주의 이데올로기로부터 지속적 도전을 받아 왔다.

서구 부유한 국가들에서 미시적 복지의 조건성(conditionality)은 '상호적이거나 호혜적인 의무'의 경험을 지배하며, 괜찮은 유급노동이나 돌봄을 포함한 기타 사회적으로 유용한 노동 형태를 선택할 사람들의 자유를 박탈해 왔다. 1980년대 이래 유럽과 미국은 근로복지(모든 복지수급자는 그들에 대한 지불을 위해 노동함을 요구받음)와 활성화(수급자는 유급 고용에 접근하는 능력을 제고하는 활동에 관여해야 함을 요구받음)를 포함하는 노동 조건성 형태에 대해 강조해 왔다. 영어 단어인 'free'의 어근은 'friend(벗)'에서 도출된 것이라고 한다. 자유와 호혜성은 양자간 경쟁을 강요하는 서구 복지국가의 정책 기조 때문에 이들 유대의 약화를 경험해 왔을지라도 관계적이고 깊이 얽혀 있다.

고용조건성을 제거, 완화하기 위해서는 가치를 부여하는 노동의 유형을 재개념화할 필요가 있다. 현재 '글로벌 제3의 길'에 입각한 서구 및 한국에서의 근로복지정책은 생산주의의 흐름에서 유급고용에만 가치를 부여하며 이를 의무화한다. 그러나 포스트성장을 지향하는 생태복지사회는 노동을 가치 있고 다양하게 필요한 인간행위로 폭넓게 이해하는 체제이다. 한국의 자활사례관리를 예로 들자면, 유급노동에 복귀시키기 위한 탈수급의 전략은 개인의 정서적 문제나 가족의 삶의 문제와 연동하여 효과적으로 대응하는 것이 바람직하다. 특히 돌봄 노동은 유급, 무급 둘 다일 수 있으며, '노동할 권리'에 의거하여 무급노동의 사용가치는 충분히 인정되어야 하고 가족이나 친족에 대한 의존으로부터 자유 또한 제공될 수 있어야 할 것이다.

사람들이 서로 직접적 책임을 갖는다면 모든 비장애인은 돌봄 경제에 하나의 위치를 갖는다. 이 책의 3장에서 생태사회적 위기는 일의 위기와 돌봄의 위기에 연결되어 있음을 다룬 바 있다. 신자유주의 복지정책은 무급 사회적 재생산을 전달하면서 산업자본주의에 잘 봉사하는 제도인 핵가족의 보존과 지속을 추구했다. 하지만 바람직한 생태복지정책은 여성과 남성간, 그리고 세대 간에 걸쳐(예를 들어 유급 남성휴가 및 주4일 노동을 포함하는 상이한 메커니즘을 통해) 유급 및 무급 돌봄노동을 보상하고 분배해야 한다. 더 나아가 생태복지사회는 돌봄, 평등을 정책과 실천의 지도 원리로 삼고, 여성에 대한 자율성 및 경제적 독립 원리를 증진하는 것을 목표로 한다.

2) 집합적 자유

개인주의는 신자유주의, 상품화 및 시장사회와 종종 결합되는 규범적 원리이지만, 여성을 가부장제와 결합된 가족의 덫으로부터 자유롭도록 추구하는 '개인화'라는 규범적 원리와는 다르다. 자본주의 및 영리를 위한 시장제도는 물질적 인센티브를 강조하고 이기주의적 자아를 북돋움으로써, 타인이 경쟁자라는 부정적 인식을 형성한다. 그렇다면 생태복지사회를 뒷받침하는 규범과 가치로서 호혜성과 집합적 자유는 어떻게 배양되어야 할까? 혁신과 전환을 지지하는 제도와 네트워크는 매우 연계되어 유연하고 스며드는 문화적, 창조적 하부구조가 되어야 하며 가치 함양의 블록을 건설하는 것이어야 한다.

자유는 종종 개인적 자율성의 맥락에서 개념화되나, 그러한 자율성이라는 가정은 호혜적 상호의존을 평가절하하는 오류를 범할 때가 많다. 자유에 대한 유용한 접근 중 하나는 그것을 시장과의 관계에서 이해하는 것이다. 너무나 많은 중요한 정책이 사람들을 시장사회에 살도록 효과적으로 강제하면서 자유 시장이 우리의 삶을 결정하는 것이 가능하게끔 민주적으로 조절한다. 그런데 콘철(Konczal, 2021)은 시장에 대한 과잉의존에 반대하면서, 시장 분배는 사회에서 가치 있는 삶을 사는 데 필요한 바와 불일치한다고 주장한다. 따라서 자유는 사회가 시장 통제로부터 자유롭게 유지하려고, 또는 시장이 없이 유지하려고 선택하는 바라고 이해될 수 있다.

사람들은 항상 자유를 보존하고 확산하려는 방식으로 시장에 대한 제약을 추구해 왔으며, 자유로운 사회를 창조하려는 방법으로 땅, 노동, 시간, 돌봄 및 소득의 탈상품화를 추구해 왔다. 조절적 규칙은 이들 핵심적 삶의 영역에 대한 시장 지배를 제한하고 그것을 탈상품화하기 위해 개정될 필요가 있다. 21세기 복지국가는 일상의 돌봄 노동 및 복지를 통한 젠더관계나 사회보장과 공적 서비스에 영향을 미치면서 서구 사회질서에 깊이 침윤되어 있으며 글로벌화를 통해 제3세계에도 영향을 미치고 있다.

자유에 대한 핵심 질문은 시간, 건강, 주택, 교통, 돌봄, 연금, 교육, 물, 유틸리티 및 기타 서비스와 하부구조에 걸쳐 번영하는 삶을 살기 위해 인간이 무엇을 필요로 하는가에 대한 것이다. 나아가 생태복지와 관련된 정책이 상호의존적 삶을 어떻게 지지할 것인가라는 문제는 개인적 자유가 아닌 집합적 자유에 대한 초점을 필요로 한다. 이러한 맥락에서 자유는 인간의 집합적 웰빙에 대한 제고 능력으로 이해되며 이러한 자유의 이해는 호혜성과 연대 모두와 관련된 것이다. 따라서 생태복지사회로의 전환은 '소유 및 통제보다 존재 및 행위를 통해' 자유로의 요구를 이행하는 데 도움을 준다.

3) 호혜성

우리는 개인적 자유보다 집합적 연대를 우선순위에 놓음으로써, 호혜적 상호의존에 근거한 집합적 노력으로 사회정의나 기후정의에 접근할 수 있다. 이런 방식으로 이해되는 호혜성은 부담이 아니라 우리가 살 수 있는 최선의 삶을 살게 돕는 필요한 역량을 부여하는 기능이다. 코로나19 팬데믹은 우리의 삶이 어떻게 호혜적 관계에 의해 크게 지배되며, 사회적 재생산을 위한 공동체, 연대, 호혜성에 우리가 얼마나 큰 가치를 부여해야 하는지 실감케 했다. 사람들은 긍정적 자유 및 삶의 형태를 성취하는 호혜적 관계에 가치를 부여하며 사는 것을 원한다. 서구 부유국이든 제3세계이든 정책은 이러한 가치를 확증하고 지원할 필요가 있다.

호혜성은 이방인과도 서로 자유롭게 돌보는 것을 의미한다(이 책의 7장 참조). 인간의 관계는 받은 만큼 줄 때 번영한다. 많은 사람들은 이미 무료로 돌봄을 포함한 일을 하면서 호혜적 삶 속에 행복해 하고 있다. 공식적으로는 시민권, 과세 및 복지 재분배를 통해, 비공식적으로는 호혜적 관계를 통해 개방적인 상호의무는 사회질서를 지속하기 위해 인간들을 함께 결속해 왔다. 몇몇 사람들에게 호혜성은 복지와 과세를 정당화하는 필수적 규범이다. 사람들은 할 수 있는 한 공공재에 생산적으로 기여하도록 요구받는다. 지원에 대한 보답으로 공동체에 생산적으로 기여하는 상응하는 의무는 능력에 따라 스케일링된다.

인간은 국가, 시장 및 사회의 구조에 의존하는 호혜성의 다양한 문화적 규범 가운데 큰 스케일에서는 협력 경향이 있는 강력한 호혜자이다. 그래버 외(Graeber et al., 2021)는 비자본주의사회인 전자본주의 아메리카 원주민 공동체에서 사유재산이나 사적 소유는 집합적이든 개인적이든 인간 서로 및 자연에 대한 돌봄을 의미하여 생산의 비생산적 방식이 정치경제에 구축되었음을 밝힌다. 이는 오늘날 일반화된 소유에 대한 좁은 법적 정의와 결합된 '점유적 개인주의'와는 다른 것이다. 타인과 자연 생태의 돌봄에 대한 헌신은 전적으로 자발적인 적은 없었고 호혜성, 협동을 배양하는 제도화를 역사적으로 필요로 하는 것이었다. 욕조에 있는 아기 비유를 사용하자면, 머피(Murphy, 2023: 66)의 주장은 물(복지의존성)을 내던질 때 아기(호혜성)를 내던져서는 안 된다는 것이다.

호혜성은 사람들이 스스로의 웰빙을 성취하고 타인에 대해 기여하도록 하는 제도의 혁신뿐만 아니라, 교육 및 경제의 기회를 확장하는 역량 또한 증진시킨다. 핵심적인 것은 사회적 포용을 제고하고 지방공동체, 협동조합 및 시민사회에 대한 지지를 통해 사회적으로 유용하거나 가치 있는 활동에 참여하도록 하는 적극적 노동시장 프로그램, 더 나아가 교육훈련과 같은 제도들이다. 그러한 제도들은 잠재적으로 생태사회적, 포용적 가치를 갖는 정책으로 복지와 지방 풀뿌리 경제활동을 연계할 수 있다.

3. 생태복지의 관련 모델 및 제도

권희중 외(2022: 290-292)에 따르면, 1970-80년대 경제성장이 가속화되던 시점에서 국가의 형태는 어떻게 하면 성장이 더 잘되도록 만들지가 관건이었다. 이러한 성장주도형 국가의 특성은 관리=관료형 국가 유형으로 나타나며, 21세기에 나타난 신자유주의 국가 역시 시장질서를 유지하기 위한 국가 규제의 강화를 특징으로 한다. 서구의 스케일에서 식민주의에 의한 이윤 수취의 산물이었던 복지국가는 20세기 들어 글로벌화하면서 시장 소득의 재정적 기여를 통해 팽창되어 왔다. 이와 같은 복지국가의 역할은 현금 위주 지원에서 '노동연계복지'를 수행하는 제3섹터에 대한 예산 보조로의 형태 변경만 있을 뿐 신자유주의 시대에도 변하지 않고 있다. 여기서는 생태복지사회의 제도 형성과 관련하여, 생태복지에 입각한 공공부조 원칙, 생태복지와 연관된 사회보험으로서의 기후실업급여 등에 대해 개괄적으로 다루어 보겠다.

1) 생태복지국가의 과제

복지국가는 공공부조, 사회보험, 사회복지서비스 영역을 막론하고 경제성장에 따른 조세수입으로 유지된다. 사회보험, 사회복지서비스 등의 재정 또한 경제성장을 전제로 한 기업 및 국민의 세금 갹출에 의지하지만, 특히 공공부조는 이러한 경제성장의 과실에 전적으로 의존한다. 워커 등(Walker et al., 2021)에 따르면, 현 단계 생태복지국가의 과제는 첫째 성장을 멈춘 경제에서의 복지국가에 대한 재원 충당, 둘째 복지의 증가하는 상대적 비용 해결, 셋째 복지국가 내 경제성장 의존논리 극복, 넷째 생태위기 대응을 위한 복지수요 조절, 다섯째 생태복지국가로의 전환에 관한 정치적 해법 등으로 손꼽힌다. 이 가운데 생태복지를 둘러싼 공공부조 영역에서의 쟁점은 앞의 네 가지 과제에 주로 해당한다.

먼저 복지국가의 재원 충당 문제는 장기화된 저성장에 따른 복지 관련 조세수입의 감소와 관련된다. 이를 둘러싸고는 자원을 덜 사용하면서 더 많은 복지를 제공하는 새로운 효율성, 그리고 복지서비스에 대한 욕구를 덜 갖도록 하는 수요 감축 등이 대안으로 제기될 수 있다. 나아가 복지비용의 상대적 증가는 과점 등 가격에 영향을 미치는 시장왜곡, 전염병 영향이나 고령화 등에 따른 욕구 및 수요의 증가, 건강 돌봄에 대한 개선 기대 등에서 비롯된다. 또한 복지국가 내 성장의존 논리는 대량실업, 건강악화 등 유의미한 심리적, 사회적, 경제적 위해(危害)를 회피하기 위해 경제성장의 지속을 요구하는 측면이다.

이와 함께 생태위기 대응을 위한 복지수요의 조절이라는 네 번째 과제와 공공부조 영역을 교차하면, '예방적 복지모델'의 필요성이 도출된다. 전자와 관련하여, 생태복지의 기반이라 할 수 있는 탈성장은 선호, 욕망 등에 근거한 만족(satisfaction)이 아니라 인간이 사회적으로 통제가능한 만족가능성(satiability)에 초점을 둔다. 이러한 만족가능성은 자원 사용으로부터의 탈동조화(decoupling)될 때 증진될 수 있다. 예방적 복지모델은 고령화, 산업재해의 결과인 사후적 복지를 대체함으로써, 복지예산의 낭비를 막아 재정 충당에 필수적인 경제성장이 낳는 생태계 파괴를 억제해야 함에 주목하고 있다.

다른 한편으로 생태위기 대응을 위한 복지수요의 조절이라는 네 번째 과제와 사회복지 서비스의 영역을 교차하면, '관계적 복지모델'의 필요성이 도출된다(Walker et al., 2021: 8). 관계적 복지란 상의하달식 관료적, 전문가 접근이 아닌 호혜적 수평관계를 통해 자원 감소와 사회적 성과를 개선할 수 있다는 입장이다. 코텀(Cottam, 2018; Walker et al., 2021: 8에서 재인용)에 의하면, 영국 등 많은 나라들에서는 중앙집중적, 거래적, 관료적인 복지전달 모델에 의거하여 모니터링과 형식적 방문 위주의 사회복지서비스가 운영되어 왔다. 그러나 코로나19 확산 이후에는 상호부조 집단의 연계망에 근거한 사회복지사와 복지전달체계에서의 '급진적 부조(radical help)'의 새로운 모델이 출현하고 있다.

2) 생태복지제도로서의 기후실업급여의 시도

기후변화에 따른 폭염 및 고온현상은 어제 오늘 일이 아니다. 질병관리청에 따르면, 2018년 전국에서 4,500명 이상의 온열질환자가 발생했고 이 가운데 48명이 사망했다. 현재 추세대로 온실가스를 배출하는 경우, 여름철 우리나라 평균 총 사망자수는 2010년 대비 2100년에 32.4% 증가할 것으로 전망된다. 여기서는 기후위기로 초래되는 생태복합위기에 대응하는 사회보험의 개혁 시도인 기후실업급여에 관해 살피기로 한다.[4] 1인 가구 증가, 개인주의 심화 등의 이유로 다양한 1인 맞춤 서비스가 나날이 발전하고 있다. 이와 함께 코로나19 기간 동안 배달 플랫폼 업체의 경쟁 가속화와 더불어, 택배를 통해 물건을 배송 받고 음식을 시켜먹는 것은 하나의 일상으로 자리매김해 왔다.

이러한 영향으로 배달 라이더에 대한 수요도 증가하고 있는데, 국토교통부의 조사 결과 배달업에 종사하는 인원은 2019년 상반기 11만 9,626명에서 2022년 상반기 23만 7,188명으로 급증해 왔다. 또 배달의 민족, 쿠팡과 같은 온라인 플랫폼의 이들 배달노동자는 기름값, 수리비, 보험료 등의 경비를 직접 부담하기 때문에 최근 물가상승에 따른 고통을

---

4 13장 3절 2소절의 논의는 박재훈 외(2023)를 참조하여 재구성한 것이다.

겪고 있기도 하다. 이러한 생계 문제뿐만 아니라 배달노동자의 인권침해, 열악한 근무환경 또한 문제가 된다. 박정훈(2019)은 정규직을 제1노동시장, 비정규직을 제2노동시장으로 구분하고, 배달 라이더에 대해 제3노동시장이라는 범주를 추가적으로 제시한다.

제3노동시장은 취업준비생, 주부, 노인, 해고자, 퇴근 후 투잡족 등을 포괄하는데, 온라인 플랫폼이 등장하면서 이들 제3노동시장의 노동자는 '사장님' 혹은 '플랫폼 노동자'라는 이름으로 호명되어 왔다. 플랫폼 배달노동자의 열악한 근무환경 가운데 기후위기의 여름에도 이들이 뜨거운 아스팔트 위에서 일할 수밖에 없는 상황이 무엇보다 손꼽힌다.[5] 폭염 기간에 온열질환에 노출되기 쉬운 배달노동자는 이를 예방하기 위해 작업 중지를 할 수 밖에 없다. 그러나 건당 수입을 받는 현실에서 작업 중지는 곧 수입 중단을 뜻한다.

한국의 현행 산업안전보건법 제51조에 따르면, 사업주는 산업재해 등 급박한 위험이 있을 시 근로자를 대피시켜야할 의무가 있다. 그리고 고용노동부는 폭염 특보 시 규칙적 휴식과 옥외작업 제한 등을 권고하고 있지만, 배달 라이더들은 이 같은 권고 사항을 전혀 체감하지 못한다. '온열질환 예방 가이드라인'을 제대로 지키는 사업장을 보기 힘들고 이들 플랫폼 노동자는 아직 노동자로서의 지위를 인정받지 못하고 있기 때문이다. 그런데 최근에는 바로고, 생각대로 등과 같은 배달대행사의 지역대리점 대표(지사장)는 라이더의 사용자이므로 교섭에 응해야 한다는 경기지방노동위원회의 판정 결과가 나오기도 했다(양돌규, 2024).

현재 배달노동자 조직이 요구하고 있는 기후실업급여는 기후변화와 관

---

[5] 배달노동자는 아스팔트 복사열, 차량 열기를 받으며 일하는 데다 헬멧 등의 안전 장구 착용으로 인해 더욱 힘든 근무환경에서 일한다. 헬멧을 쓰면 열이 잘 방사되지 않기에 중심부 체온이 과도하게 올라가 온열질환에 더 쉽게 노출될 수 있다. 박정훈(2021) 참조.

련된 환경문제로 일자리를 잃는 노동자를 지원하기 위한 생태복지정책이다. 이는 폭염을 비롯한 기상악화 상황에서 발생하는 작업 중지를 '일시적 실업상태'로 간주해 통상 수입의 70%를 지급하는 것을 내용으로 한다. 그 대상은 배달노동자 외에도 환경파괴, 기후이상 현상, 환경규제, 에너지 전환 등과 관련된 일자리에 종사하는 노동자들 모두에 해당한다. 기존의 실업급여는 경제활동 상실 또는 일자리 소멸 등과 관련된 어려움을 겪는 노동자에게 현금과 같은 일반적 급여형태를 기존 임금수준에 따라 지급한다. 이에 비해 기후실업급여는 일반적인 실업급여 자격을 충족하되 기후변화로 인한 장기간 폭염, 가뭄, 홍수 등과 같이 일자리 상실이 기후 관련 요인에 의해 발생한 경우에 해당한다.

기후실업급여를 도입할 때 플랫폼 노동자에 대한 이익으로는 자유로운 작업중지권의 확보, 안정적 소득, 생산성 유지, 노동자와 고용주의 사회적 안정성 향상 등이 거론된다. 반면에 기후실업급여 도입의 문제점에는 기후에 대한 명확한 기준 결여, 건당 수입에 따른 배달노동자 수입 기준의 불명확성, 고정된 사업장의 부재로 인한 플랫폼 당 기준의 천차만별, 급여수준 결정의 공정성 문제, 배달 노동자의 교통수단으로 인한 탄소배출 등이 손꼽힌다. 이제 기후실업급여의 실현 가능성을 검토하기 위해 관련 재원과 예산의 편성 및 행정제도 구축을 위한 검토가 시작되어야 할 것이다.

그리고 기후실업급여의 도입 이전이라도 플랫폼 노동자가 폭염에도 일할 수밖에 없는 조건 아래 산재 및 고용보험에 기후위기 대응 조항을 포함할 필요도 있다. 예를 들어 이직일 이전 24개월 동안 피보험기간이 통산 12개월 이상이면서 비자발적으로 이직하거나 일정수준 이상 소득이 감소한 경우, 생활안정과 구직활동 촉진을 목적으로 플랫폼 노무제공자 고용보험을 지급할 수 있다. 이는 기후위기로 인한 배달노동자의 소득 감소에 대응하여 이들이 충분한 혜택을 받을 수 있도록 고용보험의 범위를 확장하는 수단이다. 나아가 장기간 근로하는 배달 라이더의 안전을 위해, 라이더 본인 및 플랫폼 측의 과잉근로를 방지하는 관련 법률의 제정과 안전 교육 강화가 요청된다.

4. 지방적 민주주의를 통한 생태복지사회로의 공명

피이터즈(Peeters, 2021)에 따르면, 복지국가는 경제성장에 근거해 발전해 왔기 때문에 저성장이 장기화되는 현 시점에서 복지국가 황금기로의 회복이란 사회생태적 관점에서 불가능하다는 점을 인정해야 한다. 그 대신 시장, 국가, 시민사회 모두가 참여하는 이해당사자 복지 모델로의 전 세계에 걸친 확산이 요구된다. 그러한 이해 당사자로는 이 책의 '행성적 제4의 길'이 강조하는 인간너머 존재까지 고려되어야 할 것이지만, 제3세계의 탈식민 생태주의를 지탱할 수 있는 생태사회적 공존 및 공명의 방안 아래 탐색되어야 할 것이다. 어쨌든 현 단계 생태복지의 대안은 시장-국가 이중지배로부터 사회복지 서비스를 탈각시키기 위한 아래 두 가지 근거에서 탐색되어야 한다.

첫째는 복지국가가 경제성장에 근거함을 인식하는 맥락에서, 사회생태적 이유로 경제성장 자체의 회복이 바람직하지 않다는 것을 인정하는 것이다. 따라서 생태복지의 재구조화는 지속되는 공적 서비스의 민영화에 저항하는 것만으로는 충분하지 않다. 정의로운 회복력이 작동하는 생태복지사회의 프레임을 짜는 작업은 탈자본주의 관점에 의거하여, 사회적 경제와 시민-공공 협력에서 동력을 찾을 수 있다. 북부 이태리의 사회적 돌봄을 위한 연대 협동조합은 이러한 작업에 영감을 던져 주는 모범 사례이다.

둘째는 사람들의 욕구에 부응하는 생산물이나 서비스를 낳는 어떠한 활동이라도 사용가치를 창출하는 경제적 의미를 갖는다는 것을 인정하는 것이다. 돌봄 및 사회복지 서비스 활동은 노동집약적이고 넓은 범위에서 인간의 상호작용 역량과 사회적 자본에 근거한다. 게다가 이로부터 창출된 가치는 더욱 본질적인 의미의 창조와 실질적으로 연계되므로 생산성 이득과 투자회수라는 일방적 논리로 개념화될 수는 없는 것이다. 이는 시민들의 '함께하는 선한 삶' 외곽에 경제 목표를 설정하는 자본주의 시장 논리의 완화가 생태복지사회의 동력이 될 수 있음을 가리킨다.

포스트성장은 부유국가에서의 만족가능성(satiability)과 필요를 서구 중심적으로 각인하는 것에서 더 나아가 제3세계와의 공존하는 지방적 생태복지 모델의 상호 연계를 기반으로 할 수 있다. 머피(Murphy, 2023: 68)는 생태복지사회가 인권의 마지막 의지 공급자 및 보장자로서의 국가의 근본적 역할을 후퇴함 없이, 능동적 사회를 촉진한다고 주장한다. 그러한 생태복지사회는 지구, 민족국가 스케일보다 삶의 현장에 더욱 밀착되어 있는 지방 스케일에서 출발하는 것이 바람직하다. 강력한 지방민주주의 및 지방자치제와 생태복지 거버넌스는 신뢰, 참여, 평등 등을 양성하는 과세 및 입법적 자율성을 포함하는 지방 역량에 의해 지지될 수 있다.

생태복지사회, 또는 생태복지국가를 건설하는 경로는 다양하다. 그럼에도 기후 및 감염병 위기 시대 생태복지의 공생을 위해서는 강력한 지방민주주의, 역량 있는 제도의 구축, 그리고 역동적이고 공동생산적(co-productive) 정책이 무엇보다 요청된다. 시민, 노동자 및 서비스 사용자와 관련되는 공동생산적 협업 거버넌스는 숙의 및 폭넓은 형태의 민주적 참여를 격려하는 '고에너지 민주주의'의 일환이다. 노동자 및 서비스 사용자의 경험적 지식을 인정하는 것은 복지국가가 시민들을 생각, 행동, 판단 및 참여할 작인을 갖는 능동적 기여자로 주도적으로 가치 부여할 때 가능하다. 또한 지방적 생태복지모델은 중앙집권적 국가보다는 지방 스케일에서의 복지수요 및 공급의 매칭이 자원절약을 가져올 수 있음을 강조한다.

이는 지방 스케일에 바탕을 둔 분권적 에너지 수급모델이 글로벌, 전국 단위의 에너지 전달보다 효율적이고 자원 절약적이라는 사실과 같은 맥락에 있다. 구자인(2020: 443)이 강조하는 한국 농촌에서의 녹색전환에 대한 제안을 참조하면, 특히 제3세계 국가 및 지자체 상황에서 내발적 발전을 어떻게 시동할 것인가의 고민이 중요하다고 볼 수 있다. 그는 녹색전환의 전략으로 지역자치와 자급의 강화를 우선시하는데, 이 때 자급이란 농산물을 포함한 유형뿐 아니라 사람, 화폐 등을 모두 포함한다. 나아가 그는 생태복지사회로의 전환이 어느날 갑자기 전면적으로 등장하는 것이 아니며, 우연찮게 찾아오는 기회를 잘 활용해야 패러다임 전환으로 나아갈 수 있다고 조언하고 있다.

참고문헌

강경숙, 2022, "기후정의, 생태복지국가로의 전환이 시급하다", 복지국가소사이어티, 7월 11일(http://www.welfarestate21.net/home/data3.php?mode=read&mod_gno=2676).

강수택, 2022, 『환경과 연대』, 이학사.

김도균, 2018, 『한국 복지자본주의의 역사』, 서울대학교 출판문화원.

강한들, 2022, "죽었다던 '수라갯벌', 멸종위기 동물과 염생식물 생명의 숨소리", 경향신문, 12월 2일.

경상일보, 2018, 8월 23일.

고동현 외, 2016, 『사회적 경제와 사회적 가치』, 한울 아카데미.

고병권, 2023, "거짓새들의 둥지", 경향신문, 5월 26일.

고유경, 2020, "지속가능한 숲' 개념과 독일 근대 임학의 탄생", 『독일연구』, 44: 95-131.

_____, 2022, "산업화와 숲의 보호: 20세기 전환기 독일 숲의 세 얼굴", 서울대 아시아연구소, 한국독일사학회, 『아시아와 유럽의 기후생태문제연구』, 공동학술회의 자료집, 75-95.

고호근 외, 2020, "울산시청, 야음근린공원 갈등불씨 20년간 방치", 노컷뉴스, 11월 27일.

관계부처 합동, 『제3차 식생활교육 기본계획(2020-2024)』.

권오복, 2013, "협동조합기본법 시행에 따른 태동가능한 임업, 산촌지역의 협동조합 유형", 『산림경제연구』, 20(1): 35-46.

구자인, 2020, "지역사회 조직화를 통한 녹색사회 이행", 환경부 편, 『녹색전환』, 한울.

권희중 외, 2022, 『기후전환사회』, 모시는사람들.

김경희, 2013, "사회적 경제를 통한 지역혁신의 가능성과 한계 – 마을기업과 협동조합을 중심으로", 『공공사회학』, 3(2): 126-150.

김기섭, 2018, 『사회적 경제란 무엇인가』, 들녘.

김덕삼 외, 2023, "탈식민주의와 한국의 역할", 『한국학연구』, 86: 5-32.

김두연 외, 2018, "지역에너지공동체를 위한 사회적 경제 기업 형태에 따른 태양광발전사업 수익성 분석", 『한국신재생에너지학회 학술대회논문집』.

김민재 외, 2018, "지속가능성 전환의 관점에서 본 서울시 정책 평가", 『에코』, 22(2): 7-40.

김민정, 2019, "사회가치 평가의 이상형과 인분의 사회적 가치 측정." 한국환경사회학회 춘계 학술대회 자료집.

김병권, 2021, "탄소중립을 위한 대안경제와 사회적 경제", 한겨레경제사회연구원 외, 『기후위기 시대, 시민중심 거버넌스를 위한 사회적 경제의 역할, 제15회 사회적 경제 정책

포럼 자료집』, 4월 30일.

김상아, 2021, "울산 기후위기비상행동, 야음근린부지 보전위한 범시민 서명운동 전개", 울산매일, 3월 21일.

김수진, 2021, "전환정치의 관점에서 바라본 그린뉴딜", 생명자유공동체 3월 포럼.

김수환, 2021, "1분과 발표", 백년 숲 사회적 협동조합, 『울주형 산림일자리 시나리오 워크샵 자료집』.

김영모, 1999, 『사회정책』, 한국복지정책연구소 출판부.

김장수, 1971, "산림경영의 문제점과 대책", 『한국임학회지』, 13: 85-87.

김재상, 1979, "신설 협업체의 포부 - 협업체 산주에게", 한독산림경영사업기구·산림경영협업체, 『협업체소식』, 3, 2월 15일.

김재홍 외, 1999, 《울산지역 환경정책 결정과정에서의 시민의사 반영과 환경민원 해결을 위한 정책대안 연구 및 공단지역 주민건강 조사연구》, 울산지역환경기술개발센터.

김정원 외, 2018, 『협동노동 기업의 도전』, 다른경제 협동조합.

김종관, 1997, "보고순서"(내부자료).

_____, 1998, "임협조직과 사유림 경영", 『산림』, 11월호,

_____, 1999, "임업근대화의 뒤안길, 한독산림 이야기들", 『한국임업신문』, 제161호, 11월 18일.

_____, 2003, 『숲과 산주를 위한 꿈』, 임업신문사.

_____, 2018, "울산 생명의 젖줄, 한독산림 '큰숲'(2)", 『울산저널』, 3월 7일.

_____, 2021, "미래희망 심는 지속가능한 선순환 산림경영", 『울산저널』, 8월 10일.

_____, 2022, "탄소흡수 능력 향상과 산림일자리 창출을 위한 선순환 임업경영의 본질과 참모습을 심고 가꾸자, 『울산저널』, 9월 20일.

_____, 2023a, "5령급의 '한독숲'과 '한독기구' 50주년", 『울산저널』, 9월 15일.

_____, 2023b, 『백년숲 가는 길』, 미발표원고.

김주환, 2011, 『회복탄력성』, 위즈덤하우스.

김혜린, 2018, "급변하는 기후, 난민을 만들다", 『함께 사는 길』, 8월.

김홍일, 2023, "터무늬 있는 집 기부런 프로젝트", 사회투자지원재단, 10월 5일(https://themuni.co.kr).

김홍중, 2017, "사회적 가치와 죽음의 문제", 한국사회학회·서울대 사회공헌교수협의회, 『사회적 가치: 협력, 혁신, 책임의 제도화』, 한국사회학회 "사회적 가치 확산을 위한 다차원적 혁신" 심포지엄 자료집: 17-36.

남재욱, 2022, "윤석열 정부, 피부 와 닿은 기후위기에도 '원자력'만 고집", 울산저널, 7월 4일.

농림축산식품부·식생활교육국민네트워크, 2012, 『식생활 교육백서』.

농림축산식품부 외, 2015, 『제2차 식생활교육 기본계획(2015-2019)』.
로이슈, 2018, 7월 2일.
마상규, 2018, "한국, 독일 산림경영기술협력사와 한반도의 산림경영협력을 위한 제안", 『한독산림협력 44주년 기념 독일전문가 초청행사 한독산림협력사업지 현장방문(울산지역) 및 지역토론회 자료집』, 7-8.
_____, 2019a, "100년숲경영 국민운동과 산림윤리의 실현", 『울산저널』, 11월 13일.
_____, 2019b, "숲가꾸기 이후 시대의 대비와 산림기능인의 일자리 지속 대책", 내부자료.
마상규 외, 2017, 『숲 경영, 산림 경영』, 푸른숲.
박경·김종관, 1979, "협업체의 문제점과 성과", 한독산림경영사업기구, 산림경영협업체, 『협업체소식』, 4호, 6월 1일.
박명규, 2018, "사회적 가치의 다차원적 구조." 사회적가치연구원, *Social Innovation Monitor*, 15.
박명림 외, 2022, "안전하고 공정한 세계-지구시스템을 위한 행성성과 행성적 통로", 『공간과 사회』, 32(4): 173-210.
박선우, 2003, "배달노조, 폭염에 '기후실업급여' 촉구…통상수입의 70% 달라", 시사저널, 8월 3일.
박순열, 2022, "기후변화가 아닌 체계의 변화, 어떻게 가능한가?", 생명자유공동체 1회 공개포럼, 『기후위기 시대, 체제전환의 길을 묻다』, 숲과나눔재단.
박승옥, 2016, "한국 사회적경제 운동의 특성과 마을공동체 재생", 김신양 외, 『한국 사회적 경제의 역사』, 한울.
박운선, 2010, "수도권 자연보전권역 자연휴양림의 비사용가치에 대한 연구." 『대한부동산학회지』, 28(1): 137-158.
박재훈 외, 2023, "여름 폭염에 따른 배달노동자 실태와 기후실업급여의 가능성", 울산대 사회.복지학전공, 『도시빈곤과 생태복지 if-pbl 중간보고서』.
박정훈, 2019, 『이것은 왜 직업이 아니란 말인가』, 빨간소금.
_____, 2021, 『배달의 민족은 배달하지 않는다』, 빨간소금.
박종문 외, 2017, "에너지협동조합의 에너지 전환 운동을 통해 본 공동체 에너지의 형성 전략과 과제", 『한국환경사회학회 춘계학술대회 논문집』.
배성동, 2019, 『두서 내와 기와골 이야기』, 내와리 협업체.
배재수, 2009, "한국의 산림 변천", 『한국임학회지』, 98(6): 659-668.
백년숲사회적협동조합, 2020a, 『노사상생형 일자리 컨설팅 지원사업 1차년도 최종보고서』, 노사발전재단.
_____, 2020b, "울산형 그린뉴딜 사업", 미발간 자료.
_____, 2020c, 『국공사유림 통합 시군 산림계획 수립-울주군』, 울산광역시

울주군.

_____, 2021a, 『노사상생형 지역일자리 컨설팅 지원사업 중간보고서』, 노사발전재단.

_____, 2021b, "울주군 상생형 그린뉴딜 일자리 모델 −생태산업, 사회적 경제 기반", 리플렛.

백혜숙, 2020, "원헬스와 푸드플랜: 개념과 전략"(http://www.welfarestate21.net/home/data3.php?mode=read&cat=3&start=0&search_str=&search_val=&mod_gno=2592).

사회적가치연구원, 2018, 『사회성과 인센티브 활용 사례보고서』.

산림청·한독산림경영사업기구, 1980, 『사업보고서』, 11월.

신유정, 2020, "사회적 기업에서의 '주인되기(ownership)' 실천과 참여의 이데올로기", 『경제와 사회』, 127.

신종호 외, 2017, 『교육심리학』, 교육과학사.

신현방 외, 2017, 『안티젠트리피케이션』, 동녘.

양돌규, 2024, "오토바이 박씨에게 듣는 노동의 출구", 울산저널, 1월 12일.

양준화, 2019, "SDGs UN−국가−지방 이행현황과 과제", SDGs 이행 국회토론회 자료집.

엄한진·권종희, 2014, "대안운동으로서의 강원지역 사회적 경제", 『경제와 사회』, 104: 358−392.

연합뉴스, 2019, 9월 11일.

영남알프스 포럼, 2018, "추진 회의록", 8월 27일(미발간).

오단이, 2021, "지역중심 정책시대의 사회적경제 역할과 과제", 장원봉 외, 『한국 사회적경제, 거듭남을 위하여』, 착한책가게.

오세현 외, 2017, 『블록체인노믹스』, 한국경제신문.

오수길, 2019, "서울시 지속가능 발전목표와 생태적 전환", 서울특별시 심포지움 자료집, 『GDP를 넘어 생태적 전환으로』, 9월 26일−27일.

우석영 외, 2020, 『걸으면 해결된다』, 산현재.

우종춘, 2021, "코로나19 팬데믹 시대에 있어서 생태 숲의 역할 − 산림경영의 역사적 변천 과정에 대한 고찰", 『광장』, 221호.

울산광역시, 2005, 『태화강 마스터플랜』.

_____, 2010, 『태화강 마스터플랜 − 2단계 추진방안 연구』.

_____, 2011, 『영남알프스 산악관광 마스터플랜』.

울산광역시·울산발전연구원, 2018, "태화강 비전 2040 −그뤠잇 태화강프로젝트", 파워포인트 자료.

울산광역시 시민소통위원회, 2018, 『민선7기 울산광역시장직 인수위원회 시민소통위원회

보고서』, 6월 30일.
울산광역시 울주군, 2016, 『영남알프스 행복케이블카 조성사업 타당성조사 보고서』.
_____, 2020, 『산림 사회적 경제를 활용한 노사상생형 일자리 모델』, 미발간 자료.
울산 백년 숲 추진위원회, 2019, 『울산 100년 숲 프로젝트』, 미발간 자료.
울산산주협의회 추진위원회, 2021, 『(가칭)울산산주협의회 발기인대회 자료집』.
울산저널, 2018, 9월 4일.
울산환경운동연합 외, 2018, "태화강 정원박람회 평가 기자회견문", 4월 24일.
윤석, 2018, "울주 산악관광 활성화", 파워포인트 자료, 울산 생명의 숲.
울주형 그린뉴딜 일자리모델 1분과 위원회, 2021, "1분과(산림경영) 제1차 상생협의회 자료", 미발간 자료.
유미란, 2020, "긱워커, 그들은 누구인가", 월간 인사관리, https://e-hcg.com/bbs/board.
유영민, 2021, "숲과 사회적 경제", 백년숲 사회적 협동조합 강의자료.
유재형, 2023, "서○○의원, 영남알프스케이블카사업 조속한 추진 요청", 뉴시스, 5월 31일.
유현종·정무권, 2018, "한국 사회적 경제 거버넌스와 지역발전", 『지역발전연구』, 27(2): 33–82.
윤여일, 2017, "강정, 마을에 대한 세 가지 시선: 커먼즈에서 커머닝으로", 『에코』, 21(1): 71–109.
이강오, 2021, "지역임업 전성시대가 도래하다", 울주형 그린뉴딜 일자리모델 1,3 분과 통합워크숍 자료집, 8월 13일.
이민화, 2018, 『공유 플랫폼 경제로 가는 길』, KCERN.
이상범, 2018, "태화강 정원 현장답사", 10월 30일(http://blog.daum.net/jilgo-ji/7164504).
이상헌, 2018, "서울시 전환 정책들에 대한 비판적 고찰", 『에코』, 22(2): 41–76.
이승원, 2016, "회복력 강화를 위한 사회혁신과 전환의 정치", 『사회혁신의 시선』, 7월호.
이영호, 2020, "토론문", 울산광역시 미래비전위원회, 야음근린공원 시민대토론회 자료집.
이원재, 2018, "사회의 혁신과 세대의 역할", 박명규 외, 『사회적 가치와 사회혁신』, 한울.
이재열 외, 2016, 『사회적 경제와 사회적 가치』, 한울.
이정민, 2021, "전환교육기관 설립 추진을 위한 협력과제", 울주형 그린뉴딜 일자리모델 2,4 분과 통합워크숍 자료집, 7월 21일.
이종호, 2018a, "헤센주 임업경영, 독일 임업의 미래", 『울산저널』, 7월 18일.
_____, 2018b, "독일과 한국을 오간 나무사랑", 『울산저널』, 7월 25일.
이종수, 2021, "'푸른 숲'을 '지속가능한 선순환 경영의 숲'으로", 사회적가치연구원, 『Social Value Hub』, 뉴스레터(http://socialvalue.re.kr).

이태수·이창곤·윤홍식·김진석·남기철·신진욱·반가운, 2022, 『성공한 나라, 불안한 시민』, 헤이북스.

이항우, 2017, 『정동자본주의와 자유노동의 보상』, 한울.

이해진, 2019a, "협동조합 먹거리체계의 지속가능성과 회복력: 한살림협동조합을 중심으로", 『농촌사회』, 29(2): 77-128.

_____, 2019b, "먹거리 커먼즈와 청주시 지역 먹거리정책의 방향", 『ECO』, 23(1): 107-156.

이현훈, 2022, 『예정된 미래: 네 가지 뉴노멀과 제4의 길』, 파지트.

임승빈, 2007, 『환경심리와 인간생태』, 보문당.

임업협동조합중앙회 임업기술훈련원, 1998, 『울산지역 협업체 육성현황』.

임준형, 2021, "자본주의가 낳는 불평등과 국경 통제로 고통 받는 기후난민", 노동자연대, 388호(https://wspaper.org/article/26416).

장원봉, 2006, 『사회적 경제의 이론과 실제』, 나눔의 집.

장훈교, 2016, 『밀양전쟁』, 나름북스.

전은호, 2017, "시민자산화, 그 사례와 가능성", 『모심과 살림』, 9호.

정남영, 2017, "대안 근대로의 이행과 커먼즈 운동." 한국비평이론학회 5월 학술대회 발표문.

정영신, 2017, "커먼즈의 변동과 한국사회의 이해", 최현 외, 『공동자원론, 오늘의 한국사회를 묻다』, 진인진: 25-44.

_____, 2023, "도시 커먼즈는 제도적 장벽을 어떻게 넘어설 수 있는가", 생명자유공동체, 『전환의 정치, 열 개의 시선』, 풀씨: 115-154.

정은주, 2017, 『인구감소시대, 도시 만들기와 공유경제』, 전남대 출판문화원.

정진영, 2023, "금융커먼즈 해외 사례 및 우리나라 금융커먼즈 지형도", 희년함께 희년은행, 『금융소외지대에 선 사람들』, 대안금융포럼 자료집.

조민주, 2020, "진보당 울산시당, 공단환경세 10% 확보해 야음근린공원 지켜내야", 머니투데이, 11월 25일.

조성찬, 2017, "내쫓김을 극복하기 위한 새로운 도전: 토지가치 공유형 지역자산화 모델", 신현방 외, 『안티젠트리피케이션』, 동녘: 273-310.

조영탁, 2013, 『한국경제의 지속가능한 발전전략』, 한울.

조옥래, 「석탄 연탄의 세대교체」, 미발표 파워포인트 자료, 2022.

조효제, 2019, "경제개발에서 발전권으로", 한겨레신문, 10월 30일.

주윤정, 2021, "코로나 시대의 생태적 전환과 실천들", 인간-동물 연구 네트워크, 『관계와 경계 -코로나 시대의 인간과 동물』, 포도밭.

_____, 2022, "탈식민주의 관점에서 본 생태환경사", 서울대 아시아연구소 동북아센터·한

국독일사학회, 『아시아와 유럽의 기후생태문제 연구』, 공동학술대회 자료집.
최명애, 2021, "재야생화: 인류세의 자연보전을 위한 실험", 『에코』, 25(1): 213-255.
최병두, 1999, 『녹색사회를 위한 비평』, 한울.
최병승, 2013, "송전탑 올랐던 노동자들, 송전탑 막으러 밀양가자", 오마이뉴스, 11월 21일.
최원형, 2023, "마포·신촌 학술단체들, 왜 장애인 권리예산 연대 나섰나", 한겨레신문, 4월 19일.
최정규, 2017, "이기적 개인에서 협력적 사회로", 한국사회학회·서울대 사회공헌교수협의회, 『사회적 가치: 협력, 혁신, 책임의 제도화』, 한국사회학회 "사회적 가치 확산을 위한 다차원적 혁신" 심포지엄 자료집.
최종천 외, 1996a, "임업구조 개선을 위한 임야소유권 분석(II)", 『농업정책연구』, 23(2): 123-151.
_____, 1996b, "임업협동조합의 발전방안에 관한 연구", 『한국협동조합연구』, 14: 47-67.
최현·따이싱성, 2016, "공동자원론의 쟁점과 한국 공동자원 연구의 과제", 최현 외, 『공동자원의 섬 제주 1』, 진인진: 41-79.
최현 외, 2017, 『제주의 마을과 공동자원』, 진인진.
통계개발원·서울대 사회발전연구소, 2016, 『SDGs 이행을 위한 모니터링 체계 구축방안 I 해설 편』.
하민지, 2023, "휠체어이용 장애인 항공편 예매하니 업든지 안든지 알아서 타세요", 비마이너, 11월 1일(https://www.beminor.com/news/articleView.html?idxno=25597).
하정연, 2022, "장애인 이동권투쟁 20년, 요구하는 건 뭐고 쟁점은?", SBS뉴스, 3월 28일.
한겨레신문, 2022a, "코로나 고용충격 저소득, 여성에 집중", 8월 4일.
_____, 2022b, "반지하 장애가족 책임지던 분, 밖에선 감정노동자 울타리", 8월 11일.
_____, 2022c, "반지하 장애인가족 장례식장 앞…촛불이 하나둘 켜졌다", 8월 12일.
_____, 2022d, "관악구 반지하 가족에게 지상으로 올라올 '주거 사다리'는 없었다", 8월 12일.
한경애, 2022, "마을 공동체에서 도시적 커먼즈로", 『공간과 사회』, 32(4): 11-44.
한국행정연구원, 2021, "울산 야음지구 갈등영향분석", 미간행보고서.
한독산림경영사업기구, 1998, "협업체별 운영현황", 내부자료.
한상진, 2006, 『환경정의의 사회학』, 울산대 출판부.
_____, 2012, 『공동체화』, 울산대 출판부.
_____, 2015, "승인적 환경정의 프레임에 비추어 본 신불산 로프웨이의 계획을 둘러싼 지방자치단체와 시민환경운동의 갈등", 『에코』, 19(1): 257-280.
_____, 2016, "역량의 환경정의 관점에서 본 핵발전소 주변 주민의 건강피해와 삶의 질 문

제", 『에코』, 20(1): 283-315.
_____, 2017, "생태사회적 배제", 『에코』, 21(2): 45-68.
_____, 2018a, 『한국형 제3의 길을 통한 생태복지국가의 탐색』, 한국문화사.
_____, 2018b, 『사회-생태계의 공동관리를 위한 성찰과 사례들』, 경제인문사회연구회 인문정책연구총서 1.
_____, 2018c, "탈성장 접근과 중강도 지속가능성의 탐색" 『에코』 22(1): 75-102.
_____, 2018d, "울산에서 도시 커먼즈 만들기", 울산저널, 10월 4일.
_____, 2018e, "영남알프스의 생태, 문화 커머닝과 마을재생의 방향", 영남알프스 월례포럼 발표문. 10월 4일.
_____, 2021, 『먹거리 안전의 생태사회학』, 울산대 출판부.
한상진 외, 2020, 『울산의 생태환경에 맞는 지속가능발전 목표(환경영역) 및 실천방안 수립에 관한 연구』, 울산녹색환경지원센터 최종보고서.
홍덕화, 2023, "커먼즈를 체제전환과 어떻게 연결할 것인가", 생명자유공동체, 『전환의 정치, 열 개의 시선』, 풀씨: 80-112.
황계식, 2021, "친환경 화학기술 '화이트 바이오'가 뜬다!", 『세계일보』, 3월 2일.
황진태, 2021, "커먼즈 기반 도시전환을 위한 거버넌스의 재해석", 생명자유공동체, 『전환의 질문, 질문의 전환』, 풀씨: 311-335.
황채두, 1982, "나는 협업체 회원이다", 한독산림경영사업기구, 산림경영협업체, 『협업체소식』, 14, 6월 30일.

Alexander, S., 2017, *Wild Democracy*, Simplicity Institute.
Alkon, A. H. et al., 2017, *The New Food Activism: Opposition, Cooperation, and Collective Action*, University of California Press.
Amin, A. 2002, *Placing the Social Economy*, Routledge.
Asadi, S. et al.(eds.), 2020, *Food-Energy-Water Nexus Resilience and Sustainable Development*, Springer.
Banet-Weiser, S. et al.. 2017. "Economy Is Culture." Castells, M. et al.(eds.). *Another Economy Is Possible*, Polity.
Benson, M. H. et al. 2017, *The End of Sustainability*, University Press of Kansas.
Biggs, R. et al., 2015, *Principles for Building Resilience*, Cambridge University Press.
Bollier, D., 2014, *Think like a Commoner,* Canada: New Society Publishers.
Bollier, D. et al.(eds.), 2012, *The Wealth of the Commons*, The Commons Strategies Group.
Bollier, D. and Weston, B. 2012, "Green Governance." Bollier, D. et al.(eds.), *The*

Wealth of the Commons, The Commons Strategies Group: 343-452.

Bonss, 2016, "The Notion of Resilience", Maurer, A.(ed.), *New Perspectives on Resilience in Socio-economic Sphere*, Springer.

Borowy, I. et al.(eds.), 2017, *History of the Future of Economic Growth: Historical Roots of Current Debates on Sustainable Degrowth*(Routledge Studies in Ecological Economics), Taylor and Francis Group.

Büchs, M. and Koch, M. 2017, *Postgrowth and Wellbeing*, Palgrave Macmillan.

Bresnihan, P. 2016, "The More-than-Human Commons: From Commons to Commoning", Kirwan, S. et al.(eds.) *Space, Power and the Commons: The Struggle for Alternative Futures*, UK : Routledge.

Bresnihan, P. and Millner, N., 2022, "Decolonizing Environmental Politics", Pellizzoni, L. et al.(eds.), *Handbook of Critical Environmental Politics*, Cheltenham: Edward Elgar Publishing Inc.: 521-539.

Bresnihan, P. and Millner, N., 2023, *All We Want is the Earth*, University of Bristol Press.

Bruun, M.H., 2015. "Communities and the Commons: Open Access and Community Ownership of the Urban Commons." Borch, C. and Kornberger, M..(eds.). *Urban Commons: Rethinking the City*, Routledge.

Chakrabarty, D. 2021. *The Climate of History in a Planetary Age*, Chicago: University of Chicago Press.

Chan, C. et al. 2019, "Bigger Issues in Smaller Worlds", Hudson, B. et al.(eds.), *Routledge Handbook of the Study of the Commons*, Earthscan from Routledge: 401-411.

Chapin III, F. S. et al.(eds.), 2009, *Principles of Ecosystem Stewardship*, Springer.

Clark, N. et al. 2021, *Planetary Social Thought*, Cambridge: Polity Press.

Daly, H., 2014, *From Uneconomic Growth to a Steady-State Economy*, Edward Elgar.

Davis, L. et al., 2001, *Forest Management*, Waveland Press Inc.

Dawney, L. et al. 2016. "Introduction." Kirwan, S. et al.(eds.). *Space, Power, and the Commons*. New York: Routledge: 133-139.

D'Alisa et al.(eds.), 2014, *Degrowth: A Vocabulary for a New Era*, Taylor and Francis Group.

De Angelis, M., 2017, *Omnia Sunt Communia*, Zed Books.

Dryzek, J.H, et al. 2019, *The Politics of the Anthropocene*, Oxford.

Elsen, S. et al.(eds.), 2017, *Ecosocial Transition of Societies*, Routledge.

Elsen, S., 2019, *Eco-social Transformation and Community-Based Economy*, Routledge.

Ellwood, W., 2014, *The No-nonsense Guide to Degrowth and Sustainability*, New Internationalist.

Esping-Andersen, G., 1990, *Three Worlds of Welfare Capitalism*, Princeton University Press.

Ferdinand, M. Smith, P. A.(trans.), 2022, *Decolonial Ecology*, Polity Press.

Fitzpatrick, T., 2003, *After the New Social Democracy*, University of Manchester Press.

_____, 2011, *Understanding the Environment and Social Policy*, The Policy Press.

_____, 2014, *Climate Change and Poverty*, The Policy Press.

Folbre, N., 2021, *The Rise and Decline of Patriarchal Systems An Intersectional Political Economy*, New York: Verso.

Foster, S.R. et al. 2019, "Ostrom in the City", Hudson, B. et al.(eds.), *Routledge Handbook of the Study of the Commons*, Earthscan from Routledge: 235–255.

Frayne, B. et al.(eds.), 2012, *Climate Change, Assets and Food Security in Southern African Cities*, Routledge.

Frichmann, B. M., 2012, *Infrastructure*, Oxford University Press.

German Commons Summer School, 2015, "Eight Points of Orientation for Commoning", Bollier, D. et al.(eds.), *Patterns of Commoning*, The Commons Strategies Group: 48–49.

Glissant, E. et al. 2022, (trans. by) Wing, B. et al., *Manifestos*, Planetarities.

Goodin, R. E.(ed.), 1996, *The Theory of Institutional Design*, Cambridge University Press.

Gottlieb, R. et al., 2013, *Food Justice*, The MIT Press.

Gowdy, J., 1999, "Economic Concepts of Sustainability: Relocating Economic Activity within Society and Environment", Becker, E. et al.(eds), *Sustainability and the Social Sciences*, Zed Books.

Graeber, D. and Wengrow, D., 2021, *The Dawn of Everything: A New History of Humankind*, London: Allen Lane.

Guadagno, E. 2022, "Environment-Related Human Mobility", Pellizzoni, L. et al.(eds.), *Handbook of Critical Environmental Politics*, Elgar: 362–373.

Hahn, S. and A. McCabe, 2006, "Welfare-to-Work and the Emerging Third Sector in South Korea", *International Journal of Social Welfare*, Vol.15, No.4.

Hardt, M. 2010, "Two Faces of Apocalypse: A Letter from Copenhagen", *Poligraph* 22: 265–274.

Helfrich, S. 2012, "The Logic of the Commons & the Market", Bollier, D. et al.(eds.), *The Wealth of the Commons*, The Commons Strategies Group.

Helmuth, K. 2012, "Can Prosperity Continue without Economic Growth?", Dreby, E. et al., *Beyond the Growth Dilemma*, Quaker Institute for the Future Phamplet 6: 25-34.

Holland, B., 2008a, "Ecology and the Limits of Justice: Establishing Capability Ceilings in Nussbaum's Capabilities Approach". *Journal of Human Development*. 9(3): 401-425.

_____, 2008b. "Justice and the Environment in Nussbaum's 'Capabilities Approach'". *Political Research Quarterly*. 61(2): 319-332.

Johansson H. et al., 2016, "Climate Change and the Welfare State", Koch, M. et al.(eds.), *Sustainability and the Political Economy of Welfare*, Taylor and Francis Group.

Jones, R.E. and Dunlap, R.E. 1992, "The Social Bases of Environmental Concern", *Rural Sociology* 57.

Jordan, B. 2008, *Welfare and Well-being: Social Value in Public Policy*, The Policy Press.

Kallis, G. 2017. *In Defense of Degrowth*. Uneven Earth Press.

Konijinendijk, C. C et al., 2015, "From Government to Governance", Sandberg, L.A. et al. *Urban Forests, Trees, and Greenspace*, Routledge: 35-46.

Krieger, N. 2021, *Ecosocial Theory, Embodied Truth, and the People's Health*, Oxford.

Kip, M. et al. 2015, "Seizing the (Every)Day: Welcome to the Urban Commons", Dellenbaugh, M. et al.(eds.), *Urban Commons*, Berlin: Birkhouser: 9-25.

Kirwan, S. et al.(eds.) 2015, *Space, Power and the Commons: The Struggle for Alternative Futures*, UK : Routledge.

Konczal, M. 2021, *Freedom from the Market: America's Fight to Liberate Itself from the Grip of the Invisible Hand*, New York: The New Press.

Krieger, N., 2021, *Ecosocial Theory, Embodied Truth, and the People's Health*, Oxford Univ. Press.

Lacuna-Richman, C. 2012, *Growing from Seed: An Introduction to Social Forestry*, Springer.

Liboiron, M., 2021, *Pollution is Colonialism*, Duke University Press.

Linksvayer, M., 2012, "Creative Commons: Governing the Intellectual Commons from Below", Bollier, D. et al.(eds), *The Wealth of the Commons*, The Commons Strategies Group.

Martinez-Alier, J. 2012, "Social Metabolism, Environmental Cost-Shifting and Valuation Languages", Gerber, J-F. et al.(eds), *Towards an Integrated Paradigm in Heterodox Economics*, Palgrave McMillan.

Mattheis, A-L. et al.(eds.), 2017 *The Ecosocial Transition of Societies*, Routledge.

Metzger, J., 2016, "Expanding the Subject of Planning." Kirwan, S. et al.(eds.), *Space, Power, and the Commons*, Routledge: 1-27.

Meyer, J.M., 2010, "A Democratic Politics of Sacrifice?", Maniates, M. and Meyer, J.M.(eds.), *The Environmental Politics of Sacrifice*, The MIT Press.

Murphy, M.P., 2023, *Creating an Ecosocial Welfare Future*, Policy Press.

Neff, R.(ed.), 2015, *Introduction to the US Food System*, Jossey-Bass.

Nesmith, Ande A. et al., 2021, *The Intersection of Environmental Justice, Climate Change, Community, and the Ecology of Life*, Springer.

Peeters, J. 2017, "Thinking about Commons: A Post-Capitalist Perspective for Social Work", Matthies, A-L. et al.(eds.) T*he Ecosocial Transition of Societies*, New York: Routledge: 71-88.

Pellow, D.N. 2018, "From More than Just Sustainability to a More Just Resilience", Sze, J.(ed.), *Sustainability*, NYU Press: 271-277.

Phillips, L., 2016, *Resolving the Climate Change Crisis: The Ecological Economics of Climate Change*, Springer Netherlands.

Restakis, J. 2022, *Civilizing the State*, New Society Publishers.

Rockefeller Foundation, 2015, "City Resilience Framework", https://assets.rockefellerfoundation/app/uploads/20140410162455/City-Resilience-Framework-2015.pdf.

Sachs, I., 1999, "Social Sustainability and Whole Development: Exploring the Dimensions of Sustainable Development", Becker, E. et al.(eds), *Sustainability and the Social Sciences*, Zed Books.

Serra, A. et al., 2015, "Cooperativa Integral Catalana(CIC): On the Way to Society of the Communal", Bollier, D. et al.(eds.), *Patterns of Commoning*, The Commons Strategies Group: 265-270.

Sorman, A.H. 2014, "Metabolism, Societal", D'Alisa et al.(eds.), *Degrowth: A Vocabulary for a New Era*, Taylor and Francis Group: 41-44.

Stavrides. S., 2016, *The City as Commons*, Zed Books.

Thomas, L., 2022, *The Intersectional Environmentalist*, Voracious/Little, Brown Company.

Varvarousis, A. 2022, "The Common(s)", Pellizzoni, L. et al.(eds.), *Handbook of Critical Environmental Politics*, Elgar: 206-216.

Vincens, J. 2016, "Social Actions Transformed in a Post-Carbon Transition", Garcia, E. et al.(eds.), *Transitioning to a Post-Carbon Society*, Palgrave Macmillan: pp.

249-266.

Walker, C.C. et al., 2021, "Welfare System without Economic Growth", *Ecological Economics*, 186(August).

Walker, G., 2012, *Environmental Justice - Concept, Evidence and Politics*, Routledge.

Wall, D., 2014, *The Sustainable Economics of Elinor Ostrom: Commons, Contestation and Craft*, Routledge Studies in Ecological Economics. Taylor and Francis.

_____, 2017, *The Commons in History*, MIT Press.

Weston, B. and Bollier, D., 2013, *Green Governance*, Cambridge University Press.

Williams, F., 2021, *Social Policy: A Critical and Intersectional Analysis*, Polity.

Young, O.R. et al. 2019, "Protecting the Global Commons – The Politics of Planetary Boundaries", Hudson, B. et al.(eds.), *Routledge Handbook of the Study of the Commons*, Earthscan from Routledge: 412-424.

Ziervogel, G. 2009, "Climate Change and Food Security in Western Cape", unpublished paper.

갬블 외, 박준영 옮김, 2019, "신유물론이란 무엇인가?", http://tigersprung.org/?p=2494.

고쉬, A., 김홍옥 옮김, 2021, 『대혼란의 시대』, 에코리브르.

누스바움, M., 한상연 역, 2015, 『역량의 창조』, 돌베개.

데일리, H., 박형준 역, 2016, 『성장을 넘어서』, 열린책들.

라인보우, P., 정남영 역, 2012, 『마그나카르타 선언』, 갈무리.

라투슈, S., 양상모 역, 2014, 『탈성장사회 –소비사회로부터의 탈출』, 오래된 생각.

_____, 이상빈 역, 2015, 『발전에서 살아남기』, 민음사.

레이워스, K., 홍기빈 역, 2018, 『도넛경제학』, 학고재.

루이스, M. 외, 미래가치와 리질리언스 포럼 역, 2015, 『전환의 키워드, 회복력』, 따비.

리프킨, J., 안진환 역, 2014, 『한계비용 제로사회』, 민음사.

모타니 고스케 외, 김영주 역, 2015, 『숲에서 자본주의를 껴안다』, 동아시아.

센, A., 이상호·이덕재 역, 1999, 『불평등의 재검토』, 한울.

_____, 김원기 역, 2013, 『자유로서의 발전』, 갈라파고스.

스미스, T. 곽승찬 역, 2023, "컨템포러나이티를 정의하기" 아카루트 논문번역지원, https://akaroot.co.kr/bbs/board.php?bo_table=b0501&wr_id132 page=5.

오스트롬, E., 윤홍근 외 역, 2010, 『공유의 비극을 넘어』, 위즈덤하우스.

워커, B. 외, 고려대학교 오정 에코 리질리언스 연구원 역, 2015, 『리질리언스 사고』, 지오북.

자마일, D., 최재봉 역, 2022, 『지구를 위한 비가』, 경희대 출판문화원.

잭슨, T., 전광철 역, 2013, 『성장없는 번영』, 착한책가게.
주트, T., 김일년 역, 2011, 『더 나은 삶을 상상하라』, 플래닛.
차크라바르티, D., 김택현·안준범 옮김, 2014, 『유럽을 지방화하기』, 그린비.
크리스토퍼 갬블·조수아 하난·토마스 네일, 박준영 옮김, 2019, "신유물론이란 무엇인가?"(http://tigersprung.org/?p=2494, 검색일: 2022년 10월 31일).
쿠퍼, M. 외, 한광희 외 옮김, 2022, 『임상노동』, 갈무리.
크레나키, A. 외, 2024, 『세계의 종말을 늦추기 위한 아마존의 목소리』, 오월의 봄.
퍼거슨, J., 조문영 역, 2017, 『분배정치의 시대』, 여문책.
프뢸리히, 1982, "영세사유림에 대한 독일의 임업정책(연설문 요약)", 한독산림경영사업기구·산림경영협업체, 『협업체소식』, 16호, 12월 31일.
하비, D., 한상연 역, 2014, 『반란의 도시』, 에이도스.
후지이 다케시, 이면헌 역, 2016, 『CSV 이노베이션』, 한언.

찾아보기

ㄱ

가부장제 55, 62
가족 54
감소성 128
감염병 트라우마 60
강한 지속가능성 31, 32
개인 소유 123
거대플랫폼 기업 134
거버넌스 78, 114, 198
거시경제 회복력 218
건조된 공간 127
견고한 피드백 26
경제결정론 31, 151
경제성장 24, 31, 34, 36, 153
경제성장주의 263
경제의 의식적 재복합화 213
경제적 가치 129, 143
경제적 합리성 123
경제적 회복력 218, 222, 226, 231
경제환원주의 20
계획된 노후화 38
고립형 122
고에너지 민주주의 310
공공부조 304
공공선택론 151
공공성 126
공동공간 79, 80
공동관리 181
공동의 점유 123

공동자원 75, 78
공동자원화 75
공동재 73, 78, 80, 87
공동점유 136
공동체 지원 농업 286
공동체화 75, 80
공생 101
공유가치 창출 133
공유경제 122, 125, 145, 223
공유실천 76, 80, 83, 88
공유실천가 76, 77, 80, 83
공유지 비극 77, 239
공적 부조 66
공적 소유 125
공적(公的) 자산 122
공통자원 76
관계적 복지모델 305
교차적 사회정책 47, 54, 55, 62
교차적 환경주의 53
교환가치 299
국내총생산 17
균형성과 평가 131
그린뉴딜 212
그린뉴딜 거버넌스 219, 220, 222, 228, 230, 232
근대경제학 18, 21, 143, 151
근대적 환경주의 289
근대화 22, 50, 264
근대화론 18, 21, 24, 28, 275

근로복지 299
근로복지정책 300
글로벌 제3의 길 20, 33, 47, 63, 64,
　　96, 120, 296, 300
글로브 96, 98
금융위기 57
금융 커먼즈 102
금융화된 자본주의 위기 55, 103
급진적 부조 306
기능주의적 접근 268
기본소득 137, 162, 163
기부 런(run) 프로젝트 113
기업의 사회적 책임 133
기후가변성 278
기후난민 58, 99, 106, 107
기후 및 감염병 위기 62, 64, 66, 69
기후변화 28, 32, 45, 60, 97, 106,
　　107, 163, 193, 255, 284, 306
기후불평등 67
기후 불확실성 45
기후실업급여 121, 304, 306, 308
기후영향 58
기후위기 26, 45, 58, 67, 106, 114,
　　238, 261
기후재난 214
기후정의 68, 104, 302

ㄴ

남북문제 60
내발적 발전 311
내부도시 계획 281
내포된 영역 모델 49, 273

노동가치론 153
노동연계복지 32, 33, 96, 304
노동의 자연화 108
노동전환 67
노동조합 36
노령림 257
노사민정 거버넌스 219, 228, 229,
　　231
노사민정 상생 214
녹색 거버넌스 83, 94
녹색당 36, 184
녹색복지국가 65
녹색사회민주주의 120
녹색 웰빙 33
녹색전환 311
녹색 GDP 136, 138, 156
느린 변수의 인정 26

ㄷ

다른 세계 94, 96
다른 세계 만들기 86
다양성 25, 26, 85, 217
다운스케일링 36, 41
다중스케일 66, 67, 68, 69, 104, 109
다중 이해당사자 거버넌스 26
더 나은 재건 61
도구적 합리성 36
도시공원 일몰제 83, 174
도시농업 279
도시생태계 149
도시적인 것 101
도시적 커먼즈 101

도시전환 263
도시 커먼즈 73, 101, 103, 117, 127
도시텃밭 286
도시 텃밭운동 279
도시 회복력 틀 26
돌봄 노동 38, 300
돌봄의 위기 55, 103
동료생산 114, 134
동질형 122
디지털 커먼즈 101, 128

ㄹ

로프웨이 87
리오리엔탈리즘 296
리우회의 17

ㅁ

마을공동체 237
마을기반 결사체 213
마을기업 196
마을민주주의 88
마이너스 성장 41
만족가능성 305, 310
맑스주의 커먼즈 74
먹거리 265
먹거리 거버넌스 281, 283
먹거리 불의 279
먹거리 안전 270, 276, 277, 280, 283, 284
먹거리 위험 274
먹거리 접근성 281
먹거리 정의 265, 266, 276, 279, 284

먹거리 체계 265, 266, 276, 277, 281, 282, 284
메타역량 39, 161, 275
메타역량 재분배 38
메트로폴리스 101
모두베기 243
모듈화 26
모방형 122
모빌리티 27, 103, 105
모빌리티 전환 105
무급노동 300
무성장 41, 42
무성장론 34
무주지 108
물질흐름분석 138
미래세대 40, 57, 61, 66, 67, 165, 176
민영화 97
민족 54
민족국가 54
민주적 희생 40

ㅂ

바이오매스 238
반세계화 35
반영가설 291
반(反)경합성 128
발달장애인 43
발전국가 20
방법론적 개인주의 130
배달 라이더 306, 307, 309
법정림(法正林) 모델 242

법제 커먼즈 74, 109
병리적 경로의존성 263, 276, 280
보속사상 242
보편적 복지 20, 21, 32
복지국가 30, 33, 54, 59, 64, 97, 153
복지레짐 45, 53
본원적 축적 51
부불노동 37
부엔 비비르 61
부울경 메가시티 206
부재산주 243, 255
분배적 정의 110, 158
분배적 환경정의 159, 160, 291
불굴성 217
불안정 무산계급 58, 66
브룬트란트 위원회 31, 156
블록체인 화폐 136
비경제적 성장 34
비경합성 128, 145
비공식경제 162
비배제성 128
비소모성 145
비시장가치 130, 135
비영리조직 120
비인간동물 40
비인간 생명체 46, 47, 66, 67, 70, 76, 95, 99, 105, 119

ㅅ
사유림 경영 246
사유림 산주 211, 222
사유림 협업경영 234

사적 소유 124
사회민주주의 17, 32, 33, 63, 65, 116, 153
사회보험 66
사회생물학 49
사회-생태계 26, 78, 127, 146
사회-생태 다층진단법 148
사회서비스 66
사회성과 인센티브 136
사회자본 26
사회재 81
사회재생산 123
사회적 가치 81, 122, 130, 144, 162, 216, 230, 289
사회적 경제 20, 21, 30, 32, 146, 190, 195, 211, 230
사회적 경제기업 196
사회적 경제의 생태화 219, 222, 225, 226, 228, 230, 232
사회적 구성주의 48
사회적 기업 196
사회적 농업 235
사회적 돌봄 286
사회적 배제 16, 89, 112
사회적인 것 48, 153
사회적 임업 233, 234, 260, 261
사회적 지속가능성 146, 158
사회적 커먼즈 74, 81, 101
사회적 포용 239
사회정책 52, 54, 59
사회학주의 48
산림개발작업단 252

산림경영 211, 212, 216, 232, 234,
    235, 238, 240, 243, 248, 252
산림경영체 260
산림경영 협동조합 238
산림경영협업체 233, 251
산림녹화 211
산림복지 223
산림작업단 234
산림 준공영제 227
산림 커먼즈 212, 223, 224, 225, 226
산업적 축산 282
산주협업체 221, 257
산촌 주민 255
삼두체제 80, 83
상생형 지역일자리 215
상징적 가치 155
상한 161
상향적 거버넌스 163
상황 지어진 지속가능성 25
생명가치 153
생비자 125
생산적 가치 154
생산주의 31, 144, 154, 300
생태경제적 협동조직화 75
생태계 서비스 26, 238, 276, 277, 282
생태계 파괴 45
생태근대주의 18, 21
생태근대화 31, 171
생태 근대화론 290
생태맑스주의 120
생태 및 기후변화의 위기 103
생태복지 31, 153, 270

생태복지 거버넌스 310
생태복지국가 69, 104, 163, 304
생태복지사회 15, 64, 70, 97, 99,
    116, 119, 121, 289, 296, 300,
    301, 302, 304, 309, 310
생태복지적 커먼즈 103
생태복지정책 300, 308
생태복지체제 46, 62, 63, 65, 69, 98,
    104, 116
생태사회적 경제 190, 212, 218, 224,
    227, 228, 289
생태사회적 구성주의 48
생태사회적 멸종 16
생태사회적 배제 15, 18, 20, 24, 46,
    61, 82, 94, 104, 109
생태사회적 웰빙 46, 135
생태사회적 위기 300
생태사회적인 것 45, 46, 61
생태사회적 자기활성화 297
생태사회적 전환 28, 188, 195, 213,
    214, 229, 230, 263, 264, 265,
    274, 284, 285
생태사회적 지속가능성 158, 163
생태사회적 체계 48
생태사회적 커머닝 66
생태사회적 커먼즈 75, 83, 85, 89,
    93, 95
생태사회적 회복력 27
생태여성주의 36
생태연대주의 65
생태적 가치 146, 214, 216, 231
생태적 배제 16, 90, 179, 188

생태적 변이 26
생태적인 것 48, 192
생태적 자활 195, 297
생태적 전환 68
생태적 지속가능성 77, 94, 146
생태적 커먼즈 73, 79, 80, 102
생태적 피난처 105
생태적 회복력 217, 222, 223, 226, 230, 231, 282
생태주의 292
생태체계 모델 147
생태체계이론 47
생활협동조합 172
서구 중심주의 20
서구화 19
서식가능성 104, 106, 121, 190, 192
성장의 한계 16, 31, 73, 146, 264
세 개의 기둥 모델 49, 268
세계–지구체계 191
솎아베기 216, 221, 224, 226
수라갯벌 70
수확체증 원리 128
숙의 민주주의 21, 161
숙의적 재분배 162
숲가꾸기 211, 235, 239, 248, 259
숲 거버넌스 240, 254, 255, 257, 258
스케일 18
승인적 절차 38, 40, 95, 160
승인적 환경정의 159, 176
승인(recognition)적 정의 158
시간은행 137
시장가격 132

시장가치 129, 216
시장환경주의 62
식민주의 45, 50, 54, 59, 60, 63, 64, 293
식민지 근대화 17, 295
식민화 50, 57, 61
신고전파 경제학 129, 152
신맬더스주의 35, 39
신식민주의 51
신유물론 46
신자유주의 32, 33, 57, 59, 62, 64, 85, 117, 151, 153
심리적 회복력 217, 220, 222, 226, 230, 231
심층생태주의 32

ㅇ
야생민주주의 284, 285
약한 지속가능성 31
약한 지속가능성 접근 271
약한(weak) 지속가능성 157
업스케일링 201, 207
에너지 전환 123, 195
에코페미니즘 53
역량의 분배 160, 275
역량의 정의 111, 158
역량의 환경정의 159, 160
역량(capabilities)의 재분배 95
역식민주의 295
연구와 탈성장 36
영림계획 249
영림계획서 252

예방적 복지모델 305
오리엔털리즘 296
오픈소스 프로젝트 133
외부성 193
우발적(contingent) 계획 27
움직이는 고체 105
움직이는 지구 105
원자력발전소 171
원 헬스 푸드 플랜 284, 285
웰빙 31
위탁경영 257
유급노동 55, 297, 299, 300
유령림(幼齡林) 256, 257
유엔기후변화협약 107
이동권 투쟁 111
이스털린 역설 37, 155, 160
이주난민 62, 66
이주노동자 69
이중의 윤리적 명령 158
이질적 공중 77
이질형 122
이해당사자 복지 모델 309
인간너머 존재 29, 62, 63, 68, 77,
　　89, 93, 95, 97, 98, 116, 176, 191,
　　263, 291, 293, 298, 309
인간생태학 47, 147
인간예외주의 47, 48
인간 웰빙 37
인간 중심주의 94
인공지능 145
인류세 15, 16, 56, 105
인종적 자본세 56

인종주의 59, 60
인종화된 경계 106
인종화된 경계 위기 56, 66, 103
인클로저 50, 74, 79, 86, 99, 107,
　　108, 114, 189
일 54
일시적 시장가치화 133
일을 통한 복지 20, 32, 47, 64, 97
임업지도원 251
임업지원센터 257
임업협동조합 260
임학 241

ㅈ
자본세 46, 294
자본주의 55
자산 123
자산기반 복지 68
자연 54
자연의 내재적 가치 135
자연의 식민화 49, 50
자연자본 39, 138
자연적 공간 127
자유소프트웨어 운동 134
자활공동체 190
자활기업 196
자활사례관리 300
장애인 이동권 112
장애화 112
재생산 가치 154, 155
재생산활동 144
재생에너지 3020 계획 30

재생에너지 3020 목표 91
재야생화 284
저성장 41, 264
저탄소 녹색성장 215
적정기술 230
전사회적 물질대사 39
전월세 난민 44
전자적 공간 127
전환 담론 123
전환의 정치 276
절차적 정의 21, 110, 158
절차적 환경정의 159
점유적 개인주의 303
정상상태 39, 41, 95
정상상태 경제 16, 19, 22, 135
정상상태 경제학 32
정상(定常) 상태 34
정의로운 전환 68, 228
정의로운 지속가능성 27
정의로운 회복력 15, 27, 28, 281, 309
정치생태학 73, 239
제1의 길 33, 63
제2의 길 33, 63
제3세계 292
제3섹터 20, 33, 63, 64, 67, 114, 117
제3의 길 18, 32, 33, 63, 97
제3의 소유권 227
제4섹터 63, 64, 68, 69, 70
제4의 길 63, 64, 97, 104
제국주의 54
젠트리피케이션 81
조건부 가치 측정 133

조건부 수급권 202
조건성 299
조국 근대화 290
종의 다양성 104
주관적 웰빙 144, 155
주류경제학 218
중상주의 50
중첩된 원 모델 49, 270
지구 커먼즈 102
지방통화체계 137, 162
지불의사 135
지속가능발전 17, 20, 21, 26, 31, 146, 242, 265, 267, 268, 270, 284
지속가능발전 목표 15, 23, 267, 274, 289, 296
지속가능성 23, 25, 27, 31, 40, 83, 146, 236, 266
지속가능성 전환 23
지속가능한 경제성장 270
지속가능한 먹거리 270
지속가능한 전환 123
지속가능한 탈성장 35
지식 커먼즈 101
지역 임업 236
지역자산 81
직접민주주의 85
집합적 연대 302
집합적 자유 297, 301

ㅊ

착한 성장 41
창조적 공유자산 135

처리량 34
초광역 198
초광역권 192
초광역화 206
총유 74
침묵의 봄 290

ㅋ

커머너 75, 88, 106
커머너 모빌리티 97, 99
커머너 연합 99, 104, 109, 110, 114, 117, 118, 120
커머닝 74, 75, 79, 86, 88, 93, 130, 139
커머닝 인클로저 97, 99, 108
커먼즈 21, 26, 29, 69, 88, 92, 100, 107, 124, 227, 289
커먼즈 생태 101
커먼즈 탈환 136
커먼즈화 82
코로나19 58, 59, 60, 97, 193, 218, 262, 286, 302, 306
코로나19 대유행 45

ㅌ

탄력성 217
탄소세 69
탄소흡수림 242
탈근대적 발전 15, 19, 24, 28
탈물질주의 291
탈물질주의 명제 290
탈발전 15, 19, 21

탈상품화 298, 301
탈생산주의 153
탈성장 15, 19, 27, 33, 35, 39, 41, 95, 135, 264, 297, 305
탈성장의 성장 38, 42
탈시장적 지향 132
탈식민 사회정책 46, 62, 68, 69, 289
탈식민 생태주의 289, 291, 292, 294, 296
탈식민성 45, 52, 61, 62
탈식민 정치 292
탈식민주의 관점 61
탈식민화 47, 52, 67, 292, 293
탈식민화 사회정책 64
탈탄소 전환 23
탈핵 110, 191
탈(脫)종획운동 82

ㅍ

파트너 국가 84, 99, 114
파트너 지방정부 116, 117
퍼블릭-커먼즈 거버넌스 97
포스트성장 19, 34, 135, 297, 300, 310
포스트성장 담론 16
포스트 식민주의 295
프랙털 구조 85
프레임의 전환 63
플랫폼 노동자 307, 308
플랫폼 독점 108

ㅎ

하나뿐인 지구 79, 94, 97, 128
하나뿐인 지구에서 다른 세계 만들기 188
하한 26, 161
한국형 제3의 길 20, 32, 296
한국형 탈식민 295
한국형 탈식민 생태주의 296
한독산림경영사업 233
한독 숲 234
한살림 선언 291
항속림 사상 242
핵발전소 17
행성 98, 103
행성 경계 103, 104
행성성 98, 103, 119, 120
행성적 도시화 70
행성적 스케일 63
행성적 자본주의 51
행성적 접근 98, 103, 120
행성적 정의 104, 110
행성적 제4의 길 33, 46, 47, 63, 64, 69, 97, 103, 115, 116, 119, 121, 289, 297
혁신 26
혁신적 포용국가 95
협동노동 127
협동조합 162, 195, 213
협력재 128
협업경영 257
협업영림계획 252
호혜성 36, 297, 301, 302, 303

화석연료 50
화이트바이오 222, 228, 230, 231, 258
화폐물신주의 129
화폐우월주의 132
화폐자본주의 260
화폐측정 132
환경 거버넌스 239
환경관리주의 171
환경사회 거버넌스 212
환경심리 167
환경악화 22
환경인종주의 57
환경정의 27, 52, 145, 158, 162, 279, 289, 292
환경정의운동 57, 265
환경지킴이 정신 27, 40, 89
환경 커먼즈 74, 102
활성화 297, 299
회복력 25, 26, 28, 39, 211, 212, 217, 264, 274, 276, 289
효용가치론 153
효용극대화 151
효율성 18
흑인 삶이 중요하다 61
희소성 22, 94, 128

0~9
4차 산업혁명 105

A–Z
FEW 넥서스 271
GDP 24, 31, 264

생태복지사회로 가는 길

1판 1쇄 발행 2024년 4월 22일

지 은 이 | 한상진
펴 낸 이 | 김진수
펴 낸 곳 | 한국문화사
등   록 | 제1994-9호
주   소 | 서울시 성동구 아차산로49, 404호 (성수동1가, 서울숲코오롱디지털타워3차)
전   화 | 02-464-7708
팩   스 | 02-499-0846
이 메 일 | hkm7708@daum.net
홈페이지 | http://hph.co.kr

ISBN 979-11-6919-203-3 93330

· 이 책의 내용은 저작권법에 따라 보호받고 있습니다.
· 잘못된 책은 구매처에서 바꾸어 드립니다.
· 책값은 뒤표지에 있습니다.
· 이 저서는 2024년 울산대학교 연구비에 의하여 연구되었음.

오류를 발견하셨다면 이메일이나 홈페이지를 통해 제보해주세요.
소중한 의견을 모아 더 좋은 책을 만들겠습니다.